传统儒家
忠德思想研究

CHUANTONG RUJIA
ZHONGDE SIXIANG YANJIU

欧阳辉纯 著

人民出版社

目录

导　论

　　"忠"在传统社会中，是最重要的德目之一，它对传统中国人的道德实践、国民性塑造、民族精神的凝聚等方面发挥了重要作用。但是，"忠"毕竟是传统社会的产物，在现代社会中研究"忠"具有什么意义，目前的研究状况怎么样，研究思路又是怎样的，这是我们首先要讨论的问题。

一、忠德地位与研究意义

　　传统儒家忠德不是一具僵尸，而是活着的现在。美国著名社会学家爱德华·希尔斯在《论传统》一书中认为，现代的人们无法逃离过去，依旧生活在过去的掌心中，"现代生活的大部分仍处在与那些从过去继承而来的法规相一致的、持久的制度之中；那些用来评判世界的信仰也是世代相传的遗产的一部分"。① 因此，传统忠德不是历史残渣，而是古人留给我们的珍贵的精神遗产。处在今天这个文化多元化的时代，人们如何面对传统的忠德，传统的忠德究竟有怎样的地位，这些问题不能不引起我们的思考。

---

　　① ［美］爱德华·希尔斯：《论传统》，傅铿、吕乐译，上海人民出版社 2009 年版，第 2 页。

首先，忠德在中国传统伦理思想史上具有极为重要的地位，影响巨大。儒家把忠称为"六德"，即"知、仁、圣、义、忠、和"（《周礼·地官司徒》）、"四教"，即"文、行、忠、信"（《论语·述而》）、"忠为令德"（《左传·昭公十年》）；同时，《左传·文公十八年》称，"忠、肃、共、懿、宣、慈、惠、和"为"八元"，"忠"位列"八元"之首。《左传·文公十八年》还把"孝、敬、忠、信"称为"吉德"。从这些文献中就能看出"忠"在儒家伦理思想中的重要性。自从汉武帝"罢黜百家，独尊儒术"，儒家成为官方意识形态之后，"忠"不仅成为一种德性，而且成为封建统治者最基本的价值判断和道德准则。大凡是"谋大逆"、"谋反"等不忠的行为一旦败露，就会被封建统治者处以极刑甚至灭族。"不忠"无论是在政治道德维度上，还是在为人处世中，都是无法被宽恕和原谅的。

其次，在中国伦理思想史上，忠德是中国传统社会道德调节、道德修养和道德追求的重要表现。"忠"是一种全德，包括做人之忠和为政之忠两个方面，其基本的内涵是"尽己"。朱子说："尽己之谓忠。"（《论语集注·学而》）它具有普遍性的意义和价值，也正如《左传·成公十年》所言："忠为令德，非其人犹不可，况不令乎？"《左传·昭公十年》也说："忠为令德，其子弗能任，罪犹及之，难不慎也？"在做人方面，忠德的"尽己"之意不是仅仅要求某个人的"尽己"，而是要求所有的人，上至王公大臣，下至平民百姓，都应当尽己尽力。每个人都应当在自己的社会角色中尽心办事，认真做人。可以说，在古代中国，忠德渗透在每个社会角落和社会角色中，具有价值凝聚和价值判断的作用。在传统社会中，它是一种真诚的出于道德理念的献身，是一种出于社会责任感的奋斗，是一种追求人格完善的努力。而那些真诚地为了人类社会进步而奉献自身的忠贞之士，更表现了对个人的超越。① 因

---

① 李庆：《中国文化中人的观念》，学林出版社1996年版，第505页。

此，忠德是中国传统社会道德调节、道德修养和道德追求的重要表现。

最后，忠德是我们研究中国传统道德尤其是儒家政治道德一个重要的角度。儒家认为忠德是强调"以民意为天命"的"公忠"，是一种智慧的存在，是对邪恶的匡正和对正义的追求，其内在的本质精神是仁爱。对于封建君主来说，希望天下所有的臣民都臣服于自己，而他们自己更希望在"上天之子"的光环下，即使穷兵黩武、残暴荒淫、为所欲为，也希望天下所有的人都臣服于自己的统治。事实上，这只不过是封建统治者的一厢情愿。他们在儒家设计的道德秩序中，受到诸多的限制。台湾著名学者林安梧说："就政治思想的层面来说，儒家即强调'以民意代表天命'，因此奉天承命的人君需得对民意尊重，亦必经过民意的考验。再说，史官的秉笔直书、人君死后的谥法等皆使人君的行为有所顾忌。而宰相制度、御史制度及征辟、选举、科举制度等亦能使得君主在政府内部之中的权力受到限制。由于帝王受到精神及道德上的限制，因此使得他要透过中央的政府机构与社会乡野沟通，而保住其帝位。"① 儒家之忠对皇权的权威性进行了道德捆绑。所以说，儒家忠德在传统伦理思想上是极为重要的存在，忽视儒家忠德的存在，儒家伦理是不完整的。忠德是我们研究中国传统道德一个重要的角度。

在新的历史条件下，研究忠德有助于深化对中国传统道德的研究，有助于弘扬中华民族优秀道德传统，更有助于促进现代社会精神文明建设。换句话说，研究忠德具有重要的学术意义和现实意义。

第一，学术意义。忠德是中国传统文化最重要的德目之一，有人甚至认为忠德是传统道德最高的德目，是传统文化不可分割的组成部分。通常人们一提到传统社会的"忠"，首先想到的可能是臣对君的那种

---

① 林安梧：《儒学革命：从"新儒学"到"后新儒学"》，商务印书馆 2011 年版，第 43 页。

"君要臣死，臣不得不死，君要臣亡，臣不得不亡"的"愚忠"。诚然，"愚忠"是忠德的一种践履方式，但是，这不是忠德的全部内涵。如果把忠仅仅理解为"下对上"、"臣对君"的单一维度，那么对忠的理解就很容易走向片面化和极端化。

事实上，传统儒家忠德文化对社会各阶层都提出了不同的道德要求。忠德在传统文化中是一个动态变化的过程，可能在一定的时期内忠德的政治维度被特别强调，而在某种历史条件下忠德作为普通的德性又格外凸显。我们可以从传统的经、史、子、集等传世文献中，也可以从20世纪后期大量的出土文献中找到许多证据。因此，把忠仅仅理解为"下对上"、"臣对君"显然是不够充分的。儒家忠德在道德实践中主张"以道明善"、"从道不从君"。儒家忠德在"道统"和"治统"之间既矛盾又统一。这种矛盾和统一影响了传统社会政治格局的形成和运行，对社会各个方面都产生了深远影响。因此，挖掘和理清传统忠德思想资源，对深化中国传统道德的研究具有重要意义。

第二，现实意义。首先，研究忠德有利于弘扬爱国主义精神。公忠爱国是忠德重要的内容之一。孔子讲"士志于道"、"明道救世"；孟子讲"民为贵"、"君为轻"；荀子讲"儒者在本朝则美政，在下位则美俗"；范仲淹讲"先天下之忧而忧，后天下之乐而乐"；东林党人讲"事事关心"；顾炎武讲"天下兴亡，匹夫有责"等等，这些论述无不体现出仁人志士公忠爱国的高尚情怀。我国是一个统一的多民族国家，"大一统"的公忠爱国思想深入人心。因此，挖掘传统忠德的道德资源，对弘扬爱国主义，加强民族团结，培养当代公民的爱国主义精神无疑具有重要意义。

其次，研究忠德有利于培养公民敬业精神。"敬"和"忠"是相通的。《说文解字》说："忠，敬也。尽心曰忠。"段玉裁解释说："未有尽心而不敬者。"也就是说，尽心的也都是敬业的。因此，"敬业精神"

也就是"忠业精神"。改革开放三十多年来，我国经济建设取得了举世瞩目的成就，人们的生活水平普遍提高，中华民族正在以越来越自信的姿态屹立于世界民族之林。但是，随着我国改革开放和市场经济建设的深入发展，却出现了一些社会道德失范现象。近年来相继发生的"毒奶粉"、"瘦肉精"、"地沟油"、"彩色馒头"等事件就是明证。如果我们的社会时时处处充满善意与忠诚，每个人忠于职守，做到尽心竭力，那么上述那些不道德的事件就可能不会发生。不道德现象的出现，是因为一些人滋生了极端享乐主义和极端利己主义思想，他们为了满足自己的私欲，而忘记了他人、社会和国家。只有无私才算是忠，只有面临诱惑而不动摇的才算是忠。《左传·成公九年》说："无私，忠也。"《左传·昭公元年》说："临患不忘国，忠也。"我国当前实行市场经济，既是法治经济，也是道德经济。要做到"公家之利，知无不为"（《左传·僖公九年》）才算是忠。如果每个企业或各行各业的职员多一份忠于顾客或消费者或他人的敬业精神，无疑对消费者、对企业、对国家等都是有利的。同时，这对市场经济建设无疑也会起到重要的促进作用，也能更快更好地提高人们的生活质量和幸福指数。如果人们生活在一个充满欺骗的世界里，那么人的生活是难以想象的。因此，忠德对培养公民敬业精神具有重要作用。

最后，研究忠德有利于培育国民人格。忠诚是国民人格的灵魂。国民人格的培育最基本内容就是忠德的培育。中国素来被称为礼仪之邦，是仁义忠孝大国。儒家认为做人要做到"厚德广惠，忠信爱人"，要"不为骄侈，不为泰靡，不淫于美"（《逸周书·文传解》），要"先义后利"、"见利思义"。如果"先利后义"，那可能就要遭遇耻辱。荀子说："先义而后利者荣，先利而后义者辱。"（《荀子·荣辱》）如果一个人不忠，失去知耻之心，就会招来辱骂。如果一个国家的公民失去耻辱之心，那么社会道德秩序就会崩溃，这是一个国家的耻辱。顾炎武说："人之不廉而至于悖礼犯义,其原皆生于无耻也。故士大夫之无耻,是谓国耻。"(顾炎武《日知录·廉耻》卷十三)曾子概括孔子的学说为"夫子之道,忠恕而已矣"(《论语·学而》)。王弼的解释是:"忠者,情之尽也。"(《王弼集校释·论语释疑》)这些对培养自强不息、积极进取、修己安人、坚韧仁爱、崇尚正义、爱好和平的国民人格起到了重要作用。因此,研究忠德有助于培育和发展国民人格。

二、忠德之研究状况述评

目前学术界忠德的研究成果比较丰富,概括起来主要分为两大类:专著和论文。

第一,忠德的专著方面。

在专著方面,对忠德的历史发展做了详细论述的,是山东大学王成教授的《中国古代忠文化研究》(香港天马出版有限公司 2004 年版)。该书按照历史朝代更迭的顺序,以文化史作为背景,对每个朝代重要的思想家和文化形态关于忠的论述做了详细的分析。比较全面、系统、深入地分析了传统"忠"文化的产生、发展和演变,具有较高的学术价值。

王子今教授的《"忠"观念研究——一种政治道德的文化源流与历史演变》(吉林教育出版社 1991 年版)一书是从"忠"的政治道德视角来论述其历史演变的。该书从"忠"的初探、"忠"的早期文化遗存、先秦至宋代理学时代的"忠"和民俗文化中的"忠"的地位等方面论述了"忠"的内涵和特征。该书资料丰富,论述详细,提出了许多建设性的观点。

朱汉民教授的《忠孝道德与臣民精神——中国传统臣民文化论析》(河南人民出版社 1994 年版)一书把忠看成一种政治道德规范。该书重点论述了中国传统臣民忠德精神产生的原因、发展和演变。作者认为中国传统臣民忠德精神的核心是维护皇权，其本质是扼杀臣民的独立人格，使臣民在皇权专制统治下无条件地履行政治义务。作者从忠德的政治道德的角度来分析臣民文化精神，这种视角是值得肯定的。

雷学华的《忠——忠君思想的历史考察》（广西人民出版社 1996 年版）一书分为三部分：忠的理论探讨、忠的事例评析和忠的反思。虽然全书只有一百多页，篇幅不长，但是，对忠的含义、形成和演变等方面做了精确的分析。

彭永捷教授 2000 年由红旗出版社出版的《忠——尽己报国的责任》一书，通过拟人手法讨论了"名分之忠"、"冲突之忠"、"忠于自由、自我与生命"、"报国之忠"、"现代之忠"等问题。该书通过散文化、拟人化的对话方式来讨论"忠"，方法新颖，说理透彻。

忠德应用方面的著作具有代表性的是李好的《行政忠诚理论与实践》（湖南大学出版社 2008 年版）。该书从行政忠诚的思想渊源、行政忠诚的概念与内涵、行政忠诚的道德基础、行政忠诚的实践困境和行政忠诚的实现等方面对行政忠诚进行了论述，提出了许多有见地的观点。

此外，我国台湾地区学者张崑将的《德川日本"忠""孝"概念的形成与发展——以兵学与阳明学为中心》（华东师范大学出版社 2008 年版）一书是中国学者研究日本"忠"、"孝"方面的专著。该书第四章主要通过对日本学者三鹿素行的成熟作品《中朝事实》和吉田松阴狱中作的《讲孟余话》来讨论日本"忠"的思想。作者认为，日本的"忠"是建立在"恩"的先天概念基础之上的，尤其是日本勤皇武士道为了强调日本的主体性，把"忠"的对象上升到一个抽象的、神话中的天皇身上，以彰显日本国家的主体性。这种"忠"是一种"纯忠"，具有道德本体论的色彩，对后世影响深远。

第二，忠德的论文方面。

研究忠的论文很多，归纳起来主要有以下几个方面。

一是专门研究忠的论文。主要有：孟祥才的《"忠"的观念在我国的历史演变》（《历史教学》1984 年第 2 期）、赵克尧的《论忠与君权观念的历史演变》（《浙江学刊》1989 年第 1 期）、肖群忠的《论"忠"及其现代意义》（《西北师大学报》1990 年第 6 期）、郑晓江的《"忠"之精神探源》（《江西师范大学学报》1991 年第 4 期）、范正宁的《"忠"观念溯源》（《社会科学辑刊》1992 年第 5 期）、牛京辉的《"忠"的历史演变和基本内容》（《中国人民大学学报》1996 年第 2 期）和《论忠》（《道德与文明》1995 年第 5 期）、范鹏和白奚的《"礼"、"忠"、"孝"的现代诠释》（《孔子研究》1997 年第 4 期）、白奚和范鹏的《传统"忠"德与现代职业道德》（《首都师范大学学报》1998 年第 1 期）、王成和王怡的《传统公忠思想与当代道德建设析论》（《山东农业大学学报》2001 年第 1 期）、陈杰和章秉纯的《公忠与私忠》（《云南师范大学学报》2001 年第 6 期）、解颉理的《"忠"观念探源》（《哈尔滨学院学报》2005 年第 9 期）、曲德来的《"忠"观念先秦变考》（《社会科学辑刊》2005 年第 3 期）、裴传永的《忠观念的起源与早期映像研究》（《文史哲》2009 年第 3 期）和《历代释"忠"述论》（《理论学刊》2006 年第 8 期）、刘厚琴的《忠伦理与汉代官吏激励制度》（《鲁东大学学报》2007 年第 3 期）、黄娟的《中国古代"忠"的思想对当前思想政治教育的启示》（《高等教育与学术研究》2009 年第 1 期）、张继军的《先秦时期"忠"观念的产生及其演变》（《求是学刊》2009 年第 2 期）、姚顺月的《忠的观念与近代中国民族主义》（《学海》2010 年第 4 期）等等。

以上论文或从忠的起源、演变，或从忠的内涵，或从忠的当代价值等方面来论述，内容丰富，视角多元，是研究忠德的重要资料。

二是从历史上某个人物或从某本经典著作中提炼忠的论文。这方面的论文主要有：裴传永的《孔子的忠德观探析》（《伦理学研究》2005

年第 6 期）、孔祥林的《孔子"忠"的意义及其当代价值》（《孔子研究》2003 年第 4 期）、王成的《董仲舒"忠"思想研究》（《山东社会科学》2005 年第 3 期）、王成和张旭东的《韩非"忠"思想研究》（《山东大学学报》2005 年第 4 期）、郭学信的《范仲淹人格与儒家忠道意识》（《学海》2002 年第 5 期）、王成和裴植的《〈管子〉忠思想研究》（《管子学刊》2007 年第 3 期）、王子今的《〈吕氏春秋〉"大忠""至忠"宣传及其政治文化影响》（《宝鸡文理学院学报》2008 年第 1 期）、刘伟的《论〈三国志〉中的忠观念》（《西华师范大学学报》2004 年第 3 期）等等。

此外，关于忠义、忠孝、忠诚、忠节、忠贞和忠信等方面的论文也很多。笔者从中文期刊数据库和万方数据中搜索到与"忠"或与"忠"连用为主题的论文不少于 1000 篇。这还不包括有的具有忠德的内涵，但是没有在标题中使用"忠"的论文。

以"忠"为主题的博士、硕士论文也很多。主要有裴传永的博士论文《中国传统忠德观的历时性考察》（山东大学 2006 年中国古典文献学博士学位论文），该论文分 6 章，分别从忠的地位、忠的起源、历代对忠概念的诠释、忠的主体观的历史嬗变、忠的客体观的历史嬗变和中国传统忠德观的历史作用与当代价值等方面来分析和论述忠的。该论文因为是文献学专业博士学位论文，更多的是偏向资料的整理与整合，而对忠的价值、理论内涵分析等方面明显感觉不足。还有东南大学赵如的硕士学位论文《从"忠"到民族主义的嬗变——以梁启超为个案的研究》（东南大学 2008 年伦理学硕士学位论文）和广西师范大学解颉理的硕士学位论文《先秦"忠"观念的演变》（广西师范大学 2006 年专门史硕士学位论文）等等。同时，以忠孝、忠恕、忠节等为主题的博士、硕士论文也很多。

三是散见于专著和教材中的关于"忠"的论述资料。主要有：罗炽、白萍著《中国伦理学》（湖北人民出版社 1997 年版）、唐凯麟和张怀承著《成人与成圣——儒家伦理道德精粹》（湖南大学出版社 1999 年版）、许亚非著《中国传统道德规范及其现代价值研究》（四川大学出版社 2002 年版）、陈瑛主编《中国伦理思想史》（湖南教育出版社 2004 年版）、李承贵著《德性源流——中国传统道德转型研究》（江西教育出版社 2004 年版）、沈善洪和王凤贤著《中国伦理思想史》（人民出版社 2005 年版）、沈顺福著《儒家道德哲学研究——德性伦理学视野中的儒学》（山东大学出版社 2005 年版）、罗国杰主编《中国伦理思想史》（中国人民大学出版社 2008 年版）、张锡勤和柴文华主编《中国伦理道德变迁史稿》（人民出版社 2008 年版）、肖群忠著《中国道德智慧十五讲》（北京大学出版社 2008 年版）、朱贻庭主编《中国传统伦理思想史》（华东师范大学出版社 2009 年版）、张锡勤著《中国传统道德举要》（黑龙江大学出版社 2009 年版）、黄光国著《反求诸己——现代社会的修养》（台湾洪叶文化事业有限公司 2010 年版）、张继军著《先秦道德生活研究》（人民出版社 2011 年版）。

以上这些专著或从忠的内涵或从忠的演变或从忠与其他德目的比较来论述，论证充分，分析精确，是研究忠德不可多得的成果。

从上述文献可知，近年来对"忠德"的研究具有以下特点与不足。

首先，强调为政之忠，而忽视做人之忠。把"忠德"理解为一种"臣对君"的政治道德是研究者普遍的看法。许多学者认为，忠德作为一种政治道德在秦汉政权统一后特别突出，因此他们在论述中往往只强调"臣对君"的单一维度而忽视其他方面。

最典型的著作是朱汉民教授的《忠孝道德与臣民精神——中国传统臣民文化论析》（河南人民出版社 1994 年版）。作者认为，中国传统以忠为核心的臣民文化具有崇拜君主、忠于君主、报答君恩和揣摩君意等方面的政治功能。此外，刘泽华教授在其主编的《中国政治思想史》

（浙江人民出版社 1996 年版）一书中认为，忠是君臣、主仆隶属关系在观念上的反映，是传统宗族体系与政治体系的合一。事实上，忠德作为政治道德只是忠德一个方面而非全部。把秦汉以后忠德丰富的内涵仅仅看作是"臣对君"的单一维度，是不充分的。

忠德作为政治道德自然有一个漫长的历史发展过程，从先秦到明清，都在不断变迁中发展。秦汉大一统的王权建立以后，不仅"臣对君"的这一维度被强调，君对臣、君对民、民对君、民对官、官对民、地方官员和属下之间忠的维度也很突出。因此，笔者认为秦汉大一统以后"忠德"的内涵是立体式的、多元的，而非仅仅是单纯的"臣对君"的一个方面。

其次，注重官员之忠，而忽视士或庶民之忠。余英时认为，士在职业上是"不定项"，先秦是"游士"、"策士"，秦汉以后被称"士大夫"。士是四民（士农工商）之首，介于官僚和庶民之间。他们是文化传承的载体，以弘道为宗旨，主张"明道救世"、"从道不从君"。士人中有一部分人通过荐举制或科举制成为政府官员，他们要执行中央或上级的命令，要效忠中央政府，这是官员一种"忠"的表现。但是，还有一部分"士人"无心仕途，选择躬耕或经商或著述立说，这部分人的忠德却很少为学术界关注。

最后，注重忠德的政治维度，而忽视忠德的文化维度，也就是说，学术界比较强调"政统"而忽视"道统"。忠德的内涵、起源、发展和变化是多种因素如政治因素、经济因素、制度因素等引起的。但是，学术界往往只关注"政统"层面，对"道统"层面视而不见。与其有人说汉武帝采纳了董仲舒"独尊儒术，罢黜百家"的建议，用"政统"把以儒学为主体的"道统"作为官方意识形态，不如说是"政统"对儒学为主体的"道统"的屈服。正如余英时在《士与中国文化》中所说的，汉代的皇帝承认儒家的正统地位与其说是由于儒家有利于专制统治，毋宁说是政治权威最后不得不向文化力量妥协。① 由此可见，对忠德的研究不能仅仅只关注"政统"层面，不能仅仅只看到"政统"中政权的更迭、皇帝的更换、朝代的更改，还要看到道统、法统、学统等多种因素的力量。

总之，当前学术界研究忠德有特色，但也有不足，还有进一步研究的必要。笔者在前人研究的基础上，打算采取史论结合和辩证唯物主义与历史唯物主义的方法力图对传统忠德进行全面剖析，试图扩大忠德的研究范围、全面界定忠德的性质、拓展忠德的主体、完善研究忠德深层的政治和文化机制，希望在对传统忠德的研究中提出新的看法，为进一步深化忠德研究做出自己的努力。

三、研究方法与框架

本书采用的研究方法主要有以下几种。

第一，辩证唯物主义和历史唯物主义方法。忠德不是人们头脑凭空产生的，它根源于人类社会历史条件。忠德的演变也不是人们一厢情愿的产物，不是纯粹出于人们的意志或情感，不是人们脱离社会历史经济条件的"自我欣赏"的"独奏曲"，而是与整个社会历史经济发展联系在一起的，无论这种联系是协调的还是冲突的。传统忠德有精华，如尽己利人、公忠爱国，但也有糟粕如愚忠、私忠。如果不采用辩证唯物主义和历史唯物主义方法，离开社会历史条件来抽象地研究忠德，就可能很难得出令人信服的结论。辩证唯物主义和历史唯物主义方法的运用有助于对忠德进行全面的分析。

第二，文献解读法。研究忠德不仅仅要从宏观的社会历史条件入手，而且还应当认真阅读文献，回到历史文献产生的时代，进入文献。

---

① 余英时：《士与中国文化》，上海人民出版社 2003 年版，第 142 页。

不仅要用现代人的眼光来审视忠的内涵和价值，而且要对文献有一种同情的了解。总之，既要走进文献，又要跳出文献来研究忠德。

第三，个案研究法。忠德不仅是观念、理论与规则，而且是实践、品德与事迹。历史上记载忠的事例浩如烟海，在研究中需要采用个案研究法，选择具有典型忠德事例来研究。只有这样才有可能从点到面、全面系统地研究忠德的历史实践和忠与孝之间的关系，才有可能得出令人信服的结论。

第四，理论联系实际的方法。忠德是实践性很强的德目之一，只有运用理论联系实际的方法，才能更好地认识忠德的起源、内涵和演变，才能全面分析忠德的价值和意义，才能更好地为现实服务。

基于以上的方法，本书主要的框架如下。

导论部分主要介绍了忠德的地位、研究的意义、研究现状、研究的方法和框架。

第一章主要论述"忠"字考辨、忠德的起源和忠德的两个主要的维度：做人之忠和为政之忠。我们认为，一是"忠"与"中"古字是相通的，表示公正、正义、善意；二是"忠"表示"尽己"、"尽心"；三是"忠"可以理解为"诚"、"信"、"敬"等内涵。基于上述忠的内涵，我们认为做人之忠包括尽己利人、待人以善、持事以敬三个方面；为政之忠包括一心事君、公忠爱国、明道救世三个方面。

第二章对忠德观点的演变特点和规律做了分析。本书是在前人研究的基础上对忠德历史演变做了较为系统的研究。笔者认为忠德历史演变包括整合与创建、发展与抗争、批判与重构等几个方面。忠德的演变不但有外部社会经济因素，而且有内部的因素。它不仅仅是"臣对君"、"下对上"单方面的忠，也包括官对民、官对国、民对君等多方面的忠。传统忠德的演变是政统与道统矛盾统一的产物，是多种力量动态的融合，同时又在这种动态融合中产生忠德的变化和发展。

第三章主要论述忠德的历史实践。通过史论结合的方式，从点到面较为全面地分析了忠德主体、忠德客体、忠德的实践类型如立德、立言、立功之忠以及忠孝与"五常"的统一和冲突。

第四章是忠德的价值审视。本章对忠德历史影响、当代价值和忠德的现代养成进行了论述。笔者在历史文献的基础上，本着实事求是的学术精神，分析了儒家忠德在传统社会中的价值、作用和影响，并说明它在当代社会中的价值。在此基础上尝试回答了如何培养新型的适应当代社会的忠德之士，以便更好地为社会主义现代化建设服务。

结语部分在总结的基础上，进一步阐释了忠德的主要内涵、儒家之忠的现代命运和当代价值。我们相信，在建设社会主义和谐社会的今天，忠德依然具有不可或缺的重要价值，依然在现代社会中起着重要作用，具有积极意义。

第一章 忠德含义论析

忠德在传统社会中对凝聚人心、协调人际关系、稳定社会秩序等方面起着重要作用，至今仍具有重要影响。既然"忠"如此重要，那么，它是何时出现的呢？其内涵是什么呢？作为德性它的特点是什么呢？这些都是本书首先要解决的问题。

第一节　忠德起源

我们认为"忠"至少有三个方面的内涵：一是"忠"与"中"古字相通，表示公正、客观、正义、大公无私等含义；二是"忠"表示"尽心"；三是"忠"可以理解为"诚"、"信"、"敬"等。因此，忠德作为德性是一种泛指、是一种"全德"，具有广泛的道德内涵。忠德作为一种德性出现在尧舜禹时代，这个时代忠德的主要特点是强调"上对下"的忠，即统治者对民众的忠。

一、"忠"字义辨

（1）"忠"字与忠观念考辨

"忠"字出现在什么时代，不同的学者有不同的看法。目前国内能详细确认的《甲骨文编》和《金文编》中没有发现"忠"字，传统儒家经典《今文尚书》和《诗经》中也没有发现"忠"字。就目前所掌握的资料来看，"忠"字最早出现在战国时期中山国的青铜器上，其上刻有"竭志尽忠"字样。依此证据，很多学者认为，中国古代在三代（夏、商、西周）没有"忠"观念。

范正宇先生认为三代没有"忠"观念。他说："成就于西周之前的《尚书》（中国最古老的史书和政典汇编）与《诗经》（我国第一部诗歌总集）里，仍无有关忠的文字记载。考古学、文献学所提供的有力证据，可以直接说明三代还没有忠的观念。"①

著名学者李奇认为，"'忠'作为政治道德准则，在两周奴隶社会的鼎盛时期还没有产生"。② 她引用了两个证据。一个是王国维在《殷周制度论》中的观点，王国维考证认为，"自殷以前天子与诸侯君臣之分未定也，故当夏后之世，而殷王庆、王恒，累叶称王，汤未放桀之时，亦已称王，当商之末而周之文、武亦称王，盖诸侯之于天子，犹后世之诸侯于盟主，未有君臣之分也。周初亦然，于《牧誓》、《大诰》皆称诸侯曰'友邦君'，是君臣之分未全定也。"（王国维《观堂集林·殷周制度论》）这是李奇引用的第一个证据。第二个证据，她说："今文《尚书》、《诗经》中没有'忠'字，是当时社会情况的实际反映。"③

---

① 范正宇：《"忠"观念溯源》，《社会科学辑刊》1992 年第 5 期。
② 李奇：《论孝与忠的社会基础》，《孔子研究》1990 年第 4 期。
③ 李奇：《论孝与忠的社会基础》，《孔子研究》1990 年第 4 期。

曲德来先生的看法与范正宇先生相同，认为作为观念的"忠"在春秋以前尚不曾产生。他提供的证据认为，"甲骨文中无'忠'字。西周以前的金文中亦无'忠'字。《周易》的卦爻辞中无'忠'字，只在十翼的《文言》中出现过一次。据考，《文言》非孔子作，应产生在战国之初。《诗经》中无'忠'字。《尚书》的情况比较复杂。今文《尚书》中无'忠'字。古文《尚书》中'忠'字出现七次：《仲虺之命》（命，应为诰，引者注）《泰誓》《蔡仲之命》《君牙》《冏命》五篇各出现一次，《伊训》一篇出现两次。但是这六篇都是伪古文，不能证明西周以前已经有了'忠'观念"。①

张继军先生也认为，"忠"在西周没有产生。他说："可以大胆地假定，在西周时期'忠'观念作为伦理道德范畴还没有产生。"② 他提供的证据与曲德来先生的是一样的。他说："在《甲骨文编》已经考辨的九百余字当中，我们还看不到'忠'的痕迹。即便是目前国内最完备的金文辑录《殷周金文集成》中，也仅能见到两例关于'忠'的释文，且均出于战国之铭器。在《诗》及《尚书》等传世文献中也大抵如此。《诗经》中的'忠'字并无一见，《尚书》中虽有7处出现，但都出于《古文尚书》，无法作为两周'忠'字及其观念已经产生的确证。"③ 因此，他说，两周时期"忠"观念还没有产生。

笔者认为，范正宇、李奇、曲德来、张继军等人的论述需要我们理清一个问题，那就是对于"忠"字和"忠"观念，我们要区别来看。"忠"字并不等于"忠"观念。有"忠"观念并不一定同步出现"忠"字。毛泽东曾经说过："道德起于道德哲学之先，故道德哲学之成，成

---

① 曲德来：《"忠"观念先秦演变考》，《社会科学辑刊》2005 年第 3 期。
② 张继军：《先秦时期"忠"观念产生及其演化》，《求是学刊》2009 年第 2 期。
③ 张继军：《先秦时期"忠"观念产生及其演化》，《求是学刊》2009 年第 2 期。

于经验，下更畅发之。"① 又说："伦理学未成立以前，早已人人有道德，人人皆得其正鹄矣。"② 这也就是说，忠德的行为，先于"忠"字或"忠"观念出现。马克思说："物质生活的生产方式制约着整个社会生活、政治生活和精神生活的过程。不是人们的意识决定人们的存在，相反，是人们的社会存在决定人们的意识。"③ 我们不能因为目前发现的三代文献中没有"忠"字，就否定三代没有"忠"观念的存在。观念往往出现在文字之前。

王子今先生反驳范正宇先生的论证时说："'考古学、文献学所提供的有力证据'，是可以'直接说明'历史存在的，但是却不能够'直接说明'历史的不存在，就是说，可以证明'有'，却不能证明'没有'。这是因为，'考古学、文献学所提供的'，只是历史存在的片断的不完整的遗留。这样的'证据'无论怎样'有力'，也是不能够证明'直接'地彻底否定某种历史存在的可能性的。"④ 笔者同意王子今先生的观点。甲骨文是一种殷商时期的文明，尤其是占卜与祭祀的记载残片，但是，这不是殷商时代全部文明的记载。不仅如此，到目前为止，我们对甲骨文的认识也只是局部的，还有很多我们至今无法体认和阐释。

李学勤先生指出："甲骨文的不同字数据说已逾五千，但必须承认，其中已经释定，为学者所公认的，数目并不很多。有些在卜辞中经常出现的字，到现在还不认识，不懂得怎么讲。"还说，"卜辞很多字我们是不认识的，很多辞我们不能通解。"⑤ 张传玺先生也说："甲骨文

---

① 毛泽东：《毛泽东早期文稿》，湖南出版社 2009 年版，第 119 页。
② 毛泽东：《毛泽东早期文稿》，湖南出版社 2009 年版，第 216—217 页。
③ 《马克思恩格斯选集》（第 2 卷），人民出版社 1995 年版，第 32 页。
④ 王子今：《"忠"观念研究——一种政治道德的文化源流与历史演变》，吉林教育出版社 1999 年版，第 18—19 页。
⑤ 李学勤：《失落的文明》，上海文艺出版社 1997 年版，第 36—37 页。

单字数约有四千五百字左右，其中可以认识的，大约有两千字左右。"①
夏商周三代流传至今的资料很少，甲骨文虽然是一种古代成熟的文字，
但是今人还有很多字不能解释。而且，在中国境内中国文字的前身不仅
仅只有甲骨文这一种文字。例如巴蜀文字，就不是汉字。李学勤先生
说："有一个观点，我在不同场合说过多次，这里还想重复一下，就是
不能认为在中国境内的古文字只有像商周文字那样的汉字的前身。"②
既然还有部分甲骨文今天不能认识甚至解释，而且也可能还有不只是甲
骨文一样的文字，那么，上述几位研究者，就断定夏商周三代没有
"忠"，也没有"忠"观念，这样的结论是很难让人信服的。

不仅如此，我们还应该清楚"忠"和"忠德"是两个不同的概念
和范畴。"忠"字的出现是文明进步的体现，而"忠德"至少包括忠德
主体的德性和忠德的行为两个方面，它不仅是一种道德智慧，是一种实
践理性，而且是一种理性行为。不能说一个人认识"忠"字，就一定
会出现"忠德"的行为。同理，也不能说不认识"忠"字就不会出现
"忠德"的行为，也不能说出现了"忠德"的行为就肯定出现了"忠"
字。"忠"字和忠德行为，这是两个不同的范畴。事实上，"忠"字与
"忠德"并不构成必然的联系。但是，一般地说，"忠"的行为应当出
现在"忠"字以前，"忠"字是忠德实践发展到一定阶段的产物。

由上所知，我们的观点是"忠"观念早已有之，而"忠"字出现
比"忠"观念晚。

（2）"忠"字义辨

既然"忠"字的出现是忠德实践发展到一定阶段的产物，那么
"忠"的内涵有哪些呢？

---

① 张传玺：《中国古代史纲》（上），北京大学出版社1991年版，第60页。
② 李学勤：《中国古代文明研究》，华东师范大学出版社2009年版，第468页。

"忠"具有广泛的内涵，不仅仅是人们常说的是一种臣对君的道德规范，更不是那种"愚忠愚孝"的"忠"。它的本意主要是指"公正"、"正直"、"尽心"、"无私"、"忠诚"、"忠信"等内涵，是一种泛指，没有具体的对象。作为一种德性的概括，它是一种"全德"，具有广泛的内涵。

《古代汉语词典》解释"忠"，有三种含义。一是指办事尽心竭力，如《论语·学而》："吾日三省吾身，为人谋而不忠乎？"二是指忠于君主，如《世说新语·贤媛》："为子则孝，为臣则忠。"三是通"中"、符合，如《管子·禁藏》："顺天之时，约地之宜，忠人之和。"词组有：忠说、忠款（作"忠诚"解）、忠良、忠言、忠贞，等等。①《汉语大词典》解释"忠"有四种意思：一指忠诚无私，尽心竭力；二特指事上忠诚；三指忠厚；四指姓。②《辞源》解释"忠"，主要指忠诚。③

笔者认为"忠"的内涵主要有三个方面。

第一，"忠"与"中"古字相通，"忠"，即"中"，"中"犹"忠"，表示公正、客观、正义、无私、正直等含义。"忠"与"中"相通，这是"忠"较早的内涵，大概在"忠"字出现之前，"中"代替"忠"被人们使用。这或许是"忠"字出现比较晚的原因。

《尚书·仲虺之诰》记载大臣仲虺称赞成汤的话："王懋昭大德，建中于民，以义制事，以礼制心，垂裕后昆。"陆德明在《经典释文》卷三《古文尚书音义上》解释说，中字"本或作忠字"。《周礼·春官·大司乐》："以乐德教国子中、和、祗、庸、孝、友。"这里的"中"，汉代经学大师郑玄注释为，"中，犹忠也"。《诗经·小雅·隰

---

① 《古代汉语词典》，商务印书馆 1998 年版，第 2033 页。
② 《汉语大词典》（缩印本），上海辞书出版社 2007 年版，第 4242 页。
③ 《辞源》（修订本），商务印书馆 2009 年版，第 1207 页。

桑》："中心藏之，何日忘之？"《诗经·唐风·有杕之杜》："中心好之，曷饮食之。"这里的"中"，都可以作"忠"解。清代学者惠栋在《九经古义》中考证说："'中'与'忠'，古字通。汉《吕君碑》云：'以中勇显君。'义作'忠'。《后汉书》：'王常为忠将军'，《冯异传》作'中将军'。《古文孝经》引《诗》云：'忠心藏之。'今《毛诗》作'中'。"《隶辨》卷一说："《张迁碑》：'中骞于朝'，《金石文字记》云：'中'者'忠'之误。按：《书·仲虺之诰》：'建中于民'，《释文》云：'中'，本作'忠'，'中'、'忠'字古或通用。又《魏横海将军吕军碑》：'君以中勇，显名州司'，亦以'中'为'忠'。"《两汉金石记》也说："'中'为'忠'。"《授益堂金石跋》："顾氏所指'中'为'忠'之误，'中'、'忠'自通用，非误也。"① 因此，"忠"与"中"是可以互训的。

"中"字本来为"徽帜"，后来引申为"公正"、"公中"、"中正"等内涵。著名学者唐兰先生说："中者最初为氏族社会中之徽帜，《周礼·司常》所谓'皆画其象焉，官府各象其事，州各象其名，家各象其号'，显为皇古图腾制度之孑遗。此其徽帜，古时用以集众，《周礼》大司马教大阅，建旗以致民，民至，仆之，诛后至者，亦古之遗制也。盖古者有大事，聚众于旷地，先建中焉，群众望见中而趋附，群众来自四方，则建中之地为中央矣。列众为阵，建中之酋长或贵族，恒居中央，而群众左之右之望见中之所在，即知为中央矣。然则中本徽帜，而其所立之地，恒为中央，遂引申为中央之义，因更引申为一切之中。"② 唐兰先生的推测是合理的。古代民族往往有自己的"图腾"、"禁忌"或"神物"，这些"图腾"、"禁忌"、"神物"是最初的道德规范。它

① 王子今：《"忠"观念研究——一种政治道德的文化源流与历史演变》，吉林教育出版社1999年版，第2—4页。
② 唐兰：《殷商文字记》，中华书局1981年版，第53—54页。

们被赋予该古代民族原始的集体意志，是他们集体意志的象征物，也是道德调节和伦理控制的工具。"中"原来是一种"徽帜"，也是古代民族意志的一种象征物。它竖立在地上，"群众左之右之望见中之所在"，是民众集合的中心，后来就引申为"中央之义"，也就具备了公正、正义的原始内涵意象。

萧兵先生认为："设'中'于心就构成了'忠'的意象。"① 其实，不仅仅"中"于心构成"忠"的意象，而且当"中"立于"心"时，就已经具备了"忠"的某种道德内涵。现存中国最古最长的文献《尚书·盘庚中》，曾经记载了盘庚对臣民的一次训话："汝分猷念以相从，各设中于乃心。"盘庚要求臣民同心同德，团结一体，把"忠"立于心中。孔安国对这句话解释说："群臣当分明相与谋念，和以相从，各设中正于汝心。"

《说文解字》说："中，内也。"② 段玉裁训为："中者，别于外之辞也，别于偏之辞也，亦合宜之辞也。作内，则此字平声、去声之义，无不赅矣。"这里"内"，实质上具有"别于外"、"别于偏"、"合宜"三种含义，而这正是"忠"的重要内涵。

《论语·尧曰》："咨尔舜！天生历数在尔躬，允执其中。"这里的"中"体现为不偏不倚。又如《尚书·洪范》："无偏无陂，遵王之义；无有作好，遵王之道；无有作恶，尊王之路。无偏无党，王道荡荡；无党无偏，王道平平；无反无侧，王道正直。"这里虽然没有出现"中"字，其实隐含了"中"的公正、正直的内涵。《国语·周语》说："考中度衷，忠也。"这里"忠"与"中"应该是相通的。《韩非子·五蠹》："则有仇雠之忠"。这里的"忠"，高亨先生解释为"忠，借

---

① 萧兵：《中庸的文化省察——一个字的思想史》，湖北人民出版社1997年版，第820页。

② 许慎：《说文解字》，中华书局1963年版，第14页。

为中。"

由上述可见，"忠"与"中"可以互训，表示客观公正、正直、大公无私等内涵。《左传·文公二年》中说："忠，德之正也。"《吕氏春秋·孝行》说"事君不忠"，高诱注曰："忠，正也。"这里的"忠"表示公正。《孝经·事君章》："进思尽忠"，注疏引《字估》说："忠，直也。"这里的"忠"可以理解为"正直"。《左传·僖公五年》："君子是以知季文子之忠于公室也。相三君矣，而无私积矣，可不谓忠乎？"《左传·僖公五年》说"忠"的一个重要表现就是："公家之利，知无不为也，忠也。"只有那些为公的，不为私的才是"忠"。《广韵·东韻》："忠，无私也。"《忠经·天地神明章》也说："忠也者，中也，至公无私"，"不正其心而私事，与忠相反也。"

事实上，"忠"作为"公中"、"公正"、"正直"、"大公无私"等含义，慢慢地在儒家伦理思想中，成了道德行为主体和道德实践的重要伦理原则。

第二，"忠"是"尽心"。最早对"忠"做解释的文献见于《左传·桓公六年》。该文献记载季梁对随侯的话："所谓道，忠于民而信于神。上思利民，忠也；祝史正辞，信也。"季梁是春秋时代随国的贤臣。当时楚武王侵略随国，随国派了一名少师主持议和，在议和的时候，楚武王故意让自己的军队纪律松散，军容不整，这让狂妄自满的少师认为楚国的军队不堪一击，他回到随国后，建议随侯出击楚国。季梁正是在这种背景下劝阻随侯出军而说了这番话。所谓的"道"，包括"忠"和"信"两个维度。孔颖达解释为："所谓道者，忠恕于民而诚信于神也。"① 这里的"而"应当做顺承连词，"民"是第一位；"神"是第二位的。只有"忠于民"然后才能"诚信于神"。季梁接着对随侯

---

① 《十三经注疏》（清嘉庆刊本），阮元校刻，中华书局2009年版，第3799页。

说的"吾牲肥腯，粢盛丰备，何则不信?"这句话进行了反驳，说："夫民，神指主也。"(《左传·桓公六年》)因此，这里我们可以确立季梁的"忠于民"比起"信于神"来说，"民"是第一位的。"上思利民，忠也"中的"上"，孔颖达注释为"上位者"，也就是指统治者。统治者如何"利民"?就是要求统治者"在上位者思利于民，欲民之安饱。"① 统治者要尽心尽力让老百姓吃饱穿暖、安居乐业，这就是"忠"。这里的"忠"是针对统治者而言的一种政治美德和行为规范。

有时候，"忠"的对象是"下对上"，孔颖达注释"忠、肃、共、懿、宜、慈、惠、和，天下之民谓之八元"(《左传·文公十八年》)时说："忠者与人无隐，尽心奉上也。"② 这里孔颖达认为尽忠就要"尽心奉上"，与《左传·桓公六年》的注释恰恰相反。由此可见，从《左传》关于忠的主体来看，有时候指统治者，有时候指被统治者。但是，无论是统治者的"尽忠"，还是被统治者的"尽忠"，"忠"作为"尽心"、"尽力"内涵是确定的。所以，许慎在《说文解字》中说："忠，敬也。尽心曰忠。从心，从声。"这正确地解释了忠的内涵。

一个人要"忠"，要做到心中无私，坦坦荡荡面对他人和社会。《国语·晋语二》说："除暗以应外谓之忠。"说的就是这个意思。其实"忠"的"尽心"这层含义一直被后世所肯定和发展。北魏时期桓范就说："为小臣者，得任则治其职，受事修其业，思不出其位，虑不过其职，竭力致诚，忠信而已。"(《世要论·臣不易》)这里的"忠"就是对"尽心"的肯定和发展。宋代邢昺在《论语注疏·里仁》中，对"夫子之道，忠恕而已矣"之"忠"的解释是："忠，谓尽中心也。"这个疏义肯定了忠的"尽心"这层含义。

---

① 《十三经注疏》(清嘉庆刊本)，阮元校刻，中华书局 2009 年版，第 3799 页。
② 《十三经注疏》(清嘉庆刊本)，阮元校刻，中华书局 2009 年版，第 4042 页。

理学大师朱熹在注释《中庸》"忠恕违道不远，施诸己而不愿，亦勿施于人"时，对"忠"的内涵做了充分的解释。他说："尽己之心为忠，推己及人为恕。""施诸己亦勿施于人，忠恕之事也。以己之心度人之心，未尝不同，则道之不远于人可见。故己之所不欲，则勿以施之于人，亦不远人以为道之事。"作为一个道德行为的主体，只有做到"尽心"才能算作"忠"，用"忠"推及到他人就是"恕"。"忠"是"恕"的前提和条件，"恕"是"忠"的绵延和行为方式。"忠"是体，"恕"是用；"忠即是一，恕即是实。"（陈淳《北溪字义·一贯》）在这个层面上，"忠恕"是一物两面，都具有"尽己"的意思。

从外在行为上来说，"尽己"在实践中要不留余地，尽自己最大的努力去行动。宋儒陈淳说："尽己是尽自家心里面，以所存主者而言，须是无一毫不尽方是忠。如十分底话，只说得七八分，犹留三分，便是不尽，不得谓之忠。"（陈淳《北溪字义·忠信》）尽己就是行为主体不留"余地"，"无一毫不尽"，如有所保留，或者找个理由不尽心，便不是忠。这是陈淳对"忠"的行为主体积极尽义务的解释。从忠德主体内心方面来说，"尽己"之忠具有"克己"的含义，指努力克制行为主体内心的情感、情绪和欲望及冲动等。在最关键的时候，保持清醒的头脑，不产生"思维短路"，不"怒发冲冠"。一个人能够懂得在适当的时候"克制"自己的情绪，控制自己的情绪，不为情绪左右自己的行为，理性地处理事情和他人的关系，在关键的时候不失去理智，这是"克己"的行为体现。从这个方面来说，"愚忠"不是一种"忠"，而是一种打着"忠"的旗帜进行活动的行为，至少从这个方面上来说，"愚忠"不是儒家"忠"的本意。这是因为"愚忠"是不加分析、不知变通、不辨善恶、不辨好坏地行忠。事实上，"忠"是一种理性的选择，不是毫无原则、任由情绪控制、不顾现实条件进行的那种莽撞的行动。

朱熹在注释《中庸章句·第十章》"子路问强"那段话时说,"抑其血气之刚,而进之以德义之勇也",不要"知之过而不择乎善,行之过而不用其中,不当强而强者也"(《中庸章句·第十一章》)。所以,忠的"克己"层面,就是在适当的时候要采取适当的方式,是一种道德理性行为,而不是不顾原则、不顾条件的"盲动主义"、"机会主义"、"冒险主义"。只有理性地"尽忠",忠才能达到预期的效果,才能对忠的对象产生好的效果,才是真正意义上的忠。《国语·晋语八》记载了叔向一段很有名的话:"子何患焉。忠不可暴,信不可犯,忠自中,而信自身,其为德也深矣,其为本也固矣,故不可拽也。今我以忠谋诸侯,而以信履之,荆之逆诸侯也亦云,是以在此。若袭我,是自背信而塞其忠也。信反必毙,忠塞无用,安能害我?"叔向是说晋国恪守忠信之道,是一种理性的行为,楚国想背弃忠信之道侵略晋国,这是非理性的愚蠢行为,必然会自取灭亡。

总之,"忠"的"尽己为人"、"竭心做事"等内涵包括外部和内部两个方面,对外要"居处恭,执事敬,与人忠"(《论语·子路》),做到"尽心尽力",不留私情;对内要做到"吾日三省吾身:为人谋而不忠乎?与朋友交而不信乎?传而不习乎?"(《论语·学而》)要时时反省自己,时时克制自己的欲望,保持理性,不至于因为自己的情绪失控而使整个事情毁于一旦。"忠"字的"尽心"的内涵,体现了儒家"仁"的伦理精神。"忠,仁之实也",[1] 正是发展了"忠"的最本初的内涵。

第三,"忠"为"诚"、"信"、"敬"等内涵。《左传·文公元年》云:"忠,德之正也。"《左传·成公十年》说:"忠,为令德。""令

---

① 李零:《郭店楚简校读记》(增订本),中国人民大学出版社 2007 年版,第130 页。

德"即全德。忠既然是一种全德，所以在很多语境下忠都可以与其他的德目合用。与诚互训，也是属于这类情况。

"忠"可以指"诚"，"诚"可以指"忠"，两者互训。古代是单音词，因此有时候用诚，有时候用忠。"忠"与"诚"相通，本质上都是指一种真实无妄的状况。朱熹说："忠，只是实心，直是真实不伪。"（《朱子语类》卷十六）"诚者，真实无妄之谓，天理之本然也。"（《中庸章句·第二十章》）忠是"尽心"，是一种"实心"，是"不伪"。这正和"诚"相同。"忠与诚皆是实理。"（《朱子语类》卷二十一）所以，朱熹说："一心之谓诚，尽心之谓忠。诚是心之本主，忠又是诚之用处。用者，只是心中微见得用。"（《朱子语类》卷二十一）因此，当有人问朱熹"诚便是忠信否"的时候，朱熹便说："固是。"（《朱子语类》卷二十一）还说："'诚'字以心之全体而言，'忠'字以其应事接物而言。"（《朱子语类》卷六）刘宝楠也说："诚心以为人谋谓之忠。"（《论语正义·学而》）所以，从"尽心竭力"这个层面上，"忠"和"诚"是相通的。当然，在后来的发展中，忠与诚有了区别。忠偏重于事物的行动过程，而诚则是偏重于行为主体的态度。这是道德规范发展的必然。但是在源头上，两者无区别，可以互训。

《说文解字》说："信，诚也。从人言。"《释名》曰："信，申也。言以相申束使不相违也。"忠，也与信的意思相通。第一，信和忠，都有真实、忠诚的含义。《论语》有"主忠信"（《论语·学而》）、"言忠信"（《论语·卫灵公》）、"必有忠信如丘者"（《论语·公冶长》）等说法。朱熹说："忠是信之体，信是忠之发。"（《朱子语类》卷二十一）陈淳有言："有话只据实说，无便曰无，有便曰有。若以无为有，以有为无，便是不以实，不得谓之信。"（《北溪字义·忠信》）可见，"忠信只是一事。"（《朱子语类》卷二十一）第二，从忠的实践来说，忠表示尽心，指人；信表示尽心，指事。两者连用为"忠信"，这正好表明了一个完整的忠德行为。朱熹说："尽己之谓忠，尽物之谓信"，"有于己为忠，见于物为信"（《朱子语类》卷二十一）。也就是说忠是人内心的尽心，信是人在做事过程中的尽心。所以从"尽心"的角度来说两者相通。不过，在范畴上相比，忠的范围要比信要宽广。

"敬"与"忠"的内涵也是相通的。朱熹认为，"敬字工夫，乃圣门第一义，彻头彻尾，不可顷刻间断。"（《朱子语类》卷一十二）第一，从心理层面来说，敬有尽心、"主一"的内涵。"敬"是一种"整齐严肃"的态度，是一种"内无妄思，外无妄动"的执着。这种执着，就是专一。专一，也可以说是"主一"。"主一之谓敬。"（《河南程氏粹言》卷一）而"主一"就是忠。第二，从行为层面来说，敬是始终专一做一件事，而忠的行为也是表示专一做一件事。因此，从行为层面来说，两者也是相通的。朱熹说："敬是始终一事。"（《朱子语类》卷十二）还说："敬不在外，但存心便是敬。"（《朱子语类》卷十二）具体说来，在行为上要做到"坐如尸，立如齐"，"头容直，目容端，足容重，手容恭，口容止，气容肃。"（《朱子语类》卷十二）这是道德主体在行为举止上表现出一种专一的态度。在内心深处要做到居敬，要求道德主体内心要"有所畏谨，不敢放纵"（《朱子语类》卷十二），要"敬以直内"。朱熹说："只收敛身心，整齐纯一，不恁地放纵，便是敬。"（《朱子语类》卷十二）这些正好也是忠心做事的体现。因此，"敬"在行为上也体现为忠。第三，在道德修养上，"敬"的方式也体现为"尽心"，其目的是为了提高自己的修养，为了更好地"利人"，这和忠的内容也是相通的。宋代理学家很欣赏程颐的"涵养须用敬，进学在致知"这句话。朱熹曾经引用程颐的话说："入道莫如敬，未有致知而不在敬者。"（《朱文公文集·与湖南诸公论中和第一书》卷六十四）敬是人对自己内在"人欲"的打磨和历练，宋代理学家有时候把这种方式叫"主一"。程颐说："所谓敬者，主一之谓敬。"（《河南程氏遗书》卷十五）他们认为这是在"收拾自家精神"（《朱子语类》卷十二）。只不过，理学家是从"理"的高度来阐释"敬"，但是从道德修养层面来说，这个"敬"与"忠"的"尽心尽力"、"克制"自我的欲望、冲动是一致的。

尽管"忠"与"诚"、"敬"、"信"等基本内涵相通，但是它们在后世伦理思想发展过程中却出现了不同的价值维度，无论是价值主体、价值客体还是价值实施的行为方式都有不同的侧重点。语言文字是随着人们社会政治、经济生活发展变化而发展变化的，它们也不例外。徐复观说："我认为追求一个名词的语源，可以发现文化概念的源流演变之迹，但绝不可以语源的意义，作为衡断文化中某一概念是非得失的标准。因为语言所代表的概念，是不断地在演变，而且是人不断地做意识之创造和增加的。假定硬说千年以后的某一概念，即同于千年以前的某一概念，这固然是危险。但硬拿千年以前的某一概念，以限定或否定千年以后的某一概念，同样也是非常的不合理。"①

总之，"忠"无论作为"公正"、"正直"、"中正"，还是作为"尽心"、"尽己"，抑或是作为"敬"、"诚"还是"信"等内涵，只是代表"忠"的基本的道德内涵。忠的"公正"、"正直"、"中正"等内涵，酝酿了后来忠德的行为原则；"尽心"、"尽力"则体现为忠德主体的内在德性价值；"敬"、"诚"、"信"等的内涵则包含了忠德实践主体的态度，在实践上表现为忠德主体的内在和外在的超越。

二、忠德起源

钱穆先生认为："'孝'的观念起源于'血缘团体'，'忠'的观念起源于'地域团体'。中国人所谓'移孝作忠'，即是'由血缘团体中

---

① 徐复观：《中国思想史论集续篇》，上海书店出版社 2004 年版，第 235 页。

之道德观念转化而成地域团体中之道德观念'。"① 根据现代研究成果，原始人过的是一种群居生活，尤其是在人类蒙昧时期，血缘家庭是他们联系的纽带，那时候地域意识还没有产生。在这个血缘家庭时代，"兄弟和姊妹起初曾经是夫妇"②。在那个时代，"同胞兄弟姊妹、从（表）兄弟姊妹、再从（表）兄弟姊妹和血缘更远一些的从（表）兄弟姊妹，都互为兄弟姊妹，……也一概互为夫妻"③。在人类的蒙昧时期，人们有血缘家庭意识，但是还没有地缘意识，虽然也产生了一些低级的道德意识，但是还没有出现较高级忠德观念和忠德行为。那么忠德究竟起源于何时呢？我们认为忠德可能在原始社会前期还没有出现，而应当起源于原始社会末期，大致在尧舜禹时代。

我们认为忠德起源于尧舜禹时代。这可以从两个方面来讨论：一是从现代的研究成果来看，二是从传世的经典文献来看。

一是从现代的研究成果来看。根据现代研究成果可知尧舜禹时代是存在的，忠德起源于这个时代。金景方先生和钱耀鹏先生肯定了尧舜禹时代的存在，认为这个时代是"中国的早期国家"或者是"相对独立的早期国家"。金景方先生说："尧、舜、禹时代的部族联合体是中国在部落联盟之后产生的一种新的社会组织，是中国从原始社会向国家过渡的一个中间环节。部族联合体的组成、管理和领导机构与后世的国家机器相比，尽管还很原始、很简单，但在某些方面已经初步具备了国家机器的基本特征，我们称之为准国家或半国家，实质上就是中国的早期国家。"④ 钱耀鹏先生认为："在尧舜禅让传说故事的背后，至少可能存

---

① 钱穆：《中国文化史导论》（修订本），商务印书馆 1994 年版，第 162 页。
② 《马克思恩格斯选集》（第 4 卷），人民出版社 1995 年版，第 31 页。
③ 《马克思恩格斯选集》（第 4 卷），人民出版社 1995 年版，第 33 页。
④ 金景芳、吕文郁：《论尧舜禹时代是由原始社会向国家过渡的中间环节》，《学习与探索》1999 年第 3 期。

在着善恶相对独立的早期国家，与五帝时代普遍筑城建国、王国林立的历史发展特点相吻合。"还说："尧舜禅让故事可能是有所依据的历史事实，即尧舜禹三者是联系在一起的。"①

尧舜禹时代不仅早期国家出现了，而且文明和道德也已经建立起来了。李学勤教授认为："考古研究已经使我们窥见相当于传说中尧、舜时代的社会、文化的真相。例如已有不少报道的山西襄汾陶寺遗址，其年代上限在公元前 2500 年至前 2400 年之间，下限不晚于公元前 2000 年，正好与尧、舜传说的时代大致相当。陶寺发现了面积达 280 万平方米的大型城址，其中有结构复杂的建筑基础，有规模颇大的贵族墓葬，出土了玉器、铜器及陶制的礼乐器等，还出现了文字。最近发掘的一处特殊建筑基址，有学者推测与'观象授时'可能有关，而后者正是《尧典》的一项内容。大家知道，陶寺的地理位置同文献中'尧都平阳'正好接近。由此看来，认为传说中尧、舜时代文明业已初步建立，是妥当的。"②

柳诒徵在《中国文化史》中说："唐、虞以降，国家统一，政治组织，渐臻完备。于是立国行政，始有确定方针。……据此，是一代又一代所尚之道，其道各有所敝。而夏道近于虞，故虞、夏往往连言。"③"夏道尚忠，本于虞。……夏时所尚之忠，非专指臣民尽心事上，更非专指见危授命。"④ 柳诒徵先生不仅指出了忠德起源于唐虞时代，而且指出了忠德起源最初的内涵。

裴传永先生在《忠观念的起源与早期映像研究》一文中也说："尧舜时代是中国历史上道德昌明的一个时代"，"尧舜时代所孕育、产生

---

① 钱耀鹏：《尧舜禅让的时代契机与历史真实——中国古代国家形成与发展的重要线索》，《社会科学战线》2000 年第 5 期。

② 李学勤：《舜庙遗址与尧舜传说》，《光明日报》2005 年 8 月 17 日，第 11 版。

③ 柳诒徵：《中国文化史》（上册），上海古籍出版社 2001 年版，第 89 页。

④ 柳诒徵：《中国文化史》（上册），上海古籍出版社 2001 年版，第 90 页。

的道德观念，除了孝、恭、信、公、让、义、慈、直、清等之外，还包括忠。"①作者从古代的典籍，如《礼记》、《左传》和《史记》等文献和尧舜禹的实际行动两个方面来论述自己的观念。在典籍方面，作者引用了《礼记·表记》中关于孔子称赞帝舜有"忠利之教"，君子之人有"忠而不犯"来说明忠德在尧舜时代已经存在。作者还用司马迁在《史记·五帝本纪》所说的，"舜乃……命十二牧论帝德，行厚德，远佞人"的记述和"天下明德皆自虞帝始"作为佐证。②

二是从传世的经典文献来看。李民教授认为："《尧典》所写的社会现象虽然是斑驳陆离，但经认真研究仍可看出，其所写的主要方面正是禹以前的尧、舜时期氏族制度瓦解并向阶级社会过渡的历史状况。"③不仅如此，中国最早的古书之一《尚书》第一篇《尧典》开篇就讲尧的德性，该篇认为儒家提倡的圣贤道德是从尧开始的，认为尧是忠德修养很高的人，说他"克明俊德，以亲九族"，"平章百姓"，"协和万邦"。《说苑·君道》也说："禹曰：'尧舜之人，皆以尧舜之心为心，今寡人为君也，百姓各自以其心为心。'"这已经表明，在尧舜时代人们已经有了忠德，个体意识的觉醒已经出现。司马迁在《史记·五帝本纪》中论断说："天下明德皆自虞帝始。"

《史记·五帝本纪》中说："尧曰：'嗟！四岳：朕在位七十载，汝能庸命，践朕位？'岳应曰：'鄙德忝帝位。'尧曰：'悉举贵戚及疏远隐匿者。'众皆言于尧曰：'有矜在民间，曰虞舜。'尧曰：'然，朕闻之。其何如？'岳曰：'盲者子。父顽，母嚚，弟傲，能和以孝，烝烝治，不至奸。'"这里大概是中国伦理思想史上第一次以是否有"德"

---

① 裴传永：《忠观念的起源与早期映像研究》，《文史哲》2009 年第 3 期。

② 裴传永：《忠观念的起源与早期映像研究》，《文史哲》2009 年第 3 期。

③ 李民：《〈尚书·尧典〉与氏族社会》，《郑州大学学报》（哲学社会科学版）1980 年第 2 期。

作为人才选拔的标准。尧想将自己的帝位传给后世，西边的诸侯认为他们自己的德性浅薄，不堪大任，因此推荐有德有才的舜来继承帝位。

其实，尧有很多的儿子，他是为了氏族部落联盟的利益，不把帝位传给儿子而是传给了德厚才高的舜。这是忠德"尽己为公"的体现。《吕氏春秋·孟春纪·去私》中说："尧有子十人，不与其子而授舜；舜有子九人，不与其子而授禹：至公也。"这里体现了尧舜忠于集体和部族联盟的忠德勇气。所以尧被称为"美尧"，称他这种禅让为公的忠德行为为"美尧之事"或"美尧之功"。《尚书·尧典》① 中称赞尧"钦、明、文思、安安，允恭克让，光被四表，格于上下"。孔子也大

———————————

① 《十三经注疏》中的《尚书注疏》，自从清代学者阎若璩《尚书古文疏证》考证了伪《尚书》中的《仲虺之诰》、《汤浩》、《伊训》等25篇是东晋代人献的伪作之后，影响深远，学术界很多学者接受了阎若璩的观点，学界的一些人一谈到伪《尚书》就色变，不敢引用，好像阎若璩的结论就是定论。其实伪《尚书》也不全部是伪作，其中的很多文字是源于先秦一些古籍。例如《仲虺之诰》篇，在先秦诸子百家作品中多次被引用。因此，笔者认为，有选择性地参考这25篇所谓的伪《尚书》是可以的。刘起釪先生在《尚书学史》（修订本）中认为，先秦部分篇章因为各种各样的原因"后来失传了，赖先秦文献保存了他们的一些散佚文句，至晋代被伪古文相应的篇名剿袭了一些，因此进入了伪篇中。还有一些不知篇名遗句，也被收入伪篇中。但不影响这些文句原来是先秦已有的古文"。（刘起釪：《尚书学史》（订补本），中华书局1989年版，第32页）刘先生的观点是很有价值的。事实上，阎若璩的《尚书古文疏证》对伪《尚书》25篇文字的考证，是不全面的，很多地方是值得商榷的。郑杰文和傅永军主编的《经学十二讲》中论述说："阎若璩的《疏证》之作事实上有两个预设的前提：一是认为古本《尚书》的篇章原都是体制严整而文辞古奥的，应大略如伏生所传的二十九篇所体现的那样；二是相信汉代孔壁古文十六篇为'真古文'，也应该如伏生所传的二十九篇那样。这两个预设都是需要证明的，否则便不能用作辨伪的标准。问题很显然，如果古本《尚书》的体制文辞原不像通常所设想的那样整齐，各种《尚书》传本所收录的篇章原也并不一样，那就不能仅据一种标准衡量现存的《尚书》古本。所以根据上述，我们以为阎氏《疏证》所关照的标准有问题，他的写作在相当程度上忽视了《尚书》流传的复杂性（或说是将这种复杂性过分归纳于后人的作伪），因而他所揭发的问题中的大多数，并不能作为谳定今本《尚书》的古文部分为伪的直接证据，况且所疏还有很多条目属于质疑的范畴而非定论。"（郑杰文、傅永军：《经学十二讲》，中华书局2007年版，第110页）郑杰文和傅永军先生的看法是有道理的。笔者认为可以有选择性地运用伪《尚书》中的文字，而不是对阎氏的《疏证》中所说的伪25篇全部弃而不用。

为称赞尧舜的忠德行为。他说：·"大哉尧之为君也！巍巍乎！唯天为大，唯尧则之。荡荡乎，民无能名焉。巍巍乎其有成功也，焕乎其有文章！""巍巍乎，舜、禹之有天下也而不与焉！"（《论语·泰伯》）孔子高度赞扬了尧舜拥有天下而一心为公，不为私的道德品质。

不仅如此，尧还"巡狩行教，勤劳天下"。《淮南子》中说："尧之有天下也，非贪万民之富，而安人主之位也，以为百姓力征，强凌弱，众暴寡。于是尧乃身服节俭之行，而明相爱之仁，以和辑之。是故茅茨不剪，采椽不斫，大路不画，越席不缘，大羹不和，粢食不毇。巡狩行教，勤劳天下，周流五岳。岂其奉养不足乐哉？举天下而以为社稷，非有利焉。"（《淮南子·主术训》卷九）尧的这种一心为公，忠贞爱民的忠德行为，为历代所称赞。

尧的继任者舜，虽然出生在一个"父顽"、"母嚚"、"象傲"（《尚书·尧典》）的家庭背景中，但是他也用自己的实践行动，证明了自己是忠于民众、忠于集体、忠于部落联盟的道德典范。郭店楚简《唐虞之道》中说，舜做儿子的时候，能够做到忠心事父，"古者虞舜笃事瞽盲，乃戴其孝"，做尧的臣子时，能做到"为尧也，甚忠"，"忠事帝尧"。[①]

舜帝以敬为忠，有一颗大公无私的忠德之心。贾谊评价说："帝舜曰：'吾尽吾敬而以事吾上，故见谓忠焉；吾尽吾敬以接吾敌，故见谓信焉；吾尽吾敬以使吾下，故见谓仁焉。是以见爱亲于天下之人，而见归乐于天下之民，而见贵信于天下之君。故吾详取之以敬也，吾得之以敬也。'"（贾谊《新书·修政上》卷九）

舜忠于自己的职责，常常通过自己实际的忠德行为来感化他人。

---

① 李零：《郭店楚简校读记》（增订本），中国人民大学出版社2007年版，第124页。

"历山之农者侵畔，舜往耕焉，期年，甽亩正。河滨之渔者争坻，舜往渔焉，期年而让长。东夷之陶者器苦窳，舜往陶焉，期年而器牢。仲尼叹曰：'耕、渔与陶，非舜官也，而舜往为之者，所以救败也。舜其信仁乎！乃躬藉处苦而民从之。故曰：圣人之德化乎！'"（《韩非子·难一》）舜帝见到历山的老百姓互相争夺田产，他到那里耕作，一年后，那里百姓的田界就很正常了。捞鱼为生的百姓为争水中的高地而争论不休，舜前去那里一年后，老百姓就自愿把水中的高地让给年纪大的。东夷人制造的陶器质量不好，不坚固容易破碎，舜到那里一年后，东夷人生产的陶器就很坚固了。舜是在用自己的德性感化周围的人。

禹（也叫夏禹）是舜帝的继任者，他为了治理洪水，勤奋备至。"禹亲自操橐耜而九杂天下之川。腓无胈，胫无毛，沐甚雨，栉疾风，置万国。"（《庄子·天下》）他曾经多次路过自己的家门，都没有进去。"劳身焦思，居外十三年，过家门不敢入。薄衣食，致孝于鬼神。卑宫室，致费于沟淢。"（《史记·夏本纪》）大禹为了民众的利益，为了彻底治理洪水，他不但尽心竭力，而且节衣缩食，不敢奢侈，自己住简陋的房子，却花费大量的物资用来修筑沟渠。最终洪水被治理，"事已成，功已立，为万世利"（《吕氏春秋·先识览·乐成》）。因为禹常年在外治理洪水，据说腿部曾经受伤，走路一拐一瘸的，被人称为"禹步"。后世用"禹步"来赞美他的忠德行为。孔子称赞禹说："禹，吾无间然矣。菲饮食而致孝乎鬼神，恶衣服而致美乎黼冕，卑宫室而尽力乎沟洫。禹，吾无间然矣。"（《论语·泰伯》）

禹是夏代的开创者，最后由他的儿子启建立夏朝。夏代初期推崇的还是忠德，或者说夏代是把忠德作为治国之道的。也就是说后世讲的"夏道"其实讲的就是"禹道"。后来夏桀残暴，放荡不羁，残害百姓，抛弃了尧舜禹以来为民而尽忠尽力的忠德，因此民众就推翻他的统治。

《礼记·表记》曾经记载了孔子对夏代道德特点的评价："夏道尊

命，事鬼敬神而远之，近人而忠焉，先禄而后威，先赏而后罚，亲而不尊。其民之敝，惷而愚，乔而野，朴而不文。"孔子这里讲的夏道，其实就是禹道。孔子认为夏代的道德原则是亲近人，待人忠厚，重奖赏而轻刑罚。"近人而忠"在孔子看来是夏道"忠德"的基本内涵。孔颖达解释孔子的这句话时说："'事鬼敬神而远之，近人而忠焉'者，宗庙在外，是'远鬼神'也。朝廷在内，是'近人'也。以忠恕养于民，是'忠焉'也。所为如此，是'亲而不尊'也。"①

《说苑·修文》篇说："夏后氏教以忠，而君子忠矣。"《白虎通义·三教》说："夏人之王教以忠，其失野，救野之失莫如敬。"又说："三教所以先忠者，行之本也。三教一体而分，不可单行，故王者行之有先后。何以言三教并施，不可单行也？以忠、敬、文无可去者也。""人道主忠，人以至道教人，忠之至也；人以忠教，故忠为人教也。"《白虎通义·三教》认为，忠是夏代道德教化的核心，是"行之本"，对于夏代统治者来说，尽忠是最高的境界。

董仲舒也认为，要想把汉代的社会治理好，就应当用夏代的策略，实行忠德教化。他说："继治世者其道同，继乱世者其道变。今汉继大乱之后，若宜少损周之文致，用夏之忠者。"（《汉书·董仲舒传》）

司马迁在《史记·高祖本纪》太史公曰中总结说："夏之政忠。忠之敝，小人以野，故殷人承之以敬。敬之敝，小人以鬼，故周人承之以文。文之敝，小人以僿，故救僿莫若以忠。"夏代的政治教化是教人忠厚老实。不过忠厚老实如果走到极端就会使人粗野，所以殷商统治者就倡导敬天地鬼神。这种敬天地鬼神状况发展到极点就使人迷信鬼神，所以西周的统治者吸取了殷商统治者的教训，就教人讲究礼乐文明，但是这种礼乐文明走到极端，就会使人鄙薄虚伪，所以要改变这种鄙薄虚伪

---

① 《十三经注疏》（清嘉庆刊本），阮元校刻，中华书局2009年版，第3563页。

的状况，反过来又倡导忠厚老实的忠德品质。司马迁好像通过一个循环论证的方式，论述了夏、商、周这三代忠德的发展变化。表面上看，西周的忠德变化好像是重复了夏代忠德的同一内涵，其忠德形式相同，但是却具有不同的内涵，而且是一种新的发展，带有西周社会时代的烙印。他揭示了西周晚期"王纲解纽"、"礼崩乐坏"、"礼乐征伐自诸侯出"的道德混乱的现实。

忠德为什么在当时社会中普遍流行，围绕这个问题春秋战国时期的许多思想家如孔子、慎到、孟子等思想家纷纷作出了精到的分析和论述。西周忠德的发展是夏代忠德否定之否定的发展，是对夏代忠德的"扬弃"。而夏代的忠是和尧舜禹的忠是一脉相承的。

总之，我们认为忠德起源于尧舜禹时代，但是我们也很难确定地说出忠德起源于何年何月，因为道德的起源是个逐渐演变发展的过程，它除了受外部的政治、经济、社会历史条件的制约外，还有忠德自己的发展规律和历史继承性。再说，中国的历史在公元前841年之前没有准确的年代。因此，要具体地说出忠德起源于何年何月那是不现实的，也是不负责任的说法。同时需要说明的是，尽管春秋战国时代，是忠德百家争鸣的时代，忠德的内涵已经成熟，而且呈现多元化的价值维度。但是他们如果不是从以前的忠德范畴中汲取营养，忠德是不可能突然繁荣的。如果忠德忽然之间就能繁荣起来，"这未免有点像传说中的老子，生下来便有了白胡子"。① 所以说，春秋战国时代忠德的繁荣是有其渊源的，它是不可能速成的，这个渊源可以追溯到尧舜禹时代。

第二节　做人之忠

在儒家看来，忠德大致可以分为做人之忠和为政之忠。前者是做人

① 夏鼐：《中国文明的起源》，中华书局2009年版，第82页。

的普遍道德，后者是为人臣的道德、是特殊道德。做人之忠主要分为：尽己利人、待人以善、持事以敬三个方面。

一、尽己利人

尽己利人之忠具有普遍性，是针对所有的人。《忠经》认为："天之所履，地之所载，人之所覆，莫大乎忠。"（《忠经·天地神明章》）不同文化背景的人也都应具有尽己利人的德性。孔子说："与人忠，虽之夷狄，不可弃也。"（《论语·子路》）尽己利人是做人之忠最基本的德性。一般地说，尽己就是要做到尽自己的责任和能力，不找任何借口推脱、拒绝别人。总体说来，尽己利人是道德主体发自内心的真情行动，是毫无保留的付出。具体地说就是要做到无私、专一和尽心竭力。

第一，无私。《左传·成公九年》说："无私，忠也。"程颐还把这种"无私"的德性，称为"天德"。他说："无私，天德也。"（《二程集·周易程氏易传》卷一）尽己利人只能是出于"无私"的动机，如果是带有"私心"就不是忠德的行为。因此，尽己利人的基本道德属性是"利人"，不是"利己"。只有出于自己"无私"的忠德行为，才具有忠德的道德价值。如诸葛亮为治理蜀国，呕心沥血，鞠躬尽瘁，就是一种无私利人的忠德行为。

尽己利人之忠强调"无私"。这里的"私"指人的私欲和私心。很多人不忠，是因为为自己的私欲考虑得太多。二程说："盖欲利于己，必损于人。"（《二程集·河南程氏经说》卷六）历代王朝中发生的臣弑君、下对抗上的不忠行为，多半是人的私心引起的。《管子》说："私意行则国乱。"（《管子·明法解》）还说："私者，乱天下者也。"（《管子·心术下》）因此，尽己利人的忠是要求人们做到无私心，更多地为别人考虑。一个人能够克服自己的私欲，舍己为人，就是无私。为了成全他人，不顾及自己的得失，就是忠。

无私之忠，在特殊的情况下如为了拯救他人，还能做到舍己为人，牺牲自己的利益甚至生命。这种无私也是孟子说的"以身殉道"（《孟子·尽心上》）。例如，春秋时期晋国的程婴为了赵家不绝后，用自己的亲生婴儿代替赵家的婴儿，眼睁睁看着自己的婴儿被政敌杀死。无私之忠，往往不是出于功利的目的，不是想从别人那里得到金钱、权力或名誉等，而是出于道德良知和道德心理，是一种较高的忠德修养。王弼说的"忠者，情之尽也"（黄侃《论语义疏》引），是对无私之忠的最好概括。

第二，专一。专一是尽己利人又一种表现形式，是指一心一意对待某人或某事。董仲舒说："心止于一中者，谓之忠；持二中者，谓之患；患，人之中不一者也。不一者，故患之所由生也。是故君子贱二而贵一。人孰无善，善不一，故不足以立身；治孰无常？常不一，故不足以致功。"（《春秋繁露·天道无二》）一个人不专一，不忠心，就是祸患，就很难在社会上立足，更难在社会做到利人。《忠经·天地神明章》中说："忠也者，一其心之谓也。"程颐说："尽己之谓忠。"（陈淳《北溪字义·忠恕》）朱熹说："为人谋时，竭尽自己之心，这个便是忠。"（《朱子语类》卷二十六）这些也都说明了一心一意、尽心利人是忠德最基本的要求。

专一，可以体现为对爱情的专一和忠贞。例如尾生就是一个典型。《庄子》和《史记》中都记载了尾生的故事。《庄子·盗跖》说："尾生与女子期于梁下，女子不来，水至不去，抱梁柱而死。"《史记》说："（尾生）与女子期于梁下，女子不来，水至不去，抱柱而死。"（《史记·苏秦列传》）姑且不论尾生历史上是否实有其人，但是这种行为就是对爱情专一的最好诠释。

专一，还可以体现在朋友交往中，表现为对友情的忠诚。在传统社会中，朋友之间为了表达自己的忠诚和友善，有时候会订立"不是同年同月同日生，但愿同年同月同日死"的友情誓言，这就是专一的体现。如《三国演义》中的刘备、关羽和张飞桃园结义就是如此。还如，战国时期的刺客聂政和荆轲答应了别人的事，一诺千金，专心为之，这是专一的又一典型。再如，战国燕太子丹的谋士田光，他曾经帮助燕太子丹秘密制定荆轲刺杀秦王的计划。当太子丹告诉他，"所言者，国之大事也，愿先生勿泄"（《史记·刺客列传》）时，他为了消除太子丹担心自己泄漏秘密的疑心，激励荆轲刺杀秦王，自刎而死，足见其对人的专一。总之，专一之忠是一心一意待人，没有任何私心杂念。

第三，尽心竭力。尽心竭力是倾其忠德主体所有的能力全力待人。尽心竭力体现为有条件要去做，没有条件创造条件也要去做。南宋陈淳说得最为明白。他说："尽己是尽自家心里面，以所存主者而言，须是无一毫不尽方是忠。如十分底话，只说得七八分，犹留两三分，便是不尽，不得谓之忠。"（陈淳《北溪字义·忠信》）

这种尽心竭力之忠无论是谁都应当做到，上至王公大臣，下至平民百姓都是如此。陈淳说："事君之忠，亦只是尽己之心以事君。为人谋之忠，亦只是尽己之心以为人谋耳。"（陈淳《北溪字义·忠信》）这种尽心竭力强调的是主体内在德性，需要在具体行动中体现出来。朱熹说："忠，只是尽己。"（《朱子语类》卷二十一）还说："'忠'，只是朴实头白直做将去。"（《朱子语类》卷二十四）可见，尽心竭力是一个人立身行事、待人的基本忠德修养。

第四，讲究忠恕之道的原则。忠恕之道的实际是"己所不欲，勿施于人"，"己欲立而立人，己欲达而达人"。这是孔子的弟子曾参概括出来的。曾参说："夫子之道，忠恕而已矣。"（《论语·里仁》）王弼在《论语释疑》中解释说："忠者，情之尽也；恕者，反情以同物者也。"杨伯峻先生解释说，"恕"就是"己所不欲，勿施于人"；"忠"

就是"己欲立而立人，己欲达而达人"。① 从这个意义上来说，忠恕表示一个完整的尽己利人的忠德行为。"忠"是道德主体尽心而为，尽心的对象可以是他人、国家或者君主。"恕"是要做到推己及人，自己不想做的事或者做不到的事不要强求别人去做。换句话说，自己没办法去尽心做到的事，不能要求别人做到。钱穆先生说："尽己之心以待人谓之忠，推己之心以及人谓之恕。人心有相同，己心所欲所恶，与他人之心之所欲恶，无大悬殊。故尽己心以待人，不以己所恶者施于人。忠恕之道即仁道，其道实一本之于我心，而可贯通之于万人之心，乃至万世以下人之心者。"② 在儒家忠德看来，"忠"与"恕"是两个紧密相连的德行。宋代大儒陈淳说："忠是就心说，是尽己之心无不真实者。恕是就待人接物处说，只是推己心之所真实者以及人物而已。"（陈淳《北溪字义·忠恕》）总之，忠恕是一体两面，两者是不可分离的，"忠恕犹形影"（陈淳《北溪字义·忠恕》）。

如果说无私、专一、尽心竭力是尽己利人的行为方式，那么讲究忠恕之道则是尽己利人之忠的行为原则与方法。

尽己利人要遵循忠恕之道的原则，也就是说在忠德行为上，除了自己无私、专一、尽心竭力之外，还要站在别人的立场上来考虑问题，即所谓的"恕道"，这样可以避免出现好心办坏事的结果。对于一个尽己利人的人来说，他会忠心替人办事。在他看来他这样做是有利于他人，但是如果一味地以自己的意志替别人办事，尽管也是无私、专一和尽心竭力地去做了，在主观上忠德主体也是抱着尽己利人的心理。但是如果他不遵循忠恕之道的原则，其行为的结果有可能在客观上不是利人，而是给他人造成了不必要的麻烦，甚至是伤害。这也就是通常说的好心办

---

① 杨伯峻：《论语译注》，中华书局1980年版，第39页。

② 钱穆：《论语新解》，生活·读书·新知三联书店2005年版，第98页。

坏事。因此在尽己利人的忠德行为中，需要讲究忠恕之道，需要站在他人的立场上思考自己行为是否会对他人造成客观上的麻烦。为了更好地做到尽己利人，需要在忠德实践中牢牢把握忠恕之道的原则，所以它是尽己利人不可分离的部分。

总之，无私、专一、尽心竭力是尽己利人之忠的表现形式，忠恕之道是尽己利人之忠的原则，它们都是尽己利人之忠的重要内容。

二、待人以善

以善待人，是成全他人，不是害人。孔子说："忠告而善道之。"（《论语·颜渊》）包咸解释说："忠告，以是非告之。以善道导之。"邢昺也解释说："言尽其忠以是非告之，又以善道导之。"① 待人以善能够促进他人和社会的进步，对人生存和事物的发展具有正面的意义与价值。具体说来应当是教人、助人、宽恕人。

第一，教人。《说文解字》说："教，上所施、下所效也。"这里的"上"可以理解为"尊长"或者是社会经验或知识丰富的人。教人往往是经验或者知识丰富的人劝导那些涉世不深的人。从职业的角度来说，这些人可以是长者、可以是教师。他们诚心教人，传道、授业、解惑。通过教人，使受教者懂得做人做事的道理，这样可以使人避免少犯错误或少遭受挫折。二程说："圣人尽道，以其身之所行者教人，是故天下之人皆至于圣人之域也。"（《河南程氏粹言》卷二）

孔子说："学而不厌，诲人不倦。"（《论语·述而》）"诲"就是教导，诲人不倦，是指教导别人不知疲倦。这是尽心，是一种忠。这种"诲人不倦"本身意味着"教不倦"。"学不厌，知也。教不倦，仁

---

① 李学勤：《十三经注疏·论语注疏》（标点本），北京大学出版社 1999 年版，第169 页。

也。"（《孟子·公孙丑上》）"教不倦"是"仁"。而广义的"仁"，本身就含有忠的意思，因此，"教不倦"就是忠，是教者尽心尽力把所得到的知识或人生经验传授给接受者。

孟子曾经认为人生有三乐。其中"得英才而教育之"，就是其中一乐。孟子说："君子有三乐，而王天下不与存焉。父母俱存，兄弟无故，一乐也；仰不愧于天，俯不怍于人，二乐也；得天下英才而教育之，三乐也。君子有三乐，而王天下不与存焉。"（《孟子·尽心上》）这种以教为乐的精神，是待人以善的一种表现形式。特别是在受教者面对人生的重大选择、或者精神困顿或迷茫的时候，如果有长者或智者，能够指点迷津，这对他们的作用是巨大的。如刘备在迷茫时，三顾茅庐，诸葛亮尽心帮助刘备分析当时的形势，建议他联吴抗曹，还决定出山帮助刘备建立蜀汉基业。这是智者教人的典型例子。还有的是长者对晚辈的教导，一些学问和人生经验丰富的长者对年轻人的教导就属于这种情况。

在传统社会中教人以善，主要的目的还是"经夫妇，成孝敬，厚人伦，美教化，移风俗"（《毛诗正义》卷一）。在具体行为上，使受教者能够"出则事公卿，入则事父兄"（《论语·子罕》），做到"非礼勿视，非礼勿听，非礼勿言，非礼勿动"（《论语·颜渊》）。

至于封建社会统治者那种"不教而杀"的行为，就不是一种忠德行为。孔子说"不教而杀谓之虐。"（《论语·尧曰》）荀子也说："不教而责成功，虐也。"（《荀子·宥坐》）因此，待人以善，最基本是要教人什么是善，如何做到善。这是为人尽忠的一种实践方式。所以，孟子概括说："分人以财谓之惠，教人以善谓之忠，为天下得人者谓之仁。"（《孟子·滕文公上》）

第二，助人。助人是待人以善的另外一种形式。教人主要体现的是一种思想和精神上的帮助和指导，助人更多地体现为行动上或是财力上的实际帮助。墨子曾经说："有力者疾以助人，有财者勉以分人，有道者劝以教人。"（《墨子·尚贤下》）无论是用体力助人、用钱财帮人、还是用大道理教人，都是待人以善的方式。

助人的方法有很多种。一是用体力为人提供帮助。"路见不平，拔刀相助"的侠义行为就体现为这种方式。这种体力上的帮助，是一种"仁救"、"义战"（《司马法·严位》），是用善意来对抗邪恶，不是以强凌弱，以大欺小。在面对困难时，这些人"救人于厄，振人不赡"（《史记·太史公自序》）。古代那些劫富济贫的忠义之士，就是用体力来帮助别人的人。如宋代梁山好汉。他们武艺高强，替天行道，为民除害。二是用钱财来帮助别人。墨子说的"有财者勉以分人"就指这种助人的方式。在传统社会中，有时候遇见天灾人祸，忠义之人捐钱捐物，开设"义庄"，来帮助遭难的穷人或者灾民就是属于这种情况。用钱财来助人，可以是帮助集体或国家，也可以是帮助某个人，资助某个人。在传统社会，有时候把用钱财慷慨助人的行为，称为"指囷"。三国鲁肃就是这样的人，他为人忠厚，轻财好施。有一次，周瑜向鲁肃借粮，但是鲁肃只有两囷米，各约三千斛，鲁肃指着其中的一囷，二话没说，直接叫周瑜搬走。他这种乐善好施的行为令周瑜大为惊奇，两人于是结为好友。《三国志》中记载了这件事，"周瑜为居巢长，将数百人故过候肃，并求资粮。肃家有两囷米，各三千斛，肃乃指一囷与周瑜，瑜益知其奇也，遂相亲结，定侨札之分。"（《三国志·吴志·鲁肃传》）

第三，宽恕人。教人、助人是待人以善的积极外向的行为，其目的是为了成全人，是由自我走向他人，是超越了个体自我的价值，而宽恕人是一种内向的行为。当别人犯了错误或者是一时疏忽冒犯了自己，自己不睚眦必报而是能够原谅别人、理解他人，因此宽恕他人也是一种待人以善的方式。朱熹说："为人谋时，竭尽自己之心，这个便是忠。"

（《朱子语类》卷二十一）还说："忠，是要尽自家这个心。"（《朱子语类》卷六）"尽自己之心"、"尽自家这个心"包括了外向的教人、助人，自然也包括内向的宽恕和原谅他人。宽恕人、原谅人，没有一颗宽大、仁厚、忠诚的胸怀，是很难做到的。俗话说，"宰相肚里能撑船"，表达的也正是一个人的宽宏大量。

能够宽恕和原谅别人的错误，需要用自己的真诚和宽容来待人。战国时期的蔺相如就是这样的。他因为完璧归赵和渑池之会取得了外交上的胜利，为国家立了大功，为维护赵国的利益和国家尊严作出了重要贡献，所以位居上卿，位在廉颇之上。廉颇认为自己功高盖世，为赵国立下了汗马功劳，而蔺相如只是凭几次外交上"徒以口舌为劳"的胜利就位居上卿。他不服气，宣言说："我见相如，必辱之。"他这些行为连蔺相如的门人都看不惯，蔺相如的门人还认为蔺相如害怕廉颇。但是蔺相却以一颗宽大的胸怀宽恕了廉颇。蔺相如说："夫以秦王之威，而相如廷叱之，辱其群臣，相如虽驽，独畏廉将军哉？顾吾念之，强秦之所以不敢加兵于赵者，徒以吾两人在也。今两虎共斗，其势不俱生。吾所以为此者，以先国家之急而后私仇也。"（《史记·廉颇蔺相如列传》）这就是用一颗宽恕的心，为了国家的利益，去善待他人。无疑蔺相如的行为是一种待人以善的忠德行为。

孟子说："君子所以异于人者，以其存心也。君子以仁存心，以礼存心。仁者爱人，有礼者敬人。爱人者，人恒爱之；敬人者，人恒敬之。有人于此，其待我以横逆，则君子必自反也：我必不仁也，必无礼也，此物奚宜至哉？其自反而仁矣，自反而有礼矣，其横逆由是也，君子必自反也：我必不忠。自反而忠矣，其横逆由是也。君子曰：'此亦妄人也已矣。如此，则与禽兽奚择哉？于禽兽又何难焉？'是故君子有终身之忧，无一朝之患也。"（《孟子·离娄下》）孟子认为君子"以仁存心，以礼存心"、"自反"才能更好地善待他人、宽恕他人。当然，善待他人，不是害怕别人，而是用一颗忠心去待人，体现一种"大丈夫"的精神，能够做到"居天下之广居，立天下之正位，行天下之大道。……富贵不能淫，贫贱不能移，威武不能屈"（《孟子·滕文公下》）。

总之，无论是教人、助人还是宽恕人都表现为待人以善的忠德行为。这种待人以善的做人之忠不是仅仅局限在某时某地，而是要把尽己利人忠德的善的德性内化为道德主体的一种习惯，成为自身修养不可分离的部分，只有这样才能"爱人者，人恒爱之；敬人者，人恒敬之"。只有这样，才能做到"以善服人者，未有能服人者也。以善养人，然后能服天下"（《孟子·离娄下》），才能使"天下尽忠，淳化而行也"（《忠经·尽忠章》）。

三、持事以敬

持事以敬就是要忠于自己的职责，具有敬业精神，为了做好某件事，持之以恒，坚持到底，不轻易放弃。儒家强调一个人在社会上应有积极进取的责任心，强调"天下兴亡，匹夫有责"，主张"事父母，能竭其力，事君，能致其身"（《论语·学而》）。儒家做人之忠是需要通过做具体的事情体现出来。孔子对子产说："有君子之道四焉：其行己也恭，其事上也敬，其养民也惠，其使民也义。"（《论语·公冶长》）无论是"行己"、"事上"、"养民"都是要通过做具体的事情体现出来。董仲舒说："士者，事也。"（《春秋繁露·深察名号》）王安石也说："夫所谓儒者，用于君则忧君之忧，食于民则患民之患。"（《王安石全集·子贡》）士人是通过具体为民办事来体现自己的社会责任心。荀子说："儒者在本朝则美政，在下位则美俗。"（《荀子·儒效》）他们反对尸位素餐，反对做社会的寄生虫。孔子强调，"敬其事，而后其食。"（《论语·卫灵公》）因此，儒家忠德要求人们对任何事情都抱恭敬之心，尽心尽力为之。所以，持事以敬也是儒家做人之忠重要的内容。具体说来持事以敬就是要做到尽职尽责、精益求精、锲而不舍。

第一，尽职尽责。儒家认为，每个人都应当在社会中承担起自己的责任，做到忠于职守，尽职尽责。古代社会结构主要是士、农、工、商为主体的"四民"社会，每个人在社会中都有自己的责任。明代王阳明说："古者四民异业而同道，其尽心焉，一也。士以修治，农以具养，工以利器，商以通货，各就其资之所近、力之所及者而业焉，以求尽其心。其归要在于有益于生人之道，则一而已。士农以其尽心于修治具养者，而利器通货，犹其士与农也；工商以其尽心于利器通货者，而修治具养，犹其工与商也。故曰：四民异业而同道。"（《王阳明全集·节庵方公墓表》）这"四民异业而同道"，就是要在自己的社会角色中承担自己的责任，尽职尽责。如果社会上的人都不承担自己的责任，社会财富就会匮乏，社会就无法发展。司马迁说："《周书》曰：'农不出则乏其食，工不出则乏其事，商不出则三宝绝，虞不出则财匮少。'财匮少而山泽不辟矣。"（《史记·货殖列传》）说的就是这种情况。

尽职尽责就是要尽自己所有的能力做好自己的本职工作，恪尽职守，不敷衍了事，做到"心尽则职亦尽，自无愧怍于己"（石成金《传家宝》三集卷二）。具体说来，就是"读书者，当闭户发愤，止愧学问无成，哪管窗外闲事；务农者，当用力南田，惟知及时耕种，切莫悬耜妄为；艺业者，当居肆成工，务以技能取利，勿生邪念旷闲；商贾者，当竭力经营，一味公平忍耐，毋以奇巧欺人。"（石成金《传家宝》二集卷二）读书者、务农者、艺业者、商贾者要做到尽职尽责，做官的也应当如此。《左传·襄公二十七年》说："仕而废其事，罪也。"做官不尽职尽责，失职渎职，那是要被治罪的。在儒家看来，官职提升一步，责任就大一步，就应当要付出更多一些。吕坤说："官职高一步，责任便大一步，忧劳便增一步。"（吕坤《呻吟·语治道》）无论是普通百姓还是政府官员，都应当在自己的岗位上尽到自己的责任。

不仅如此，儒家还认为，每个人在自己的职业岗位中，尽职尽责不只是被动地去做，而是要怀着一颗敬业的心去做，把自己的工作看成是一种事业，一种爱好和兴趣。《左传·昭公十三年》叔向说："有事而无业，事则不经。"儒家强调，尽职尽责去做事固然是必要的，但如果是怀着一种爱好和兴趣去做事，那么事情就会完成得更好。孔子说："知之者，不如好之者；好之者，不如乐之者。"（《论语·雍也》）喜欢自己做的事，那么就很容易产生敬业的精神，就能更好地做到尽职尽责。"成业者系于所为，不系所藉"（《晋书·陈寿传》卷八十二）说的就是这个道理。因此，儒家持事以敬，最基本的要求是要人们做到尽职尽责，忠于职守。

第二，精益求精。精益求精是为了出色地完成自己的工作，不断提高自己的专业技能，努力攻克难关。出自朱熹在《论语集注》中解释《诗经·卫风·淇奥》中的"如切如磋，如琢如磨"这句诗。朱熹说："言治骨角者，既切之而复磋之；治玉石者，既琢之而复磨之；治之已精，而益求其精也。"（《论语集注·学而》）精益求精是持事以敬之忠的体现。因为"敬"本身就有追求、勤勉、努力的意思。《说文解字》说："惰，不敬业，慢，惰也。"《周礼》郑玄注说："敬，不解于位也。"这从字面上解释了"敬"的内涵。孔子说："居处恭，持事敬，与人忠。"（《论语·子路》）从行为上表明持事以敬是为人之忠一个重要的方面。精益求精正好就是持事以敬重要的行为体现。

儒家之忠认为，精益求精主要体现在人们的职业技能中，表现为精湛的技能和刻苦钻研的精神。如为文要反复推敲、行医要追求"妙手回春"的境界。例如，唐代诗人贾岛为了写好"鸟宿池边树，僧敲月下门"这句诗，在"推"与"敲"字之间反复吟哦、思考，最终选择"敲"字，使整个诗句意境高远，回味无穷。又例如，王安石写《泊船瓜洲》这首诗："京口瓜洲一水间，钟山只隔数重山。春风又绿江南岸，明月何时照我还。"在"到"和"绿"之间反复推敲，最终选择"绿"，使这首诗生机盎然。又如，李时珍为了写好《本草纲目》，他博览医书达八百多种，并结合自己的经验和体会，历时二十多年终于写成这本医学巨著，自己也成为"妙手回春"的名医。这些都是追求精益求精的体现。

精益求精不是满足当前的成绩，而是要不断提高自己的能力和技能。《礼记·大学》中说："苟日新，日日新，又日新。"每天都坚持进步的行为正是儒家精益求精精神的体现。韩愈说的"业精于勤，荒于嬉"（《韩愈集·进学解》），也是强调了这种积极进步的敬业精神。不进步，自然就会退步。二程说："日新者日进也，不日新者必日退也，未有不进而不退者。"（《河南程氏遗书》卷二十五）儒家认为，要想做到持事以敬，更好地为人做好事，只有不断提高自己的技能和水平，做到精益求精，这样才能不辱使命。

第三，锲而不舍。锲而不舍是持事以敬又一个重要的方面。所谓锲而不舍就是坚持到底，把别人交代的事情妥善办好，一时做不好的，长时间坚持办好，不轻易放弃。荀子说："故不积跬步，无以至千里；不积小流，无以成江海。骐骥一跃，不能十步；驽马十驾，功在不舍。锲而舍之，朽木不折；锲而不舍，金石可镂。"（《荀子·劝学》）这种锲而不舍的精神是儒家忠德在行为上的体现。精卫填海、愚公移山就是这种锲而不舍精神的典型例子。

孟子说："无恒产而有恒心者，惟士为能。"（《孟子·梁惠王上》）儒家士人做任何事情都应有"恒心"，要有"知其不可而为之"的精神。例如孔子，他为了寻找实现自己政治理想的环境，周游列国。有一次在陈蔡之际，"不得行，绝粮"，"从者病，莫能兴"，跟随的弟子情绪低落，而孔子毫无难色，情绪高扬，"讲诵弦歌不衰"（《史记·孔子世家》）。这是一种为了实现自己的政治理想而表现出来的坚韧精神。又例如，曹雪芹写《红楼梦》，增删五次，批阅十载，终于撰成此名著。作者在《红楼梦》第一回感慨万千地说，"满纸荒唐言，一把辛酸泪，都云作者痴，谁解其中味"。但是如果作者没有锲而不舍的精神和意志，就很难在"居家食粥"中写出这部杰作。对自己的事如此，对答应别人的事也是要坚持做到，不失信于人。儒家往往把答应别人的事看得比自己的事更重，所以对答应别人的事会尽一切能力办成。刘备在白帝城托孤给诸葛亮，希望诸葛亮兴复汉室，统一中国。诸葛亮对刘备托付的事不敢马虎，他鞠躬尽瘁，尽心尽力，坚持北伐，最后出师未捷身先死，命丧五丈原。这是一种君臣之忠，也是一种做人之忠，是锲而不舍精神的体现。儒士们为了实现自己的理想，要做到治国平天下，践履"仁以为己任"的道德责任，往往在困境中表现得十分强烈。"事若不成，愿提头来见"，这是儒家士人常说的一句话，体现出儒家士人对承诺别人的事，要坚持到底的责任心和能够做到的信心。

总之，儒家持事以敬体现为尽职尽责、精益求精和锲而不舍的精神和行为，这是儒家做人之忠的重要组成部分。

第三节　为政之忠

有的学者把"忠"当成是职业道德规范。例如，白奚先生在《传统"忠"德与现代职业道德》一文中认为："忠君实际上就是古代知识分子的职业道德。"[1] 他在另外一篇《"礼"、"忠"、"孝"的现代诠释》一文中说："忠作为一种道德规范，有广义和狭义之分。广义的忠

---

[1]　白奚、范鹏：《传统"忠"德与现代职业道德》，《首都师范大学学报》（社会科学版）1998 年第 2 期。

即原初意义的忠，指的是'发自内心'、'尽心'这一抽象的道德原则。狭义的忠则是这一抽象的道德原则在君臣关系上的具体化和对象化，是古代知识分子在君臣关系上的道德定位。"① 他从广义和狭义的思路上来分析忠德，这种方法是合理的。

我们认为，为政之忠不仅仅是知识分子的道德规范，而且也指政治领域中的一种德性和德行。因此，为政之忠的主体包括一切儒家知识分子和受儒家思想教育的非知识分子，如农民、工匠、商贾等。大凡涉及政治层面的忠德，都可以称之为为政之忠。为政之忠与做人之忠是忠德两个不同的领域。我们这样说，并不是说为政之忠和做人之忠在道德实践中是泾渭分明的，其实两者在道德实践中是相互交融，不分你我，人们很难将这两者理清。我们区别这两个范畴，只是从理论上来分析，其目的是为了论述为政之忠的内容和特点。一般说来，为政之忠主要包括一心事君、公忠爱国和明道救世等内容。

一、一心事君

在传统社会中，君是"政统"的代表。儒家一心事君的价值理念是希望通过作为"政统"代表的君来实现儒家的"道统"，使"道统"的价值能够在实践中得到呈现、落实、贯彻。因此，一心事君是实现儒家"道统"价值体系的一种方式。所以在这个立场上来说，儒家一心事君其实不是一种对权势的屈服，而是为实现治国平天下的一种方式。美国著名汉学家列文森认为："君与臣的关系是儒教中如此著名的'个人'关系之一，臣忠于君并不意味着君可以随心所欲地处置臣，相反，它表明臣也是'人'，不是'物'——不是转动着的官僚车轮中的一个齿轮，而不论法家式的朝廷具有多大的权力。""实际上，儒家从来都

---

① 范鹏、白奚：《"礼"、"忠"、"孝"的现代诠释》，《孔子研究》1997年第4期。

没有完全地屈从与君主对'忠'的界定。"①

同时，儒家的一心事君之"忠"也不能简单地理解为"顺从"。列文森说："当一位大臣没能说服其君主免除自己的一位朋友一死时，作为一种更高的忠于自己君主的表示，他抱着如下的信念自杀了：如果君主是对的，而他的朋友错了，他就应反对他的朋友而服从君主；但如果他的朋友是对的，而君主错了，那他就不应该服从君主，而应追随朋友。"② 大臣这样做的依据是"从道不从君"的道德原则。

一心事君，也不是主张是非善恶不分的愚忠，而是一种理性的选择。也就是说，儒家一心事君不是那种失去理性和意志的奴隶对主人的盲从，③ 而是一种智慧的选择。所以，从这个角度上来说，我们不能把儒家一心事君理解为"愚忠"。那么在这种儒家忠德视野中，一心事君具体内容是什么呢？

第一，爱君。儒家的核心是"仁爱"，当樊迟问什么是仁时，孔子直接说："爱人。"（《论语·颜渊》）孟子将孔子的仁概括为"仁者爱人"（《孟子·离娄下》）。董仲舒也说："仁者，所以爱人类也。"（《春秋繁露·必仁且智》）"爱人"是儒家仁的出发点，也是仁的归宿。儒家的仁爱是从血缘关系层层向外推移，像水的波纹，最终达到仁的境界。"亲亲而仁民，仁民而爱物。"（《孟子·尽心上》）儒家的仁爱是有差等、多层次、多方面的爱，不是平等的、无差别的爱一切人。这与墨家的"兼爱"是有区别的。作为儒家思想重要组成部分的忠德，也自然具有仁爱的精神。儒家为政之忠一个重要的内容是爱君。儒家认

---

① ［美］约瑟夫·列文森：《儒教中国及其现代命运》，郑大华、任菁译，广西师范大学出版社 2009 年版，第 190 页。

② ［美］约瑟夫·列文森：《儒教中国及其现代命运》，郑大华、任菁译，广西师范大学出版社 2009 年版，第 190 页。

③ 杨润根：《发现论语》，华夏出版社 2007 年版，第 7 页。

为，君主是上天在人间的代表，是德与位的最高存在者和统一者。因此，爱君是天经地义的。

儒家认为，爱君是臣的本分和职责。程颐说："忠莫先于爱主，人伦之本，无越于斯。"（《周易程氏传》卷三）忠君就是要爱君主，这是人伦的根本，也就是说"为君尽君道，为臣尽臣道，过此无理。"（《河南程氏遗书》卷五）同时，又因为臣的职位和俸禄都是君主提供的，所以爱君也含有报答君恩的意思。程颐说："夫为人臣者，居其位，食其禄，必思何所得爵禄来处，乃得于君也。必思所以报君其君，凡勤勤尽忠者，为报君也。"（《河南程氏遗书》卷十九）人臣之所以爱君，一方面是臣的本分和职责所在，另一方是因为"居其位，食其禄"，要报答君主。这两个方面的内在动力，为臣子爱君提供了理论基础。那么如何爱君呢？爱君是多方面的。

首先，最重要的是要重视君主的健康。古代的大臣见到皇帝时经常说的一句话就是，希望皇帝保重自己的"龙体"。所以，皇帝吃、穿、住、用、行、睡等，大臣都应当按照礼制作出详细周密的安排，否则，就是臣的失职、失责、失察、渎职。例如，依据礼制为了保证君王的饮食健康，王室内设立了"内饔"的官职，专门负责君王的饮食。《周礼》说："内饔掌王及后、世子膳羞之割、烹、煎、和之事，辨体名肉物，辨百品味之物。"（《周礼·天官·内饔》）大臣要做到时时处处为君王担忧，正如程颐所说的要做到"夙夜毕尽竭虑"（《河南程氏文集·上太皇太后书》卷六）。

其次，作为臣子自己应当节约、节俭、廉洁奉公。大凡忠臣都崇尚节约，反对铺张浪费。同时，自己会廉洁奉公、秉公执法，反对以权谋私、贪污腐败。春秋时期鲁国的季文子就是这样做的。季文子虽为人臣"相三君"，去世时家里却没有私积，这就是爱君的一种体现。《左传》中说："季文子卒。大夫入敛，公在位。宰庀家器为葬备，无衣帛之妾，无食粟之马，无藏金玉，无重器备。君子是以知季文子之忠于公室也。相三君矣，而无私积，可不谓忠乎？"（《左传·襄公五年》）

最后，爱君还要做到辅佐君主，提高君主的文化水平和道德修养，尤其是在君主年幼的时候。例如，《礼记·文王世子》记载："成王幼，不能莅阼。周公相，践阼而治。抗世子法于伯禽，欲令成王之知父子、君臣、长幼之道也。"成王年幼的时候，还不能登基，需要不断学习为人、做君之道。周公暂时代替成王治理天下，并且以太子的身份来要求伯禽，希望年幼的成王能够从伯禽那里学到处理父子、君臣、长幼伦理关系的道德知识，懂得做人为君的道理。这是周公爱君的表现。此外，爱君还要不欺骗君主，对君主要实事求是，不弄虚作假，要忠实地执行君主的命令。

第二，敬君。所谓敬君，也就是忠君。《说文解字》说得很清楚："忠，敬也。"段玉裁解释说："未有尽心而不敬者。"因此，一心事君，要做到敬君。如何敬君呢？

一是在礼节上要尊重君主，无论是上朝、在岗位上，还是在家都是如此。《礼记·曲礼》中说："凡为君使者，已受命，君言不宿于家。君言至，则主人出拜君言之辱。使者归，则必拜送于门外。若使人于君所，则必朝服而命之。使者反，则必下堂而受命。"作为国君的使臣，如果接受了国君的命令，就要立即去办，不得带着君命在家里过夜。国君的命令到达的时候，受命者就要穿着正式的朝服拜谢使者来转达君王的命令，使者回朝的时候，主人应当送到大门外以示尊敬。如果下属派人到君主那里请示命令，臣子也应当穿着朝服吩咐下属，下属从朝中返回的时候主人应当下堂去接受下属带回来的君王的命令。至于上朝，则更应当遵守朝中的礼节，要"拱手加额，三呼万岁"，[1] 不能做出僭越

---

① 朱诚如：《中国皇帝制度》，武汉出版社 1997 年版，第 183 页。

妄为的行为，否则就是"不敬"。那种"盗大祀神御之物"、"盗及伪造御宝"、"合和御药，误不如本方及封题误"、"若造御膳，误犯食禁"、"御幸舟船，误不牢固"、"指斥乘舆"（《唐律疏义》卷一）的行为都属于为臣的"大不敬"。儒家忠德认为，如果对君主"大不敬"，就是"十恶之罪"，是要严惩的，"见无礼于君者，诛之如鹰鹯之逐鸟雀。"（《后汉书·酷吏列传》卷七十七）

二是忠实地执行皇帝命令。在皇帝制度中，皇帝的话是"金口玉言"、是"圣旨"，为臣的必须牢记在心，并且要坚决贯彻执行，不能阳奉阴违，否则就是"抗旨"、"欺君"。司马光说："君之命，臣不敢违。……违君之言，臣不顺也。"（《司马文公文集·迂书·士则》卷十四）对君主的命令就算是"伏节死难，不惜其命"（董仲舒《春秋繁露·天地之行》），也不能违抗。

三是臣子不应当在背后议论君主，更不能说君主的坏话。朱熹说："臣子无说君父不是底道理。"（《朱子语类》卷十三）要对君主充满敬意。因此，一心事君除了爱君之外还要敬君。敬君要在行为上做到，"奉君忘身，殉国忘家，正色直辞，临难死节"（《忠经·冢臣章第三》）。要勤勤恳恳完成君主交代的事情，不马虎。有的时候甚至把君主托付的事视为一生的追求。

第三，谏君。谏君是指出君主的过失，匡正国家，促进社会稳定发展，实现天下太平。什么是谏呢？荀子说："君有过谋过事，将危国家、殒社稷之惧也，大臣父兄有能进言于君，……谓之谏。"（《荀子·臣道》）如果君主施行的治国方略违背民意，有可能危害到国家，做臣子的要及时进谏。进谏的方式多种多样，《旧唐书·职官志》说："凡谏有五：一曰讽谏，二曰顺谏，三曰规谏，四曰致谏，五曰直谏。"例如，宋代欧阳修，"每进见，帝延问执政，咨所宜行"。他因为敢言直谏而受到宋仁宗的赏识。《宋史》说："修论事切直，人视之如仇，帝独奖其敢言，面赐立品服。"（《宋史·欧阳修传》）由此可见，直言进谏也是臣子一心事君重要的表现。

第四，不变节。不变节就是要始终忠于君主。司马光说："君臣之位，犹天地之不可易也。……君臣之分，当守节伏死而已矣。"（《资治通鉴·周纪一》）司马光认为君臣之位是不可改变的，臣尽死节是臣的本分。如果君主受到辱没，这是做臣子的失职。所以，"忠臣不事二主"被认为是臣子应具有的为政之忠的基本政治道德修养。《忠经》说："忠也者，一其心之谓也。"（《忠经·天地神明章》董仲舒说："心止于一中者，谓之忠；持二中者，谓之患，患，人之中不一者也。"（《春秋繁露·天道无二》）甚至"主辱臣死"或者"主辱民死"都被认为是正当的。例如，1449 年明朝在与北方瓦剌的战争中，明英宗被俘。"河州卫军家子"一位名叫周敔的人"闻英宗北狩，大哭，不食七日而死"（《明史·孝义二》）。这是"主辱民死"的典型。又例如诸葛亮，他在《前出师表》中详细表达了为臣内心深处对君主的忠贞。他说："先帝不以臣卑鄙，猥自枉屈，三顾臣于草庐之中，咨臣以当世之事，由是感激，遂许先帝以驱驰。"（《诸葛亮集·前出师表》）他"五月渡泸，深入不毛"，目的是为了"兴复汉室，还于旧都"，实现国家的统一，他认为这样做是臣子的本分。"此臣所以报先帝，而忠陛下之职分也。"（《诸葛亮集·前出师表》）忠于君主，至死不渝，是忠君的一种极为重要的方式。此外，要做到一心事君，为臣的还要做到在自己的职责中尽心尽力、秉公执法、恪尽职守、不欺上瞒下等等。

总之，儒家认为，"唯天子受命于天，土受命于君"（《礼记·表记》）。因此，为臣的就要时时处处爱护和体谅君主，一心一意侍奉君主，为君主分忧，做到爱君、敬君、谏君、永不变节，也正如孔子所说的那样，"事君，能致其身"（《论语·学而》）。

二、公忠爱国

鲁迅先生说:"我们从古以来,就有埋头苦干的人,有拼命硬干的人,有为民请命的人,有舍身求法的人,……虽是等于为帝王将相作家谱的所谓'正史'也往往掩不住他们的光耀,这就是中国的脊梁。"(《鲁迅全集·且介亭杂文·中国人失掉自信心了吗?》)这种脊梁是古代中国人公忠爱国精神的体现。中国历史上上演了一幕幕可歌可泣的公忠爱国的故事。如屈原沉江、苏武牧羊、岳飞尽忠报国、文天祥宁死不降、戚继光抗击倭寇、林则徐虎门销烟,等等。这些先烈忠魂的爱国精神,激励了一代又一代志士仁人为国家和民族的进步和发展而努力奋斗。总之,"'胸怀天下,公忠爱国'的爱国主义是中华民族凝聚力的深刻表现,是支撑我国民族战胜无数艰难险阻,一次又一次的衰而复振、转危为安的巨大精神力量,也是中华民族最重要的道德传统和道德精神"。[①] 儒家公忠爱国是中华爱国主义精神传统的核心。那么,公忠爱国的具体内容是什么呢?

第一,维护国家统一,抗敌御侮。在儒家看来,国家的利益高于团体和个人及宗法家族的利益。当国家利益与家族利益和个人利益发生冲突的时候,应当牺牲家族和个人利益。例如在朝廷上只有君臣,没有父子之情。周公为了国家的稳定和统一,对发动叛乱的管叔、蔡叔、康叔进行了毫不留情的剿灭,尽管他们是亲兄弟,但是在国家面前,国家利益高于一切。

维护国家大一统一直是儒家公忠爱国的传统。这种公忠爱国的大一统精神,早在春秋时期就已经形成了。《公羊传》在解释《春秋》隐公元年正月时说:"王者孰谓?谓文王也。曷为先言王而后言正月?王正

---

① 罗国杰:《中国传统道德·德行卷》,中国人民大学出版社 1995 年版,第 94 页。

月也。何言乎王正月？大一统也。"（《公羊传·隐公元年》）要维护国家统一，就要求"诸侯不得专地"（《公羊传·桓公元年》），也"不得专封"（《公羊传·僖公二年》），更"不得专讨"（《公羊传·宣公十一年》）。

孟子提倡实行仁政，目的也是要使国家"定于一"（《孟子·梁惠王上》）。他说："国君好仁，天下无敌。"（《孟子·离娄上》）他认为，为了维护国家不受外来的侵略，使人们安居乐业，这就要求君主实行仁政。他说："保民而王，莫之能御也。"（《孟子·梁惠王上》）还说："苟行王政，四海之内皆举首而望之，欲以为君。"（《孟子·滕文公下》）只要君王"以不忍人之心，行不忍人之政，治天下可运行之掌上。"（《孟子·公孙丑上》）还认为，在那个"争地以战，杀人盈野，争城以战，杀人盈城"（《孟子·离娄上》）的时代里，君王只有实行"仁政"才能国泰民安。他说："当今之时，万乘之国行仁政，民之悦之犹解倒悬也。故事半古之人，功必倍之，惟此时为然。"（《孟子·公孙丑上》）孟子认为，一个实行仁政的国家就能"无敌于天下"（《孟子·公孙丑上》），永远会保持国家的统一和民族的团结，就不会害怕别的强大的国家来侵占自己的领土，掠夺本国的财富。他认为"汤以七十里，文王以百里"（《孟子·公孙丑上》）之地，最后"无敌于天下"就是他们实行仁政的结果。

董仲舒则认为，公忠爱国，维护国家统一是"天道"的本质特点，具有普遍性和超越性。他说："《春秋》大一统者，天地之常经，古今之通谊也。"（《汉书·董仲舒传》）又说："《春秋》变一谓之元，元犹原也，其义以随天地终始也。"（《春秋繁露·重政》）这个"一"是大自然运行的规律。董仲舒说："天之常道，相反之物也，不得两起，故谓之一。一而不二者，天之行也。"不仅如此，这个"一"是周而复始运行的，不会停止。还说："天无常于物，而一于时，时之所宜，而一为之。故开一塞一，起一废一，至毕时而止，终有复始于一。一者，一也。是于天凡在阴位者皆恶乱善，不得主名，天之道也。故常一而不灭，天之道。"（《春秋繁露·天道无二》）

在儒家这种大一统的公忠爱国精神的感召下，任何分裂国家和侵略行为都会激起人们的抗议和反抗。如杜甫、陆游、岳飞等爱国诗人和武将在面对国破家亡时无不表现出公忠爱国的高尚情怀和实践行为。为了国家统一，无数仁人志士，除暴御侮，杀身成仁，舍身取义。又如，文天祥忠贞爱国、至死不渝。他面对元世祖亲自劝降并许以宰相高位时，浩然正气，不为权势所动，凛然回答："一死之外，无可为者。"（《宋史·文天祥传》）儒家这种维护大一统的爱国精神是中国爱国主义的传统，是民族精神重要的组成部分。

第二，报国忘身，励精图治。《左传·襄公十四年》说："君薨不忘增其名，将死不忘卫社稷，可不谓忠乎？""临患不忘国，忠也。"（《左传·昭公元年》）《忠经》认为，献身报国有四种方式：贡贤、献猷、立功、兴利。《忠经》中说："报国之道有四：一曰贡贤，二曰献猷，三曰立功，四曰兴利。贤者国之干，猷者国之规，功者国之将，利者国之用，是皆报国之道，惟其能而行之。"（《忠经·报国章》）报国忘身要具有公忠爱国的精神才能做到"贡贤"、"献猷"、"立功"和"兴利"。当然，这四点也可以说是一点，因为"贡贤"、"献猷"、"兴利"，都可以说是属于立功的范畴。

贡贤，就是要重视人才，为国家选举人才。范仲淹说："得贤杰而天下治，失贤才而天下乱。"（《范文正公全集·选贤任能》）要报效国家，励精图治，尽可能为国家推荐优秀的人才。《史记·鲁周世家》周公告诫儿子伯禽说："我文王之子，武王之弟，成王之叔父，我于天下亦不贱矣。然我一沐三捉发，一饭三吐哺，起以待士，犹恐失天下之贤人。子之鲁，慎无以国骄人。"周公告诫自己的儿子，为了国家要重视贤才，称自己为了得到贤才曾经"一沐三捉发，一饭三吐哺"。贡贤，要任人唯贤，不偏不党，一切以国家为重。例如，春秋时期晋国的军尉祁奚就是典型。他举荐自己仇人的儿子解狐来代替自己，解狐病逝了，祁奚再举荐自己的儿子祁午。他这样做，只是出于为国家举荐贤才，不是因为解狐是自己仇人的儿子就不举荐，也不是因为祁午是自己的儿子就放弃。《左传》称赞他说："祁奚于是能举善矣。称其仇，不为谄。立其子，不为比。举其偏，不为党。"（《左传·襄公三年》）贡贤，还应当看到人的优点，避免人的缺点。朱熹说："不以小恶掩大善，不以众短弃一长。"（《朱熹集·与刘共父》）完人是不存在的，每个人或多或少都有这样那样的缺点，为国家举荐人才，自然要看到人的优点，避免人的缺点，不能"以小恶掩大善"。王阳明说："人之才能，自非圣贤，有所长必有所短，有所明必有所蔽；而人之常情亦必有所惩于前，而后有所警于后。"（《王阳明全集·别录·陈言边务疏》）

献猷，就是为国家出谋划策，运筹帷幄。儒家士大夫为了国家的安定和社会的稳定，常常向君主上书进言，为国家的发展提出自己的建设方案。如董仲舒向汉武帝建议实行"罢黜百家，独尊儒术"的文化政策，目的是为了实现国家思想文化的统一，稳定社会，安定人心。又如诸葛亮作为军师，多次在关键的时候向刘备献计献策，为刘备建立蜀汉政权起了极为重要的作用。再如宋代的士大夫就多次上书皇帝，奏疏多达万言。再如元末明初儒生朱升建议朱元璋"高筑墙，广积粮，缓称王"（《明史·朱升传》），这为朱元璋领导红巾军，统一全国起到了纲领性的作用。因此，为国家出谋划策，运筹帷幄，也是公忠爱国的一种体现。

兴利，就是为民谋利，励志图治，除暴安良。兴利爱国的行为是多种多样的，凡是为了国家和民众的行为都是兴利爱国的行为。有的是为了整治社会秩序，惩罚贪官污吏，有的是为了国家的稳定而铲除祸国殃民之人。孔子就是典型。他在周定公十四年（公元前 496 年），由大司寇升为代理宰相，为了整顿朝纲，稳定鲁国的政局，上任不到三个月就杀掉了扰乱鲁国政局的少正卯，把鲁国社会治理得井井有条。《史记·孔子世家》说："（孔子）与闻国政三月，粥羔豚者弗饰贾，男女行者别于涂，涂不拾遗。四方之客至乎邑者不求有司，皆予之以归。"还进行了"堕三都"的政治改革。他称赞管仲是因为管仲能"一匡天下"，使国家富强，社会稳定，民众深受其惠。他说："管仲相桓公，霸诸侯，一匡天下，民到于今受其赐。微管仲，吾其被发左衽矣。"（《论语·宪问》）我国传统社会历代政治家实行的变法运动，也都是为了国家谋利，属于兴利爱国的行为。比如王安石变法，其目的是为了"富国"、"强兵"，是为了解决宋代国家"积贫"、"积弱"的问题。此外，为民谋利还包括廉洁奉公，秉公执法，铁面无私，刚正不阿等德行和德性。

第三，胸怀祖国，忧国忧民。胸怀祖国就是把国家和民众的利益放在首位，自己承担对国家的责任。儒家公忠爱国，胸怀祖国，忧国忧民不仅是针对臣民，也针对君主。不论是为君还是为臣都要心存百姓，不能为了自己的私利损害国家和民众的利益。

一对君主来说。君主要为民着想，要重视君臣关系，因为君主是为民而设的。荀子说："天之生民，非为君也。天之立君，以为民也。"（《荀子·大略》）君与民的关系犹如舟与水的关系。他说："马骇舆则君子不安舆；庶人骇政则君子不安位。马骇舆则莫若静之，庶人骇政则莫若惠之。选贤良，举笃敬，兴孝弟，收孤寡，补贫穷，如是，则庶人安政矣。庶人安政，然后君子安位。《传》曰：'君者，舟也；庶人者，水也。水则载舟，水则覆舟。'此之谓也。"（《荀子·王制》）君主要秉公行政。荀子说："内不可以阿子弟，外不可以隐远人。"（《荀子·君道》）君主不公，那就没有人会尽心帮他办事。"人主不公，人臣不忠也。"（《荀子·王霸》）君主不能把自己看成是高高在上的人，不能认为自己是高于一切的。他说："聪明君子者，善服人者也。人服而势从之，人不服而势去之，故王者已于服人矣。"（《荀子·王霸》）如果君主把自己看成是权势熏天的人，目空一切，不善待他人，那么其权威就会失去。因此，君主要做到"公道而私门塞矣"（《荀子·君道》），"以礼分施，均遍而不偏"（《荀子·君道》），否则，"国危则无乐君"（《荀子·王霸》）。君主要正大光明，不搞阴谋诡计。荀子说："主道利明不利幽，利宣不利周。"（《荀子·正论》）同时，君主要修身仪正。他说："请问为国？曰：闻修身，未尝闻为国也。君者，仪也，仪正而景正；君者，盘也，盘圆而水圆；君者，盂也，盂方而水方。君射则臣决。楚庄王好细腰，故朝有饿人。故曰：闻修身，未尝闻为国也。君者，民之原也，原清则流清，原浊则流浊。故有社稷者而不能爱民、不能利民，而求民之亲爱己，不可得也。"（《荀子·君道》）

唐太宗李世民说："为君之道，必须先存百姓，若损百姓以奉其身，犹割股以啖腹，腹饱而身毙。若安天下，必须先正其身，未有身正而影曲，上治而下乱者。"（《贞观政要·君道》）他在《帝范》中概括了为君之道的十二条规范：君体、建亲、求贤、审官、纳谏、去谗、诫盈、崇俭、赏罚、务农、阅武、崇文。他认为"此十二条者，帝王之大纲也。安危兴废，咸在此焉。"

元代张养浩说："刚健笃实，辉光日新，人君之德也。"（《经筵余旨·君德》）又说："天道无私，人君亦无私。尧、舜、禹、汤有天下而己不预焉，公也；桀、纣、幽、历有天下而民不预焉，私也。公者以天下为心，一己之奉不计也；私者以一身之乐、一时之适为心，天下皆失其所，不恤也。"（《经筵余旨·君道》）还说："不杀谏臣为天子之家法，告之宗庙，传之子孙。"（《经筵余旨·君威》）认为君主要刚健笃实，正大光明；要无私，以国家为重，做到不杀忠诚纳谏之臣，这样才能保证国家的长久。

二对臣子来说。为臣要做圣臣和功臣，不做篡臣和态臣，要忧国忧民。荀子说："人臣之论：有态臣者，有篡臣者，有功臣者，有圣臣者。内不足使一民，外不足使距难，百姓不亲，诸侯不信，然而巧敏佞说，善取宠乎上，是态臣者也。上不忠乎君，下善取誉乎民，不恤公道通义，朋党比周，以环主图私为务，是篡臣者也。内足使以一民，外足使以距难，民亲之，士信之，上忠乎君，下爱百姓而不倦，是功臣也。上则能尊君，下则能爱民；政令教化，刑下如影；应卒遇变，齐给如响；推类接誉，以待无方，曲成制象，是圣臣者也。"（《荀子·臣道》）荀子认为，为臣就要做胸怀国家的圣臣和功臣，不做以权谋私的态臣和篡臣。

为臣要做到"言忠信"、"行笃敬"。孔子称赞尹文子是忠臣，就是因为他"三仕为令尹，无喜色；三已之，无愠色。旧令尹之政，必以告新令尹。"（《论语·公冶长》）朱熹认为，尹文子"其为人也，喜怒不形，物我无间，知有其国而不知有其身，其忠盛矣。"（《论语集注·公冶长》）

为臣还要做到不阿谀奉承。晋国丕郑说："吾闻事君者，从其义，不阿其惑。惑则误民，民误失德，是弃民也。民之有君，以治义也。"（《国语·晋语一》）一心事君不是那种"君在，踧踖如也，与与如也"（《论语·乡党》），而是要做到"道之以德，齐之以礼"（《论语·为政》）。如果臣子一味地顺从君主，阿谀奉承，孟子认为这是"妾妇之道"（《孟子·滕文公下》）。这种拍马屁，阿谀奉承的为臣之道是儒家反对的。孟子说："天下有道，以道殉身；天下无道，以身殉道；未闻以道殉乎人者也。"（《孟子·尽心上》）不仅如此，那种只知道阿谀奉承的臣子是有罪的人。孟子说："长君之恶其罪小，逢君之恶其罪大。"（《孟子·告子下》）为臣还要"有伊尹之志"，"无伊尹之志则篡也"（《孟子·尽心上》）。大臣要竭尽全力为君效力，"君有大过则谏"

（《孟子·万章下》），不能袖手旁观。

总之，对儒家来说，胸怀祖国，忧国忧民，对君对臣都是必须的。为君要心系天下苍生，为臣要做到"居庙堂之高，则忧其民；处江湖之远，则忧其君"（范仲淹《岳阳楼记》）。

三、明道救世

明道救世是为政之忠的重要内容，那么明道救世奉行的是什么样的"道"呢？我们认为，儒家的"明道救世"中的"道"，主要指道统。关于儒家道统的概念，不同的学者有不同的看法。

金观涛先生认为道统是一种主流意识形态。他说："儒家学说的骨架是孔子搭起来的。值得注意的是，孔子用了三个非常独到的概念恰好可以用来把握儒家意识形态的三个子系统。这就是：'礼'、'仁'、'天'。它们像三根柱梁一样，支撑起儒家学说的理论大厦。"[①] 他总结说："孔子学说是一个具有和谐的完整的思想体系，是一个独立的意识形态结构。"[②]

杜维明先生认为道统是一种道德理性主义。他说："儒家思想的原初形式是环绕着孔子的仁学而开展的。这套思想有成熟的道德理想。浓厚的人文关切和强烈的入世精神，既不同于古希腊的哲学思辨，又大异于希伯来的宗教信仰。如果借用今天欧美学坛的名词，我们可以说仁学是一种'哲学人类学'（philosophical anthropology），而其所标示的是'道德的理性主义'（moral idealism）。"[③]

[①] 金观涛、刘青峰：《兴盛与危机：论中国社会超稳定结构》，法律出版社 2011 年版，第 271 页。

[②] 金观涛、刘青峰：《兴盛与危机：论中国社会超稳定结构》，法律出版社 2011 年版，第 275 页。

[③] 杜维明：《杜维明文集》（第五卷），郭齐勇、郑文龙编，武汉出版社 2002 年版，第 14 页。

有的人指儒家道统为宗教信仰体系。晚年的康有为、当代的任继愈、李申、美国的约瑟夫·列文森等人都认为，儒家是一种宗教，即孔教或儒教。

牟宗三先生则是从更广泛的意义上来论述道统，他把儒学看成是"道统"、"政统"、"学统"三位一体的系统。他说："道统指内圣言，政统指外王言，学统则是指此内圣外王之学，而内圣外王是一事，其为一事，亦犹仁义之于礼乐为一事。在吾人今日观之，此三者为一事之一套，实应之名为'道统'。"①

我们认为，道统主要指儒家以仁为中心的道德规范价值体系，是一种包括规范和德性在内的道德精神体系。它的主要内容是伦理道德精神，是器物文化、制度文化和精神文化中最核心的文化价值。

儒家明道救世主要的载体是儒家知识分子即"士"或者说是信奉儒家的非知识分子如儒将、儒商、儒医等。儒家在孔子创立以前，已经具有了儒家的精神价值。那时候弘扬道的应当主要是"巫"，孔子创立儒家之后明道救世的主要道德主体是"士"。儒家道统以"士"为载体，这与政统构成了中国古代忠德领域的二元结构。两者交融在一起，在一定的历史条件下处于和谐的状态，在一定的历史条件下又处于矛盾之中。

在秦始皇统一中国之前，中国政治体制经历了几种制度：唐虞时代的禅让制、夏商时代的王朝传统制度、西周时代的封建制、春秋时代的联盟制度和战国时代的郡县制。钱穆先生说："中国历史上的'民族融合'和'国家凝成'两大功业，共分为五个阶段而完成。最先是禅让制度，由各族互推共主，此为唐、虞时代。其次王朝传统制度，各族共

---

① 牟宗三：《道德的理想主义》，吉林出版集团有限责任公司 2010 年版，第220 页。

认的王朝，父子相传（如夏）或兄弟相及（如殷，兄弟相及只是父子相传之变相，最后还要归到父子相传）。继世承绳，为天下之共主，此为夏、商时代。又其次为封建制度，诸侯由王朝所建立，而非王朝由诸侯所尊认，此为西周时代。其次为联盟制度，由诸侯中互推霸主，自相团结，王朝退处无权，此为春秋时代。最后为郡县制度，全国只有一王朝，更无诸侯存在。此为战国末年所到达的情形。"① 在这五大政治制度中，"巫"或"士"或者"儒家知识分子"一直扮演着卫道的"明道救世"的角色。在汉代儒学取得官方地位之后，儒士一直是中国道统的主要载体。

著名学者陈来教授说："'士'与'儒'是可以共用和互换的。……儒家士人和儒家思想是此种精神的传承、阐扬与实践的承当主体。"② 钱穆先生说："自孔子后，中国乃有四民社会，农、工、商之上有士。为'士'则学孔子。此乃中国之学统，亦即道统之所守。自孔子以下，全部中国史即莫不以'士'为中心。"③ 虽然他对"士"在中国历史上的作用做了无限的夸大。但是"士"是对道统弘扬却是事实。当政统和道统相适应的时候，这时以"士"为载体的道统与以皇权为中心的政统是相和谐的。这种历史条件下，儒学几乎成为帝制式的儒学。一般人谈起儒学大概是这么想的。④ 但是，当政统背离道统的时候，儒士或儒家知识分子就以道统的名义对"王权"进行批判。

总之，儒家明道救世强调个体社会责任、弘扬社会正义、以天下为公。

第一，强调个体社会责任，是儒家明道救世的基本要求。儒家是以

① 钱穆：《中国文化史导论》（修订版），商务印书馆 2004 年版，第 38 页。
② 陈来：《孔夫子与现代世界》，北京大学出版社 2011 年版，第 42 页。
③ 钱穆：《孔子与论语》，九州出版社 2011 年版，第 13 页。
④ 林安梧：《儒学革命：从"新儒学"到"后儒学"》，商务印书馆 2011 年版，第 58 页。

仁义为核心的理论体系，主张亲亲、仁民、爱物，高度重视道德主体的责任意识，把"修身、齐家、治国、平天下"当作每个道德主体追求的目标。孔子说："苟有用我者，期月而已可也，三年有成。"（《论语·子路》）孟子说："夫天未欲平治天下也，如欲平治天下，当今之世，舍我其谁也？"（《孟子·公孙丑下》）张载说："为天地立心，为生民立命，为往圣继绝学，为万世开太平。"范仲淹也说："先天下之忧而忧，后天下之乐而乐。"东林党人强调："家事国事事事关心。"顾炎武提出："保国者，其君其臣肉食者谋之；保天下者，匹夫之贱与有责焉耳矣。"（《日知录·正始》卷十三）近代维新派思想家麦孟华在新的历史条件下将这句话概括为"天下兴亡，匹夫有责"。儒家这种强调个体社会责任的明道救世的忠德精神，几千年来不断激励着仁人志士，为国家、为民族的进步抛头颅，洒热血。这种为了正义和民族尊严的社会责任意识不仅塑造了国人个体道德人格，而且也塑造了民族精神。

第二，弘扬正义、除暴安民、与一切邪恶抗争，是明道救世的一个重要内容。儒家认为明道救世，政府官员和儒家士人都应当做到。政府以民为本，如果政府虐民、滥杀无辜，甚至对人民进行残酷镇压，或进行种族灭绝，或如像商纣王那样设酒池肉林、剖开孕妇看胎儿取乐这样的暴行，儒家就会高举道统的大旗，与这种不道德的政府和社会及行为进行彻底的抗争。儒家认为做官是实现弘扬正义、除暴安民最好的途径。古代皇帝宣扬的是君权神授，认为自己是真命天子。但是，这个"天"，在儒家看来是代表民意的，所以，《尚书》中说，"天视自我民视，天听自我民听"（《尚书·泰誓中》），"民之所欲，天必从之"（《尚书·泰誓上》）。天意本来就是民意，而皇帝也应当就是民意的体现者。

《论语》中说："士志于道"（《论语·里仁》），"君子谋道，不谋食"（《论语·卫灵公》），"君子忧道，不忧贫"（《论语·卫灵公》）。

孟子也说："士穷不失义，达不离道。"（《孟子·尽心上》）还说，正直的儒士要做到，"富贵不能淫，贫贱不能移，威武不能屈。"（《孟子·滕文公下》）张载也说，士要"以爱己之心爱人则尽仁"，"以责人之心责己则尽道"（《中庸章句·第十二章》）。朱熹概括说，真正的儒士要做到"国有道，不变未达之所守；国无道，不变平生之所守"（《中庸章句·第十章》）。因此，说到底，儒家明道救世就是为广大民众而弘扬正义，与一切邪恶做斗争。

第三，以天下为公、杀身成仁、舍生取义，是儒家明道救世的内在精神价值诉求。儒家明道救世之忠，不是追求个体的享受，也不是为了某个家族的利益，而是为了实现"大同"社会。《礼记·礼运》中说："大道之行也，天下为公。选贤与能，讲信修睦，故人不独亲其亲，不独子其子，使老有所终，壮有所用，幼有所长，矜寡孤独废疾者，皆有所养。男有分，女有归。货，恶其弃于地也，不必藏于己；力，恶其不出于身也，不必为己。是故，谋闭而不兴，盗窃乱贼而不作，故外户而不闭，是谓大同。"为了实现这个"大同"社会，儒家以天下为公，杀身成仁，舍生取义。程颐说："忠者，天下大公之道。"（《程氏外书·朱公掞问学拾遗》）正表达了以天下为公的价值追求。

孔子说："志士仁人，无求生以害仁，有杀身以成仁。"（《论语·卫灵公》）以天下为公，在关键的时候儒家之士可以放弃自己的生命。《吕氏春秋·季冬纪·士节》说："士之为人，当理不避其难，临患忘利，遗生行义，视死如归。"儒家之士追求天下为公的"大同"社会，在面对困难和挫折的时候，不言败，"不避其难"，在危急关头往往不惜牺牲自己的生命，"视死如归"。

当然，这不是说儒家之忠一味地轻视自己的生命，而是说在面对仁义和个体肉身不可两全的情况下，儒家之士会选择杀身成仁。正如孟子所言，"鱼，我所欲也，熊掌亦我所欲也。二者不可得兼，舍鱼而取熊

掌者也。生亦我所欲也；义亦我所欲也。二者不可得兼，舍生而取义者也。"（《孟子·告子上》）

《忠经》说："仁而不忠，则私其恩。"（《忠经·辨忠章》）仁，是仁爱，成仁如果没有忠，有可能是私恩。儒家明道救世不是为了某个人或者是某个集团，而是为了天下所有的人。所以，以天下为公，杀身成仁，舍生取义，就成为儒家明道救世内在精神价值诉求。

总之，儒家明道救世的理想是"公天下"而非"私天下"，"儒家用'公天下'的精神和任贤使能的原则来抗衡君权"。① 儒家的明道救世不是为拥抱君主专制服务的。儒家明道救世的忠德主张，以修德和任贤使能，用公天下的"道统"精神来对抗不公正、不仁道的社会。同时，明道救世之忠强调的是人的责任和义务，而非个人的权利，更不是为一家一姓的卖命的"私忠"，其目的是为了建立一个"天下为公，选贤与能，讲信修睦"（《礼记·礼运》）的理想的"大同"社会。

---

① 方朝晖：《文明的毁灭与新生：儒学与中国现代性研究》，中国人民大学出版社2011年版，第169页。

第二章 忠德观念演变

忠德观念的演变主要是在儒家"仁以为己任"、"为天地立心，为生民立命，为往圣继绝学，为万世开太平"的道德责任意识下进行的。在忠德演变过程中，儒家始终高举"道统"的大旗，他们弘扬仁义、匡正时弊、赏善刑淫，与暴君、昏君和邪恶、欺诈、虚伪、违逆正道等不道德的社会现象展开了不屈不挠的斗争。大致说来，在伦理思想史上忠德经历了整合与创建、发展与抗争、批判与现代重构等阶段。

第一节 整合与创建：先秦之忠

先秦是"百家争鸣"的时代。司马谈在《论六家要旨》中说，先秦至西汉初期，至少有阴阳、儒、墨、法、名、道家。《汉书·艺文志》在司马谈论六家的基础上加上了农家、纵横家、杂家、小说家，合称诸子百家。无论是哪一家，都是为当时"周文疲弊"的失序社会提出拯救方案。这种争鸣使得中国思想交锋出现了第一个高峰，为后世思想的发展奠定了扎实的基础，忠观念的演变就是其体现。本节主要选出最具代表性的儒、道、墨、法四家来分析和论证先秦忠观念的整合和创建情况。

一、儒家之忠

先秦儒家之忠主要代表是孔子、孟子和荀子。在忠德观念发展史上，第一个对忠德作出全面整合与创建的思想家是孔子，他是忠德观念演变史上承前启后的思想家。《论语》20篇，谈"忠"的就有15篇，共18处，几乎涵盖了忠德的各个方面，足见忠德在孔子思想中的重要性。由孔子整合和创建的忠，不仅是在社会政治系统中起着决定作用，而且在有关社会政治思想中，"忠"起着完全主导支配的作用。[①] 先秦儒家之忠的整合与创建的主要表现在以下几个方面。

第一，从德性伦理学角度来看，先秦儒家把忠德整合为"德之正也"、"令德"、"全德"，使忠德成为众德之基。以孔子为代表的先秦儒家最大的贡献是将"忠"整合创建为"众德之基"。他把三代以来散乱的忠德内涵，整合为众德之基。忠德作为"众德之基"，就意味着忠德是为人处世的一种基本德性，渗透在社会生活各个方面，其他的德目是"分享"了忠德德性。

从忠德作为"令德"、"全德"、"德之正也"的角度来看，忠与众德如礼、义、廉、耻、智、勇等德目的关系好比"盘"与"丸"的关系。唐代杜牧对"盘"与"丸"的关系做了形象的描绘。他说："丸之走盘，横斜圆直，计于临时，不可尽知。其必可知者，是知丸之不能出

①　[德]鲍吾刚：《中国人的幸福观》，严蓓雯、韩雪临、吴德祖译，江苏人民出版社2009年版，第230页。

于盘也。"(《樊川文集·注孙子序》）这里如果把忠比喻为"盘"，众德比喻为"丸"，就能很清晰地说明他们之间的关系。丸无论怎样"横针圆直"，必"不能出于盘"。换句话说，在这种情况下，无论其他德目如何行动，必然在"忠"的视野中。所以《忠经》说："仁忠而能仁，则国德彰；忠而能智，则国政举；忠而能勇，则国难清，故虽有其能，必曰忠而成也。仁而不忠，则私其恩；智而不忠，则文其诈；勇而不忠，则易其乱，是虽有其能，以不忠而败也。"(《忠经·辨忠章》）就算是行孝，也得先行忠。"夫惟孝者，必贵本于忠。忠苟不行，所率犹非其道。是以忠不及之，而失其守，匪惟危身，辱及亲也。故君子行其孝，必先以忠，竭其忠，则福禄至矣。"(《忠经·保孝行章》）《忠经》这样总结忠与众德的关系，正是受到先秦儒家的影响。

需要说明的是，先秦儒家把忠德整合为众德之基是对"忠"的发展，但是这并没有消除"忠"作为一种规范的作用。孔子创立儒家最核心的概念是"仁"。"仁"包罗万象，它统摄了"忠恕"、"克己复礼"以及"勇、恭、宽、信、敏、惠"等一系列道德准则。尽管如此，它的中心内容却是"忠恕"，即爱人。[①] 这就表明"忠恕之道"的"忠"具备众德的基础地位。在这个意义上说，忠恕就是"仁"，具备"仁"的内涵，成了一种道德价值判断的标准。当然必须指出，先秦儒家尽管把"忠"发展整合为众德之基，尽管忠德也是"仁"的核心内容，但是它依旧是在先秦儒家"仁"的体系之中，而不是凌驾在"仁"之上，因此忠是众德之基，而仁是众德之帅，这点是需要特别指出来的。

孔子说："吾道一以贯之。"(《论语·里仁》）曾参将这个"一以贯之"的"道"概括为"忠恕之道"。曾子说："夫子之道，忠恕而已

---

① 参见朱诚如：《中国皇帝制度》，武汉出版社 1997 年版，第 27 页。

矣!"(《论语·里仁》)王弼在《论语释疑》中认为,"忠者,情之尽也;恕者,反情以同物者也"。忠恕本质上是忠德的一体两面,正如孔子所说的"己欲立而立人,己欲达而达人"和"己所不欲,勿施于人"这两个维度。忠是"己欲立而立人,己欲达而达人";恕是"己所不欲,勿施于人"。但是,归根结底,"恕"是一种"忠",是"忠"的一种呈现。朱熹说:"忠只是一个忠,做出百千万个恕来","忠恕只是一件事,不可作两个看","忠是本根,恕是枝叶。非是别有枝叶,乃是本根中发出枝叶,枝叶即是本根。曾子为于此事皆明白,但未知圣人是总处发出,故夫子语之","天地是无心底忠恕,圣人是无为底忠恕,学者是求做底忠恕。"(《朱子语类》卷二十七)。孔子的忠恕之道是具有普世性,是人际关系的基本准则,具有基础地位。忠恕之道是孔子对尧舜禹以来"忠"观念的整合与改造,使之逐渐成为一种具有普遍性的道德要求。

在道德修养上,孔子强调了"忠"的基础地位。孔子把"忠"作为孔门"四教"之一。《论语·述而》中说:"子以四教:文、行、忠、信。"孔子特别强调"主忠信"。他说:"主忠信。无友不如己者。过则勿惮改。"(《论语·学而》)又说:"主忠信,徙义,崇德也。爱之欲其生,恶之欲其死。既欲其生,又欲其死,是惑也。'诚不以富,亦祗以异。'"(《论语·颜渊》)孔子认为忠德具有普遍性,是要求社会每个成员(自然包括统治阶级在内)都应当做到的基本道德要求。孔子自己也表达了对忠德修养的不懈追求。他说:"十室之邑,必有忠信如丘者焉,不如丘之好学也。"(《论语·公冶长》)

在道德实践上,孔子也强调了"忠"的基础地位。他说:"言忠信,行笃敬,虽蛮貊之邦行矣。言不忠信,行不笃敬,虽州里行乎哉?"(《论语·卫灵公》)又说:"居处恭,执事敬,与人忠。虽之夷狄,不可弃也。"(《论语·子路》)在日常行为中要做到"居之无倦,行之以忠"（《论语·颜渊》）。还说："君子有九思：视思明，听思聪，色思温，貌思恭，言思忠，事思敬，疑思问，忿思难，见得思义。"（《论语·季氏》）其中，"言思忠"是"九思"之一，这也是忠德在实践中的体现。

孟子继承了孔子的观点，认为"忠"是众德之基。《孟子》一书三万多字，论"忠"有8处。这8处论忠的地方几乎都是把忠作为基本的德性来看待的。孟子认为，忠就是善，这是"忠"作为基本德性的重要体现。孔子认为，匡恶为忠。这是一种善良意志，是仁的精神的表现。季康子曾经问孔子："使民敬，忠以劝，如之何？"孔子回答说："临之以庄则敬，孝慈则忠，举善而教不能则劝。"（《论语·为政》）子贡问孔子何为友，孔子回答说："忠告而善道之。"（《论语·颜渊》）孟子继承和发展了这个忠为基德的观点。孟子说："分人以财谓之惠，教人以善谓之忠，为天下得人者谓之仁。"（《孟子·滕文公上》）不仅如此，孟子还把"仁义忠信"上升为天爵，认为这是宇宙秩序的存在。孟子说："有天爵者，有人爵者。仁义忠信，乐善不倦，此天爵也；公卿大夫，此人爵也。古之人修其天爵，而人爵从之。"（《孟子·告子上》）孟子还把忠德看作是制敌取胜的最基本的道德修养，也是占据小地为王取胜大国的前提条件。孟子说："地方百里而可以王。王如施仁政于民，省刑罚，薄税敛，深耕易耨，壮者以暇日修其孝悌忠信，入以事其父兄，出以事其长上，可使制梃以挞秦楚之坚甲利兵矣。"（《孟子·梁惠王上》）

荀子认为，"忠"是基本的德性。这与"奸"形成鲜明的对比。他说："奸言、奸说、奸事、奸谋、奸誉、奸诉莫之试也，忠言、忠说、忠事、忠谋、忠誉、忠诉莫不明通，方起以尚尽矣。"（《荀子·致士》）荀子认为对那些缺德而残暴的君主，应当打倒他。他说："夺然后义，杀然后仁，上下易位然后贞，功参天地，泽被生民，夫是之谓权险之平，汤、武是也。"（《荀子·臣道》）臣民之所以这样做则是依据"从道不从君，从义不从父"的原则。"人主不公，人臣不忠也"（《荀子·王霸》），在荀子看来，忠德作为众德之基不仅仅是臣民的事，也是君主的事，君主的忠德修养，就是"爱人"，即忠恕之道。如果君主不具备忠德修养，不爱民众，就会"道亡则国亡"（《荀子·君道》）。

荀子认为，君主应当是民众的道德榜样，一个君主不能"爱"本国的民众，不能为民众谋福利，而妄想民众忠于自己，那是不可能的。他说："君者，民之原也，原清则流清，原浊则流浊。故有社稷者而不能爱民，不能利民，而求民之亲爱己，不可得也。民不亲不爱，而求为己用，为己死，不可得也。"（《荀子·君道》）荀子认为君主要想治理好国家，最基本的条件是君主要有爱民如子的道德修养。君主自己做好了，臣民自然就会做好。他还说："请问为国？曰：闻修身，未尝闻为国也。君者，仪也，仪正而景正；君者，盘也，盘圆而水圆；君者，盂也，盂方而水方。君射则臣决。楚庄王好细腰，故朝有饿人。故曰：闻修身，未尝闻为国也。"（《荀子·君道》）荀子的这个观点是对孔子忠德理论的继承和发展。

由上所述，我们可知忠德作为"众德之基"的地位是由孔子、孟子、荀子整合而成的。随着社会忠德的发展，尤其到了 10 世纪，随着新儒家的胜利，"忠"变成了儒家的基本品德，甚至几乎比"仁"还重要。①

第二，从政治道德角度来看，先秦儒家把三代以来"上对下"的"忠"发展提升到了忠德在实践上具有平等性、互惠性的层面。先秦儒家在整合和创建忠的理论时，把忠由"上对下"的忠整合、发展成忠

---

① ［德］鲍吾刚：《中国人的幸福观》，严蓓雯、韩雪临、吴德祖译，江苏人民出版社 2009 年版，第 230 页。

的平等性、互惠性。我们在第一章"忠德起源"一节中，已经提出忠德起源于尧舜禹时代。但是，这个时期忠德不具有平等性、互惠性，这个时代主要是强调"上对下"、统治者对民众的忠，即"上思利民，忠也"（《左传·桓公六年》）。那种"普天之下，莫非王土；率土之滨，莫非王臣"的君临天下的姿态，在尧舜禹时代还没有产生。那种"君要臣死，臣不得不死；君要臣亡，臣不得不亡"、"主辱臣忧"、"主亡臣死"的"下对上"的忠德观还没有被统治者所提倡。这与后世君主强调臣子对君主的忠是相区别的。

尧舜禹时代统治者没有君临天下的专制姿态，"终不以天下之病而利一人"（《史记·五帝本纪》）。他们躬行践履，为民效力，辛苦备至。《韩非子·五蠹》中说："尧之王天下也，茅茨不翦，采椽不斫；粝粢之食，藜藿之羹；冬日麑裘，夏日葛衣；虽监门之服养，不亏于此矣。禹之王天下也，身执耒臿以为民先，股无胈，胫不生毛，虽臣虏之劳不苦于此矣。"正是因为统治者这样忠心为民，才创造出了"至德之世"，为后世所称道。《庄子·天地》篇中说："至德之世，不尚贤，不使能，上如标枝，民如野鹿，端正而不知以为义，相爱而不知以为仁，实而不知以为忠，当而不知以为信，蠢动而相使，不以为赐。"

《尚书·大禹谟》中说："正在养民"，"民为邦本"；《尚书·皋陶谟》中说："安民则惠。"《尚书·泰誓中》："天视自我民视，天听自我民听。百姓有过，在予一人。"孔子说："后世虽有作者，虞帝弗可及也已矣。君天下，生无私，死不厚其子，子民如父母，有憯怛之爱，有忠利之教，亲而尊，安而敬，威而爱，富而有礼，惠而能散。"（《礼记·表记》）三代尚忠，就是要求统治者对民众忠心耿耿。在当时的统治者看来这是上天要求他们这样做的。统治者是忠德的主体，是施动者，民众具有优先性。否则，民众有权利推翻其统治。

这个时期"人民与君主不是平等的，人民对君主具有优先性和重要性。人民对君主并没有无条件服从和忍受压迫的义务；反而，以皇天作为终极支持者，人民有权利要求君主实行德政；如果君主不行德政而'虐民'，则人民视君主为寇仇是正当的"。① 事实上，这一时期人民具有优先性的传统一直影响到后来的儒家。

孔子、孟子就是对尧舜禹以来的"上对下"的忠，整合为忠的平等性和互惠性。

孔子认为君臣之间，是一种道德关系，不是一种利害关系，也不是一种赤裸裸的权力制约关系，因此，孔子认为君臣之间是平等的、互惠的、互助的。君臣关系的平等性体现在"君使臣以礼，臣事君以忠"（《论语·八佾》）。臣子要"事君以礼"（《论语·八佾》），"事君，能致其身"（《论语·学而》）。如果君主不尊重臣子，臣子就可以采取不合作的态度，离开政府。他说："天下有道则见，无道则隐"（《论语·泰伯》），"邦有道则仕，邦无道则可卷而怀之"（《论语·卫灵公》）。可见孔子认为忠德应具有平等性、互惠性。所以，孔子说："忠告而善道之，不可则止，毋自辱焉。"（《论语·颜渊》）

孟子继承和发展了这种"上思利民，忠也"的忠德传统。他认为君臣之间也是平等、互惠的。孟子说："君之视臣如手足，则臣视君如腹心；君之视臣如犬马，则臣视君如国人；君之视臣如土芥，则臣视君如寇仇。"（《孟子·离娄下》）他强调是"仁人无敌于天下"（《孟子·尽心下》），"得道者多助，失道者寡助。寡助之至，亲戚畔之；多助之至，天下顺之"（《孟子·公孙丑下》）。不讲忠信仁义的君主，就会像桀纣那样，最终也只能落得如诛"一夫"的下场。当齐宣王问到"汤放桀，武王伐"是"臣弑君"的问题时，孟子尖锐地指出："贼仁者谓之'贼'，贼义者谓之'残'。残贼之人，谓之'一夫'。闻诛一夫纣

---

① 陈来：《孔夫子与现代世界》，北京大学出版社 2011 年版，第 24 页。

矣，未闻弑君也。"(《孟子·梁惠王下》)如果君主不仁不义，民众可以推翻其统治。孟子认为，君臣之间是一种相对的关系，而不是绝对服从的关系，臣不是君主的奴才。[①]因此，"欲为君，尽君道；欲为臣，尽臣道。二者皆法尧、舜而已矣。不以舜之所以事尧事君，不敬其君者也；不以尧之所以治民，贼其民者也。"(《孟子·离娄上》)如果君臣不各司其职，只是强调单方面的忠，就会重蹈桀纣的覆辙。

荀子认为，君主要成为真正的君主，就是要用仁义来对待臣民，要具有公正和不偏不倚的忠德德性，这样才能真正成为众望所归的"君主"。所以他说："请问人君？曰：以礼分施，均遍而不偏。"(《荀子·君道》)荀子还把君主和百姓比喻为舟与水的关系。他说："君者舟也，庶人者水也。水则载舟，水则覆舟，君以此思危，则危将焉而不至矣！"(《荀子·哀公》)这正好体现了忠德的平等性、互惠性。

荀子也认为，君主单凭自己个人的能力是不可能治理国家的，就应当选拔那些具备忠德的人臣来管理国家。但是，为臣的是在"从道不从君"的原则下做有益于"利君""利国"的事。他说："入孝出弟，人之小行也；上顺下笃，人之中行也；从道不从君，从义不从父，人之大行也。"(《荀子·子道》)还说："故正义之臣设，则朝廷不颇；谏、争、辅、拂之人信，则君过不远；爪牙之士施，则仇雠不作；边境之臣处，则疆垂不丧。……罚其忠，赏其贼，夫是之谓至暗，桀、纣所以灭也。"(《荀子·臣道》)

第三，从忠德实践角度来看，先秦儒家认为忠德具有层次性。忠德不是铁板一块，而具有层次性。忠德修养越高，层次越高。孔子认为，忠的最高境界就是仁的境界。他认为，忠德至少有四个层面：为子之忠、为弟之忠、为朋友之忠、为臣之忠。他认为这四个层面的忠德，自

---

① 朱诚如：《中国皇帝制度》，武汉出版社1997年版，第29页。

己都没有做好。他说："君子之道四，丘未能一焉，所求乎子，以事父，未能也；所求乎臣，以事君，未能也；所求乎弟，以事兄，未能也；所求乎朋友，先施之，未能也。"（《礼记·中庸》）君子的这四个忠德，也可以说是"行己"、"事上"、"养民"、"使民"。这四个方面的忠德层次，作为君子应当都要做到。他说："有君子之道四焉：其行己也恭，其事上也敬，其养民也惠，其使民也义。"（《论语·公冶长》）也就是说要做到"恭忠"、"敬忠"、"惠忠"和"义忠"。不过孔子认为自己的忠德修养不够，还没有达到上述要求，需要不断学习。所以他说："十室之邑，必有忠信如丘者焉，不如丘之好学也。"（《论语·公冶长》）

荀子还把"忠"分为三个层次：大忠、次忠、下忠。他说："有大忠者，有次忠者，有下忠者。"（《荀子·臣道》）与忠相反的是"国贼"。什么是大忠、次忠和下忠呢？荀子说："以德复君而化之，大忠也；以德调君而辅之，次忠也；以是谏非而怒之，下忠也；不恤君之荣辱，不恤国之臧否，偷合苟容，以之持禄养交而已耳，国贼也。"（《荀子·臣道》）荀子还举例说，像周公就是大忠的典型，管仲是次忠的代表，伍子胥是下忠的典型，曹触龙是国贼。他说："若周公之于成王也，可谓大忠矣；若管仲之于桓公，可谓次忠矣；若子胥之于夫差，可谓下忠矣；若曹触龙之于纣者，可谓国贼矣。"（《荀子·臣道》）为臣要"以礼待君，忠顺而不懈"（《荀子·君道》）。如果只是"敬"而不是"顺"就不是忠。他说："敬而不顺，不忠也。"（《荀子·臣道》）这里的"顺"不是指"愚忠"，而应当是臣下对君主或者下级对上级的一种礼貌态度，与"敬"具有一样的性质。但是，如果君不忠于道义而被杀，那是他自取灭亡，不能埋怨别人。荀子尖锐地指出："臣或弑其君，下或杀其上，粥其城，倍其节，而不死其事者，无它故焉，人主自取之。"（《荀子·富国》）因此，君主"能群"，依靠的不是权势而是道义。荀子说："处胜人之埶，行胜人之道，天下莫忿，汤、武是也；处胜人之执，不以胜人之道，厚於有天下之执，索为匹夫不可得也，桀、纣是也。然则得胜人之执者，其不如胜人之道远矣。"（《荀子·强国》）

总之，以孔子、孟子、荀子等为代表的先秦儒家，把忠德由一种道德规范发展成为众德之基，并认为忠德在实践中具有平等性、互惠性、层次性。这是对三代以来忠德的整合与创建的最大成果，对后世影响深远。

二、墨家之忠

墨子是墨家学派的创始人。在春秋战国时期墨家和儒家一样是显学。韩非子说："世之显学，儒、墨也。儒之所至，孔丘也。墨之所至，墨翟也。"（《韩非子·显学》）墨家是站在普通劳动者的立场上，提出"兼爱"、"非攻"等主张，忠德是这些主张的体现。同时，忠德也是该学派团结的精神纽带。郑杰文指出："墨家学团是一个有严密组织纪律的、行动统一化的、经济一体化的半军事学术团体；成员遵守统一的纪律，遵奉同一个领袖，信奉同一种学说。"① 这种半军事化学术团体的形成，是该派成员忠于该派学说的结果。这本身说明了忠德在该派学说中起到了凝聚作用。

墨子认为，"忠"是"天德"在人类社会秩序中的德性体现。"天"的本身是惩恶扬善，而忠德也是如此。他说："若事上利天，中利鬼，下利人，三利而无所不利，是谓天德。故凡从事此者，圣知也，仁义也，忠惠也，慈孝也，是故聚敛天下之善名而加之。是其故何也？则顺天之意也。"（《墨子·天志下》）"天德"就是"利天"、"利鬼"、"利人"。它的本性就是赏善罚恶，弘扬正义。墨子说："天子有善，天能赏之；天子有过，天能罚之"，"天欲义而恶其不义者。"（《墨子·天

---

① 郑杰文：《中国墨学通史》（上），人民出版社 2006 年版，第 57 页。

志下》）还说："顺天意者，兼相爱，交相利，必得赏；反天意者，别相恶，交相贼，必得罚。"（《墨子·天志上》）"天"是不会以大国攻打小国，以大乱小，以强劫弱，以众暴寡，以诈谋愚，以贵傲贱的。他说："天之意不欲大国之攻小国也，大家之乱小家也，强之暴寡，诈之谋愚，贵之傲贱，此天之所不欲也。"（《墨子·天志中》）因此，作为凡人，一定要做"天"喜欢的事情，时时记住天的这种"德性"。所以，墨子告诫人们："戒之慎之，必为天之所欲，而去天之所恶。"人们要做上天喜欢的好事，要除掉上天不喜欢的恶事，这种"天德"的特性，正包括了忠德的内容，因为忠德本身就具有为善去恶、行正去邪、坚守正道的内涵。因此，忠德也就体现天德的性质，成了人格之天的德性表现。

既然忠德是自然秩序的表现，那么在人间要体现这种忠德，就要建立一套人人"兼爱"的社会秩序。不过，尽管忠德在墨子看来，是一种"天德"的体现，但是在人类社会实践中，忠德是墨家在"兼爱"的原则下进行的，其范围局限于为政之忠方面。在君臣关系上，墨家主张君惠臣忠。他认为，"为人君必惠，为人臣必忠，为人父必慈，为人子必孝，为人兄必友，为人弟必悌。故君子莫若欲为惠君、忠臣、慈父、孝子、友兄、悌弟，当若兼之不可不行也。此圣王之道，而万民之大利也"（《墨子·兼爱上》）。

君惠的表现有哪些呢？一是爱民利民，做到"爱民谨忠，利民谨厚"（《墨子·节用中》），实行"兴天下之利，除天下之害"（《墨子·非命》）的惠民政策。墨子极力推崇三代时代的大禹，认为大禹是君惠民的典型。"墨子称道曰：'昔禹之湮洪水，决江河，而通四夷九州也，名山三百，支川三千，小者无数。禹亲自操橐耜而九杂天下之川；腓无胈，胫无毛，沐甚雨，栉疾风，置万国。禹大圣也，而形劳天下也如此。'使后世之墨者，多以裘褐为衣，以跂蹻为服，日夜不休，以自苦为极，曰：'不能如此，非禹之道也，不足为墨。'"（《庄子·天下篇》）大禹为百姓治理洪水，"沐甚雨，栉疾风"，不辞辛苦，这种忠于民众的精神，为墨家所称道。只要君惠民、利民、爱民，就是鬼神也会帮助他。墨子说："若昔者三代圣王尧、舜、禹、汤、文、武者是也。所以得其赏，何也？曰：其为政乎天下也，兼而爱之，从而利之，又率天下之万民，以尚尊天事鬼、爱利万民。是故天鬼赏之，立为天子，以为民父母，万民从而誉之曰'圣王'，至今不已。"（《墨子·尚贤中》）如果是不做惠民、利民、爱民的事，不仅无人忠于君王，上天鬼神也惩罚君王。墨子说："若昔者三代暴王桀、纣、幽、厉者是也。何以知其然也？曰其为政乎天下也，兼而憎之，从而贼之，又率天下之民，以上诟天侮鬼、贼杀万民。是故天鬼罚之，使身死而为刑戮，子孙离散，室家丧灭，绝无后嗣。万民从而非之曰'暴王'，至今不已。"（《墨子·尚贤中》）

二是君主要爱惜臣子。"兼爱"是墨家的基本主张，认为人类社会之所以杀声四起，道德秩序败坏，其原因是人们彼此之间的不"相爱"。他说："当察乱何自起？起不相爱。"（《墨子·兼爱上》）这种"兼爱"，是包括所有的人，自然包括君主。在墨子看来君主不是高高在上的供人信仰和崇拜的偶像，而是要做到爱臣、惜臣、不亏臣。君主如果只是自己爱自己，就不会有人臣忠于他，天下也会大乱。他说："虽父之不慈子，兄之不慈弟，君之不慈臣，此亦天下之所谓乱也。父自爱也，不爱子，故亏子而自利。兄自爱也，不爱弟，故亏弟而自利。君自爱也，不爱臣，故亏臣而自利。是何也？皆起不相爱。"（《墨子·兼爱上》）天下大乱起于人们的不"相爱"，父、兄、君不慈臣而导致"天下祸篡怨恨"（《墨子·兼爱中》）。由此看来，墨家是反对绝对服从的，强调权利与义务的统一，主张"君惠"才是"臣忠"的前提。

那么对于能"惠臣"的君主，忠臣是怎样忠于他的呢？其一是要"谏"。君主有错，忠臣会及时进谏，有好的见解就要进献给君主，而不是沉默不语。墨子说："上有过则微之以谏；己有善则访之上，而无敢以告。"（《墨子·鲁问》）其二是匡正君主的邪念，使其进入正道，为臣不结党营私，替君主分忧。墨子说："匡其邪而入其善，尚同而无下比，是以美善在上而怨仇在下，安乐在上而忧慼在臣。"（《墨子·鲁问》）但是，忠臣绝不是像影子一样跟随君主，君主"令之俯则俯，令之仰则仰；处则静，呼则应"（《墨子·鲁问》），而应当有自己的"外匡其邪"的职责和主见。

忠臣由谁甄别选择呢？墨家认为是圣明的君主。只要是贤能之人、忠德之人，无论是农夫还是工匠，圣明君王都会给予高官厚禄，授予他们决断权。他说："故古者圣王之为政，列德而尚贤，虽在农与工肆之人，有能则举之，高予之爵，重予之禄，任之以事，断予之令。"（《墨子·尚贤上》）圣明君王用人，会公正严明，不偏不党，能够做到任贤使能。墨子说："故古者圣王甚尊尚贤，而任使能，不党父兄，不偏贵富，不嬖颜色。贤者，举而上之，富而贵之，以为官长。不肖者抑而废之，贫而贱之以为徒役，是以民皆劝其赏，畏其罚，相率而为贤。"（《墨子·尚贤中》）

不过，需要指出的是，墨家在君臣关系上其实是矛盾的。本来墨家认为君惠是臣忠的前提，但是选择提拔任用臣子的权力却掌握在君王手中，所以人臣最终还是会忠于提拔自己的君主。这样"君惠"为前提的君臣关系，往往成为一种理想状态，根本无法实现，最终臣子还是会陷入无条件的忠君轨道，滑入专制主义君臣关系的泥潭。因此有的学者干脆就说："我国专制主义思想其实导源于墨家。"① 这种论断不是没有道理的。

---

① 罗世烈：《墨家的专制主义》，《四川大学学报》（哲学社会科学版）1999 年第5 期。

三、道家之忠

道家总体上来说是否定统治者提倡的忠德，其主要代表是老子和庄子，此外还有彭蒙、田骈以及稷下黄老学派的学者。钱穆先生认为："先秦道家，主要惟庄老两家。此两人，可谓是中国道家思想之鼻祖，亦为中国道家思想所宗主，后起道家著述，其思想体系，再不能超出《庄》《老》两书之范围，亦不能超过《庄》《老》两书之境界。"① 道家之忠对儒家的批评，这与其学说的宗旨相关。道家总体上是以"道"为核心的学说，主张"绝去礼学"，"弃仁义"，强调"无为"、"清虚"，从而达到人人"全生"、"尽年"的目的。

道家主张"道"是一种普遍性的存在，是一种自然秩序，这种秩序是以"无为"为特点的。因此，他们认为其他的人间一切的忠、孝、仁、爱、礼、义、廉、耻等规范都是"人为"的，所以，都是应当反对的。道家正是从这个角度来批评儒家忠德的。

在道家看来，忠德只不过是统治者为自己谋取利益的手段。统治者越是强调忠德，老百姓就越遭殃。因为万事万物都有自己的"道"，忠也有"忠道"。统治者不能把为自己谋取利益的那种"忠道"强加给老百姓。所以，道家极力反对和批判统治者强调的忠德。老子批评嘲讽说："大道废，有仁义。智慧出，有大伪。六亲不合，有孝慈。国家昏乱，有忠臣。"（《老子·十八章》）道家认为，正是社会出现了"仁义"、"智慧"、"孝慈"、"忠臣"，才更显社会混乱。道家从否定的方面入手，来揭示当时"兵革不休，诈伪并起"（刘向：《战国策书录》）的混乱社会。老子认为，"失道而后德，失德而后仁，失仁而后义，失义而后礼。夫礼者，忠信之薄而乱之首。"（《老子·三十八章》）"国

---

① 钱穆：《庄老通辨》，九州出版社 2011 年版，第 126 页。

家昏乱有忠臣"。在老子看来，正是因为社会败坏，国家才产生"忠臣"。如果没有"仁义礼智"，那么天下就会太平。《老子·十九章》说："绝圣弃智，民利百倍；绝仁弃义，民复孝慈；绝巧弃利，盗贼无有。此三者，为文不足，故令有所属：见素抱朴，少私寡欲。"老子认为，只有抛弃"绝圣弃智"、"绝仁弃义"、"少私寡欲"，才会对百姓有益处，也只有这样才能达到保全性命，到达逍遥的境界。

庄子也说："为之仁义以矫之，则并与仁义而窃之。何以知其然邪？彼窃钩者诛，窃国者为诸侯。诸侯之门而仁义存焉，则是非窃仁义圣知邪？故逐于大盗，揭诸侯，窃仁义并斗斛权衡符玺之利者，虽有轩冕之赏弗能劝，斧钺之威弗能禁。……攘弃仁义，而天下之德始玄同矣。"（《庄子·胠箧》）庄子认为，窃"钩"的人被杀，"窃国者"反而成了诸侯，并且这些诸侯还打着忠孝仁义的幌子。可见，忠孝仁义是骗人的东西，只有放弃忠孝仁义，天下才能"玄同"。所以，庄子批判统治者过多地看重道德仁义，认为用忠德统治百姓是最大的祸害。《庄子》说："举贤则民相轧，任知则民相盗。之数物者，不足以厚民。民之于利甚勤，子有杀父，臣有杀君，正昼为盗，日中穴阫。吾语女：大乱之本，必生于尧、舜之间，其末存乎千世之后。千世之后，其必有人与人相食者也。"（《庄子·庚桑楚》）这种"子有杀父，臣有杀君，正昼为盗，日中穴阫"的败德现象，是统治者利用忠德统治的后果。"道德不废，安取仁义？性情不离，安用礼乐？……毁道德以行仁义，圣人之过也。"（《庄子·马蹄》）因此，"忠德"在道家看来，是应当被抛弃的。

道家还认为，凡是具有忠德的人最终都是不得善终的。庄子说："介子推至忠也，自割其股以食文公"，最终"文公后背之，子推怒而去，抱木而燔死。"（《庄子·盗跖》）尾生忠于爱情，结果被水淹死。"尾生与女子期于梁下，女子不来，水至不去，抱梁柱而死。"（《庄子·盗跖》）世人称道的王子比干、伍子胥是忠臣，结果比干被剖心而死，伍子胥的尸首被沉江，成为天下人的笑柄。道家认为这些忠诚的人是不值得推崇的。庄子说："世之所谓忠臣者，莫若王子比干、伍子胥。子胥沈江，比干剖心，此二子者，世谓忠臣也，然卒为天下笑。自上观之，至于子胥、比干，皆不足贵也。"（《庄子·盗跖》）因此，道家认为，只有放弃忠德，做到"无为"，才能做到"养亲"、"尽年"，保全自己的生命。

总之，道家否定了忠德，对统治者提倡的忠德进行了批评。在道家看来，"战争给人民的生活带来了痛苦，权术也将人们的精神推向了险恶境地。"① 人们只有顺应自然，彻底放弃忠德，"去甚，去奢，去泰"（《老子·二十九章》），不"以人灭天"（《庄子·秋水》），做到"无为"，才能达到"至德之世"。

四、法家之忠

法家学派代表人物主要有：李悝、申不害、商鞅，集大成者是韩非子。《汉书·艺文志》说："法家者流，盖出于理官。信赏必罚，以辅礼制。"他们的长处是"先王以明罚饬法"，缺点是"则无教化，去仁爱，专任刑法而欲以致治，至于残害至亲，伤恩薄厚"。

法家认为，忠德主要体现在臣对君的"忠诚"方面。韩非子说："忠臣尽忠于公"（《韩非子·难三》）。韩非子认为，"忠"是人臣最基本的政治原则和政治道德修养。他说："人臣毋称尧、舜之贤，毋誉汤、武之伐，毋言烈士之高，尽力守法，专心于事主者为忠臣。"（《韩非子·忠孝》）人臣对尧、舜、汤、武等圣王的颂扬，是人臣僭越诽谤君主的表现，这不是臣子的本分。臣子的本分就是要"专心于事主"。

---

① 方勇：《庄学史》（第一册），人民出版社 2008 年版，第 15 页。

他说："为人臣常誉先王之德厚而愿之，是诽谤其君者也。"（《韩非子·忠孝》）只有专心忠君，才能实现"长乐生而功名成"。他说："人臣守所长，尽所能，故忠；以尊主御忠臣，则长乐生而功名成。"（《韩非子·功名》）

如果为臣不忠，天下就会大乱。他说："兵甲顿，士民病，蓄积索，田畴荒，困仓虚，四邻诸侯不服，霸王之名不成。此无异故，其谋臣皆不尽其忠也。"（《韩非子·初见秦》）官吏颓废，国家衰败，没有别的原因，而是谋臣不忠的原因引起的。如果国家有忠臣，那么国家就会"长安于天下"。他说："故有忠臣者，外无敌国之患，内无乱臣之忧，长安于天下，而名垂后世，所谓忠臣也。"（《韩非子·奸劫弑臣》）因此，他强调所有的人臣，要"尽忠"，不能有二心。韩非子说："贤者之为人臣，北面委质，无有二心：朝廷不敢辞贱，军旅不敢辞难，顺上之为，从主之法，虚心以待令，而无是非也。故有口不以私言，有目不以私视，而上尽制之。"（《韩非子·有度》）否则，"为臣不忠，当死。"（《韩非子·初见秦》）

由此可见，法家认为忠是人臣最基本的政治道德品质，也是人臣为官行世的道德操守，这体现了"君为臣纲"初步的政治道德原则。

韩非子尽管强调"臣忠"，但并没有在"忠臣"的头上贴上许多光环。在韩非子看来，"臣忠"只不过是臣子的本分，是为臣的基本的道德底线。在君臣关系中，臣与君的关系，不过是一种利益计算关系。他说："臣尽死力以与君市，君垂爵禄以与臣市，君臣之际，非父子之亲也，计数之所出也。君有道，则臣尽力而奸不生；无道，则臣上塞主明而下成私。"（《韩非子·难一》）还说："君以计畜臣，臣以计事君。君臣之交，计也。害身而利国，臣弗为也；害国而利臣，君不为也。臣之情，害身无利；君之情，害国无亲。君臣也者，以计合者也。"（《韩非子·饰邪》）君臣之间的关系是一种利益关系，君给了臣爵位和俸禄，因此人臣尽忠也就是臣的职责所在。既然尽忠是臣的本分，因此忠臣之忠并没有太多的道德光环，这与儒家高度赞扬忠臣形成鲜明的对比。

对于君主来说，就要懂得驾驭群臣，懂得辨认忠奸。如果君子暗弱，骄横残暴，忠奸不分，那么天下必然大乱。韩非子列举了关龙逢、王子比干、伍子胥的例子来说明君主辨认忠奸的重要性。他说："昔关龙逢说桀而伤其四肢；王子比干谏纣而剖其心；子胥忠直夫差而诛于属镂。此三子者，为人臣非不忠，而说非不当也。然不免于死亡之患者，主不察贤智之言，而蔽于愚不肖之患也。今人主非肯用法术之士，听愚不肖之臣，则贤智之士孰敢当三子之危而进其智能者乎？此世之所以乱也。"（《韩非子·人主》）君主昏庸，贤智忠奸不分，那么，人臣也不会想做关龙逢、比干和伍子胥之类的忠臣了。因此，在韩非子看来，忠臣的出现，也有待圣君的出现。他说："臣之忠诈，在君所行也。君明而严，则群臣忠；君懦而暗，则群臣诈。"（《韩非子·难四》）如果君主只是一味地要求臣忠，而自己不懂法、势、术等权术，不懂得辨忠认贤，不听忠臣的劝谏，"过而不听于忠臣，而独行其意，则灭其高名为人笑之始也。"（《韩非子·十过》）如果君主独断专行，最终会导致忠臣危死，奸臣当道，这样也会危及国家稳定。韩非子总结说："故忠臣危死于非罪，奸邪之臣安利于无功。忠臣危死而不以其罪，则良臣伏矣；奸邪之臣安利不以功，则奸臣进矣：此亡之本也。"（《韩非子·有度》）

法家还认为，臣忠的行为不是任意的，而应当在君主设计的"法"的范围之内尽忠。慎到说："忠不得过职，而职不得过官。"（《慎子·知忠》）慎到认为，忠臣应当在法律规定的范围内尽忠。如果无原则地尽忠，就不足以拯救乱世，也就是不忠。慎到说："忠未足以救乱世"，"忠盈天下，害及其国。"（《慎子·知忠》）还说："乱世之中，亡国之臣，非独无忠臣也；治国之中，显君之臣，非独能尽忠也。治国之人，忠不偏于其君；乱世之人，道不偏于其臣。"（《慎子·知忠》）乱世之时，有忠臣；治世之中，也有忠臣。那么，为什么还会出现亡国之君呢？慎到认为，"治乱，在乎贤使任职而不在于忠也。"（《慎子·知忠》）慎到这里之所以说"治乱，不在乎'忠'"，是不提倡无节制、无原则的忠，而是强调忠应当在法律允许的范围之内活动。慎到说："法虽不善，犹愈于无法，所以一人心也。"（《慎子·威德》）"法者，国之权衡也。"（《慎子·修德》）不过，法家认为君主是法的制定者，掌握着最高的立法权。① 所以说到底，法家要求臣忠，归根结底是以君主为标准的。韩非子继承和发挥了慎到的这个思想，提出"忠法"的主张。韩非子说："明主之道忠法，其法忠心，故临之而治，去之而思。"（《韩非子·安危》）"忠"是"法"视野下的忠，"忠"不能违反"法"。他说："虽有忠信，不得释法而不禁，此之谓明法。"（《韩非子·南面》）忠不能成为人臣违法犯禁的借口。他说："故人臣称伊尹、管仲之功，则背法饰智有资；称比干、子胥之忠而见杀，则疾强谏有辞。夫上称贤明，下称暴乱，不可以取类，若是者禁。"（《韩非子·饰邪》）

君主和国家相比，国家利益高于君主利益。所以，君主在设计法的时候必须考虑国家利益，不然天下就会大乱。从这个角度来说，"法"的本质在于"公"，而不是"私"，"法"大于"忠"，忠是在"法"范围内活动。慎到说："故立天子以为天下，非立天下以为天子也；立国君以为国，非立国以为君也；立官长以为官，非立官以为长也。"（《慎子·威德》）商鞅也说："故尧、舜之位天下也，非私天下之利也，为天下位天下也。论贤举能而传焉，非疏父子亲越人也，明于治乱之道也。故三王以义亲天下，五霸以法正诸侯，皆非私天下之利也，为天下治天下。是故擅其名而有其功，天下乐其政，而莫之能伤也。今乱世之

---

① 朱诚如：《中国皇帝制度》，武汉出版社 1997 年版，第 33 页。

君臣，区区然皆擅一国之利而管一官之重，以便其私，此国之所以危也。"（《商君书·修权》）

在法家看来，大忠是"公"，小忠则是"私"，即忠于某个人。因此，法家认为，"小忠"是有害的行为。韩非子说："行'小忠'，则'大忠'之贼也。"（《韩非子·十过》）法家讲的"小忠"就是一种讲哥们义气，本质上却是一种"私"。大忠才是秉公行忠，对社会有益的。韩非子还通过一个历史故事来说明"小忠"的危害。他说："奚谓小忠？昔者楚共王与晋厉公战于鄢陵，楚师败，而共王伤其目。酣战之时，司马子反渴而求饮，竖谷阳操觞酒而进之。子反曰：'嘻！退，酒也。'谷阳曰：'非酒也。'子反受而饮之。子反之为人也，嗜酒，而甘之，弗能绝于口，而醉。战既罢，共王欲复战，令人召司马子反，司马子反辞以心疾。共王驾而自往，入其幄中，闻酒臭而还，曰：'今日不战，不穀亲伤，所恃者，司马也。而司马又醉如此，是亡楚国之社稷而不恤吾众也。不穀无复战矣。'于是还师而去，斩司马子反以为大戮。故竖谷阳之进酒，不以仇子反也，其心忠爱之，而适足以杀之。故曰：行小忠则大忠之贼也。"（《韩非子·十过》）因此，韩非子说："若使小忠主法，则必将赦罪以相爱，是与下安矣，然而妨害于治民者也。"（《韩非子·饰邪》）由此可知，法家的忠是一种"公忠"，是一种"法"范围内的忠。这体现了法家"以法扬德"的精神。

总之，法家之忠认为，忠臣应当以君主设计的"法"为准则，不能越"法"而忠，或者以"忠"为工具去谋私利；在忠德范围上，法家把作为普遍性道德规范的"忠"，逐步缩小为只适用于君臣关系，其他人际间的互助行为在价值上也被贬到更低的层次，[①] 忠德作为德性的

---

① 郑晓江：《"忠"之精神探源》，《江西师范大学学报》（哲学社会科学版）1991年第4期。

神圣光环在法家那里也逐步褪色了。

五、四家异同

先秦时代百家争鸣，儒、墨、道、法四家是主要代表。他们的忠德有相同的地方，也有不同的地方。

（1）相同方面

第一，四家忠德理论面对的是同一个秩序失范的社会，终极目的相同。这四家忠德观的提出都处在同一个道德败坏、战争频发的时代。在君臣关系上，君不君，臣不臣，弑君之事频繁发生，"弑君三十六，亡国五十二。"（《说苑·建本篇》）例如：晋灵公被赵盾所弑，齐庄公被崔杼所弑，郑灵公被子家所杀，郑僖公被子驷所杀等等。① 这个时期战争也频繁发生。一是各国为了争霸天下，彼此之间发生了许多争霸战争。例如，城濮之战、崤之战、邲之战、鞌之战、鄢陵之战，等等。二是各国为了统一天下，又发生了无数次灭绝人性的统一战争。例如，公元前 260 年发生了秦赵长平之战，赵军被活埋四十万人，只留二百四十人归赵（《史记·白起王翦列传》）。战争的频发是多种原因造成的，其中君主的败德是一个重要的原因。君主的败德可以追溯到西周后期的周王。周昭王在世时，昭王大兴六师，二次南征，最后一次死在战争中。周穆王继位，北征戎狄，南征荆楚。他在位五十五年，频繁发动战争，致使国库空虚，国力衰弱。周共王继位时，王德不振，他因为密国国君不献三位美女，竟然愤而灭之（《史记·周本记》）。郭伟川先生总结说："这种'礼坏乐崩'的事，王室本身有不可推卸的责任，而且

---

① 参见方朝晖：《春秋左传人物谱》，齐鲁书社 2001 年版。转引自方朝晖：《文明的毁灭与新生：儒学与中国现代性研究》，中国人民大学出版社 2011 年版，第 147 页。

很快就自食恶果。"① 这个"恶果"就是战争频发，天下大乱，"陪臣执国命"。

面对这个"君不君、臣不臣"的时代，各家都提出了自己解决社会问题的方案。儒家主张"正名"，提出"仁义之忠"；墨家提出"兼爱之忠"；道家主张"无为之忠"；法家主张"为君之忠"。尽管他们的主张各异，但是都不是为了个人的一己之私，而是为了在天下大乱、杀人盈野的社会中找到一个可以挽救社会、整顿社会秩序、维护社会稳定的救世良方。他们的终极目的是相同的。

第二，四家都重视民众的利益，反对愚忠和暴君统治。传统社会君、臣、民是社会的主要结构。先秦儒、墨、道、法思想家都主张，"天下非一人之天下也，天下人之天下也。"（《吕氏春秋·贵公》）他们强调的不是君主独裁，而是认为民众具有优先性。

儒家认为君主不仅要重视自身的道德修养，而且要重视民众的利益。只有得民心，才能得天下。如果君主只知道搜刮民脂民膏，剥削百姓，那么君主就会失去民心，君主只有重视百姓的利益，政权才能巩固。孔子说："百姓足，君孰与不足？百姓不足，君孰与足？"（《论语·颜渊》）朱熹后来解释说："民富，则君不至独贫；民贫，则君不能独富。"（《论语集注·颜渊》）孔子说："民以君为心，君以民为体。心好则体安之，君好则民欲之。故心以体废，君以民亡。"② 所以，君主每次的重要决策，都要顺应民心，"凡动民必顺民心"。③ 因此，君主要做到"必正其身，然后正世"④。君主要统一天下，就要视民如父母。

① 郭伟川：《先秦六经与中国主体文化》，北京图书馆出版社 2007 年版，第131 页。

② 李零：《郭店楚简校读记》，中国人民大学出版社 2007 年版，第 78 页。

③ 李零：《郭店楚简校读记》，中国人民大学出版社 2007 年版，第 183 页。

④ 李零：《郭店楚简校读记》，中国人民大学出版社 2007 年版，第 123 页。

《礼记》说："君天下,生无私,死不厚其子;子民如父母,有恻怛之爱,有忠利之教;亲而尊,安而敬,威而爱,富而有礼,惠而能散。"(《礼记·表记》)孟子直接说："民为贵,社稷次之,君为轻。"(《孟子尽心下》)谁得到民心,谁就会得到天下,孟子说桀纣之所以失去天下,是因为他不重视民心,失去民心所致。孟子说："桀、纣之失天下也,失其民也。失其民者,失其心也。得天下有道,得其民,斯得天下矣。"(《孟子·离娄上》)对于那种不重视百姓利益,不仅臣子不应当忠于他,而且应当要把这样的君主推向断头台。孟子说："残贼之人,谓之'一夫'。闻诛一夫纣矣,未闻弑君也。"(《孟子·梁惠王下》)荀子也认为:"诛桀纣若诛独夫"(《荀子·议兵》),"诛暴国之君,若诛独夫"(《荀子·正论》)。儒家认为,民众尊君、忠君是有条件的,对爱民、养民、顺民心的君主,则要尊而敬,忠而顺;对无德的虐民、暴民的君主则可诛杀。君主要想维护其统治,就要无条件地爱民、养民。荀子说:"天之生民,非为君也。天之立君,以为民也。"(《荀子·大略》)还说:"君人者,爱民而安","爱民者强,不爱民者弱。"(《荀子·议兵》)所以,儒家重视民众利益,反对君主独裁。

墨家之忠是依据"兼相爱,交相利"的原则,认为天下所有的争端是起源于人们之间的不相爱。墨子说:"国之与国之相攻,家之与家之相篡,人之与人之相贼,君臣不惠忠,父子不慈孝,兄弟不和调,此则天下之害也。"(《墨子·兼爱中》)因此,为了实现天下太平,君主应当首先是有德的人,是"贤者",而不是嗜杀成性的暴君。君主在位要"尚贤举能",推行"兼爱"统治,要"兴天下之利,除天下之害"。墨子说:"古者圣王之为政,列德而尚贤,虽在农与工肆之人,有能则举之,高予之爵,重予之禄,任之以事,断予之令。"(《墨子·尚贤上》)圣明的君王用人不看重门第出身和职业贵贱,只要是有能力人都可以委以重任,"有能者则举之,无能则下之"。圣明的君王用人也不会任人唯亲。墨子说:"古者圣王,甚尊尚贤,而任使能,不党父兄,不偏贵富,不嬖颜色。贤者举而上之,富而贵之,以为官长。不肖者抑而废之,贫而贱之以为徒役,是以民皆劝其赏,畏其罚,相率而为贤。"(《墨子·尚贤中》)墨子认为圣明君王的产生是贤者选举的结果。他说:"是故天下之欲同一天下之义也,是故选择贤者,立为天子。"(《墨子·尚同下》)还说:"明乎民之无正长,以一同天下之义,而天下乱也,是故选择天下贤良、圣知、辩慧之人,立以为天子,使从事乎一同天下之义。"(《墨子·尚同中》)君王之所以是贤能的,是因为他代表了天下所有人的心愿,是顺应民心的,即"从事乎一同天下之义"。正因为君主是贤者,是有德之人,所以能够做到任贤使能,人们才会忠于他,才会把君主的标准作为自己的标准,这样天下才能做到"天子之所是皆是之,天子之所非皆非之"(《墨子·尚贤上》)。反过来说,君主如果不是顺应民心,不是"一同天下之义",那么君主就不是贤能者,人们就不会服从他的统治,更不会忠于他,其统治也就不会长久。

道家认为所有的忠德都是君主人为的结果,百姓的苦难也是君主残暴统治的结果。老子说:"民之饥,以其上食税之多,是以饥。民之难治,以其上有为,是以难治。民之轻死,以其上求生之厚,是以轻死。"(《老子·七十五章》)这种不顾民众死活的统治,就是强盗政治。老子说:"朝甚除,田甚芜,仓甚虚,服文彩,带利剑,厌饮食,财货有余,是谓盗竽。非道也哉!"(《老子·五十三章》)百姓田园荒芜,仓库空虚,统治者(自然包括君王)却服饰华丽,佩戴利剑,吃精美的食物,占有百姓大量的财富,这样的人就是强盗。老子认为应当要摒弃这种人为的忠德,与残暴的统治者进行斗争。老子说:"民不畏死,奈何以死惧之?"(《老子·七十四章》)忠德在道家看来不过是君主替自己谋利的手段,是统治者的私人财产,是压迫百姓的工具,是违反天道的，用庄子的话，这是统治者在"以人灭天"。因此，统治者认定的忠德需要彻底铲除。老子说："故失道而后德，失德而后仁，失仁而后义，失义而后礼。夫礼者，忠信之薄，而乱之首。"（《老子·三十八章》）还说："大道废，有仁义；智慧出，有大伪。"（《老子·十八章》）统治者只有重视民众的利益，不与百姓争利，做到"无为"，那么天下才能太平。老子说："是以圣人处上而人不重，处前而人不害，是以天下乐推而不厌。以其不争，故天下莫与之争。"（《老子·六十六章》）只有不与民争利，做到无为而治，"安时而处顺"（《庄子·养生主》），民众才能服从其统治，才能忠于这样的统治者，天下才能大治，百姓才会"甘其食，美其服，安其居，乐其俗"。

法家认为忠德不是为满足某个暴君的私欲服务的，而是为"公"。同时，对于君主统治，也不是主张无条件地服从。君主如果独断专横，"过而不听于忠臣，而独行其意，则灭高名为人笑之始也。"（《韩非子·十过》）韩非子把那种"主死臣辱"的"愚忠"之臣，称为"誉臣"。例如豫让在国君被杀之后，他不思报仇，自己却"残刑杀身"，以"自虐"的方式从形式上做到"尽忠"，这就是法家所反对的"誉臣"。"誉臣"是对国家有害的。韩非子说："忠臣不听而誉臣独任，如是者谓之壅于言，壅于言者制于臣矣。"（《韩非子·南面》）

总之，先秦儒、墨、道、法家之忠，面对的是同一个时代，其目的是为了同一个主题，那就是为了构建一个稳定有序的社会。为了构建一个这样的社会，他们重视民众的利益，反对愚忠，反对暴君的统治。

（2）不同方面

梁代萧绎说："夫儒者列君臣父子之礼，序夫妇长幼之别。墨者堂高三尺，士阶三等，茅茨不剪，采椽不斫，冬日以鹿裘为礼，盛暑以葛衣为贵。法家不殊贵贱，不别亲疏，严而少恩，所谓法也。……道家虚无为本，因循为务。"（《金楼子·立言篇九上》）这里准确地说出了四家总体思想的不同。对于忠德，这四家不同主要体现在两个方面：一是忠德原则不同，二是忠德培养的目标不同。

第一，忠德原则不同。儒家高扬"仁爱"的大旗，是"仁义之忠"，这种"仁义之忠"也就是忠恕之道。在君臣关系中不论是孔子主张的"富民足君"，还是孟子主张的"民贵君轻"或者是荀子主张"有治人，无治法"，这些都是忠恕之道的体现。儒家的"仁爱之忠"是有差别的、有等级秩序的。费孝通先生称之为"差序格局"和"礼治秩序"。这种"仁爱之忠"强调了道德主体的"仁以为己任"，是在"仁爱、亲亲、及物"的"差序格局"中绵延的。这种忠德以忠德主体为中心，"像石头一般投入水中，和别人所联系成的社会关系，不像团体中的分子一般大家立在一个平面上的，而是像水的波纹一般，一圈圈推出去，愈推愈远，也愈推愈薄"。①

墨家主张以"兼爱"为原则，其忠德是一种"兼爱之忠"，离开"兼爱"的原则，墨家的忠德就等于纯粹的形式。墨子说："天下之害何也？子墨子言曰：今若国之与国之相攻，家之与家之相篡，人之与人之相贼，君臣不惠忠，父子不慈孝，兄弟不和调，此则天下之害也。"（《墨子·兼爱中》）天下的危害在于国与国、家与家、人与人、君与臣、父与子、兄与弟等不相爱。"若使天下兼相爱，爱人若爱其身，犹有不孝者乎？视父、兄与君若其身，恶施不孝？"（《墨子·兼爱上》）所以，只有兼爱之忠才能解决君臣、父子、兄弟等之间的紧张关系。"是故诸侯相爱则不野战，家主相爱则不相篡，人与人相爱则不相贼，君臣相爱则惠忠，父子相爱则慈孝，兄弟相爱则和调。"（《墨子·兼爱中》）墨子的"兼爱之忠"，是爱一切人，是无差别的、无等级秩序的一种泛爱，这与儒家有差别的仁爱之忠是不同的。

---

① 费孝通：《乡土中国》，上海人民出版社 2007 年版，第 26 页。

　　道家的忠德观是一种"无为之忠"，他们高举"无为"的大旗，主张放弃人为的一切努力。道家的"无为"是从否定方面来消解人类社会过多"人为"的努力。在他们看来不仅忠德是多余的，甚至连忠德本身都是害人的多余的东西，应当予以抛弃。《老子》说："故失道而后德，失德而后仁，失仁而后义，失义而后礼。夫礼者，忠信之薄，而乱之首。前识者，道之华，而愚之始。"（《老子·三十八章》）庄子也说："圣人不死，大盗不止。"（《庄子·胠箧》）人类只有"绝圣弃智"，使人性回到"婴儿未孩"状态，人们才能进入"小国寡民"的社会。道家对古代这种纯朴道德社会的向往，是通过牺牲所有的忠孝仁义道德为手段的，是在"无为"的感召下来实现的。

　　法家之忠是"法"主导下的一种忠德观。韩非子说："法者，事最适者也。言无二贵，法不两适，故言行而不轨于法令者必禁。"（《韩非子·问辩》）其言下之意，忠德如果违法也必须禁止。但是，法家并不像道家进行"去道德化"的努力，而是强调了人臣的忠德修养。在法家的视野中，忠德只不过是一种臣子应尽的职责。所以，"知而不言，不忠"，"为人臣不忠当死，言而不当，亦当死"（《韩非子·初见秦》）。那么什么是"法"呢？韩非子认为："法者，宪令著于官府，刑罚必于民心，赏存乎慎法，而罚加乎奸令者也。"（《韩非子·定法》）还说："法者，编著之图籍，设之于官府，而布之于百姓者也。"（《韩非子·难三》）法家认为法的精神是体现人性趋利避害的本性，又是一种社会正义的体现。那么"法"是谁设计呢？法家认为是圣王。韩非子说："圣王之立法也，其赏足以劝善，其威足以胜暴，其备足以必完法。"（《韩非子·守道》）人臣之忠就是在这种"法"的范围内活动。法家认为，忠德的判断应该是由君主依照"法"来界定的，而不是出于君主个人情感的爱好，而且君主的赏罚应当合理，应符合民众的意愿。韩非子说："赏莫如厚，使民利之；誉莫如美，使民荣之；诛莫如

重，使民畏之；毁莫如恶，使民耻之。"（《韩非子·八经》）

第二，忠德培养目标不同。尽管儒、墨、道、法家都是为了治理社会而提出的各自的理论主张，但是，由谁来引领和践履忠德，在这个问题上各家是不同的。

首先，儒家忠德目标是培养"士"或者"君子"。儒家认为士与君子具有同一意义，有时候合称"士君子"，都是指具有较高道德修养的人。朱熹在《论语集注·学而》中注释"人不知而不愠，不亦君子乎"这句话时，概括地说："君子，成德之名。"士或君子是儒家忠德培养的主要目标。君子可以分为两种：儒家把无官衔的君子称为"士"，把有官衔的君子称为"士大夫"。儒家认为，忠德是众德之基，是每个人都应该具备的道德修养。士或君子是忠德的典范，也是其忠德培养的目标。真正的忠德之士或者君子是具有担当精神，是忠德的传承者、践履者、弘扬者。

士或君子是忠德的传承者。他们虽处于困境、逆境中也不会改变自己的忠德责任，就算是默默无闻，也不会改变自己的忠德意志。孔子说："人不知，而不愠，不亦君子乎?"（《论语·学而》）孟子也说："君子所性，虽大行不加焉，虽穷居不损焉，分定故也。君子所性，仁义礼智根于心，其生色也睟然，见于面，盎于背，施于四体，四体不言而喻。"（《孟子·尽心上》）孟子有时候还把君子这种忠德形象概括为"大丈夫"。孟子说："富贵不能淫，贫贱不能移，威武不能屈，此之谓大丈夫。"（《孟子·滕文公下》）这些道德勇士不为富贵和淫威所屈服，"居天下之广居，立天下之正位，行天下之大道"（《孟子·滕文公下》）。

士或君子是道德上的楷模，是道德践履者。孔子说："君子怀德，小人怀土。君子怀刑，小人怀惠。"（《论语·里仁》）他们是以"仁义"为上的，不是"利"的追逐者。"君子喻于义，小人喻于利"

（《论语·里仁》），"君子成人之美，不成人之恶。"（《论语·颜渊》）

士或君子是忠德的弘扬者。他们忠于国家，"行己有耻，使于四方，不辱君命"（《论语·子路》）。他们"志于道"，"言必信，行必果"，"任重而道远，仁以为己任"。这些人在危难之际可以托付大任，关键之时可以做到"无求生以害仁，有杀身以成仁"，不失人望。子张说："士见危致命，见得思义，祭思敬，丧思哀，其可已矣。"（《论语·子张》）孟子总结说："故士穷不失义，达不离道。穷不失义，故士得己焉；达不离道，故民不失望焉。"（《孟子·尽心上》）儒家之忠的培养目标就是希望人们成为这样的具有忠德修养的"士"或"君子"。

其次，墨家忠德的目标是培养"兼士"。"兼士"是墨家忠德的实践载体，也是墨家忠德所追求的目标，是在"兼爱"原则指导下的"高士"。墨子说："高士于天下者，必为其友之身，若为其身，为其友之亲，若为其亲，然后可以为高士于天下。"（《墨子·兼爱下》）"高士"也好，"兼士"也好，都是无差别地爱天下一切的人。他们言行一致，忠实践履"兼爱"的精神。

"兼士"是忠实地贯彻"兼爱"精神。他们为铲除天下的祸害、战争、不平等而不辞辛苦四处奔波的人。"兼士"是忠勇的斗士，他们不为私利，伸张社会正义，"忍所私以行大义"（《吕氏春秋·孟春纪·去私》）。他们为了正义"摩顶放踵利天下，为之"（《孟子·尽心上》）。"兼士"是为了天下正义不惜一切代价的"忠勇之士"。"皆可使赴火蹈刃，死不还踵，化之所致也。"（《淮南子·泰族训》）《墨子》一书中记载了许多兼士的忠义行为。例如，公输般为楚国制造云梯，打算攻打宋国。墨子听说后，为了制止这场战争，他从鲁国出发，日夜兼程赶到楚国的首都郢都，去见楚国的国王和公输般。最后使得楚王取消了攻打宋国的计划（《墨子·公输般》）。

有时候，墨家把"兼士"称为"兼君"。"兼君"也是那种"必先万民之身，后为其身，然后可以为明君于天下"（《墨子·兼爱下》）的人，也是那种"兼爱"之人。墨子说："退睹其万民，饥即食之，寒即衣之，疾病侍养之，死丧葬埋之。兼君之言若此，行若此。"（《墨子·兼爱下》）

墨家认为，"兼士"优于"别士"。"饥即不食，寒即不衣，疾病不侍养，死丧不葬埋。别士之言若此。"（《墨子·兼爱下》）这是"别士"的做法，是一种无忠德责任的体现。"别士"做不到"尽己为人""兼爱之忠"。而"兼士"就不一样了，他们"饥则食之，寒则衣之，疾病侍养之，死丧葬埋之。兼士之言若此，行若此。"（《墨子·兼爱下》）总之，墨家的忠德是为了培养"兼士"，这种"兼士"是为天下主持正义，是具有理想色彩的人道主义者。

再次，道家忠德的培养目标是"真人"。什么是"真人"？其一，真人是不夸耀自己的人，是对人生的真谛和境界有深刻理解和认识的人。"何谓真人？古之真人，不逆寡，不雄成，不谟士。若然者，过而弗悔，当而不自得也。若然者，登高不慄，入水不濡，入火不热。是知之能登假于道者也，若此。"（《庄子·大宗师》）其二，真人在生活中会顺应自然，不追求人间一切物质欲望的人。"古之真人，其寝不梦，其觉无忧，其食不甘，其息深深。"（《庄子·大宗师》）其三，真人是看透了生死的人，是不以人助天的"无为之人"。"古之真人，不知说生，不知恶死；其出不䜣，其入不距；翛然而往，翛然而来而已矣。不忘其所始，不求其所终；受而喜之，忘而复之，是之谓不以心捐道，不以人助天。是之谓真人。"（《庄子·大宗师》）其四，真人形象高大，超越善恶之分，与天地同一的人。"古之真人，其状义而不朋，若不足而不承；与乎其觚而不坚也，张乎其虚而不华也；邴邴乎其似喜乎！……故其好之也一，其弗好之也一。其一也一，其不一也一。其一与天为徒，其不一与人为徒。天与人不相胜也，是之谓真人。"（《庄子·大宗师》）这种"真人"，也是"圣人"。他们的目的是为了在战乱中保持生命本身的存在，使每个人都能在有生之年"怡然自乐"，超越人生的痛苦。所以，"圣人常无心，以百姓心为心。善者，吾善之，不善者，吾亦善之，德善。信者，吾信之，不信者，吾亦信之，德信。圣人在天下，歙歙焉；为天下浑其心。百姓皆注其耳目，圣人皆孩之"（《老子·四十九章》）。"是以圣人常善救，故无弃人。"（《老子·二十七章》）

总之，道家"无为"的目的是希望全社会的人都放弃"知识"和"道德"及一切人为的努力，希望人们生活在一个没有政府，没有权力之争，没有战争的小国寡民的社会中。因此，道家之忠的目标就是希望培养这种超越一切人间知识和理性的"真人"或"至人"，这些人"无为"、"无欲"，一切顺应自然。

最后，法家忠德的培养目标是"忠臣"。法家强调的是"人臣之忠"，其目的是为了培养"去私行公"的"忠臣"。什么是忠臣呢？法家认为忠臣之人是"去私行公"的人。韩非子说："修身洁白而行公行正，居官无私，人臣之公义也。"（《韩非子·饰邪》）所以，韩非子说："以公财分施谓之仁人。"（《韩非子·八说》）法家认为，只有这种具有"公忠"的忠臣和吏员才是法家之忠追求的目标。所以，韩非子说："仁义者，不失人臣之礼，不败君臣之位者也。是故四封之内，执会而朝，名曰臣。"（《韩非子·难一》）

那么，怎样才能培养"忠臣"呢？法家认为要"以法为教，以吏为师"。韩非子说："故明主之国，无书简之文，以法为教；无先王之语，以吏为师；无私剑之捍，以斩首为勇。"（《韩非子·五蠹》）韩非子认为，要培养忠臣，就要把人们的一切行为纳入"法"的范畴之中，并且用"刑"和"赏"两种手段来实现。"为人臣者，畏诛罚而利庆赏，故人主自用其刑德，则群臣畏其威而归其利矣。"（《韩非子·二柄》）还说："夫严刑者，民之所畏也；重罚者，民之所恶也。故圣人陈其所畏以禁其邪，设其所恶以防其奸，是以国安而暴乱不起。"（《韩非子·奸劫弑臣》）法家认为，只有用"法"才能防止民众的暴乱，防止不忠的人臣违反国家，也只有这样才能教育和培养忠德之人。

法家把"法"贯彻到了社会生活的一切领域，认为忠臣的培养，不需要道德的引导，只需要"法"的手段。事实上这种"法"视野下的忠臣培养模式，具有很大的理想性，很难在现实中得到实现，甚至有时候不仅不能培养忠臣，反而对加强君主专制和君主的权力起到了推波助澜的作用。

总之，在忠德发展史上，先秦忠德处于百家争鸣时代，儒、墨、道、法之忠是典型代表。虽然在后世看来他们的忠德理论有这样那样的缺陷和不足，但是他们这种整合与创建、执着与追求的忠德精神，他们创造的忠德理论成果和积累的忠德实践经验却值得我们学习、借鉴、批判地继承和发展。

第二节 发展与抗争：汉唐至明清之忠

一般认为，汉武帝采取董仲舒的建议，实行"罢黜百家，独尊儒术"的文化政策之后，"百家争鸣"时代结束了，忠德也由先秦时代的多元化变成儒家的独奏。从汉代至明清直到近代两千多年的忠德史，儒家忠德处于主导地位。在这两千多年的忠德演变发展历史中，忠德经历了发展、成熟、抗争、批判与现代重构等阶段。当然，忠德的这几个阶段不是严格按照时间先后的顺序进行的。我们把忠德的变化发展分成这几个阶段，也只是从理论上来分析的，在忠德实践中它们往往是彼此交织在一起的。大致说来，秦汉是忠德发展时期，唐宋是成熟时期，明清因为皇帝专制加强，是忠德抗争最为激烈的时期，近现代则是忠德批判和重构时期。

一、忠德发展

中国封建社会①从秦代开始，经历了汉、唐、宋、元、明、清，长达两千多年的历史。在这个漫长的历史时期内，为政之忠得到了强化，在制度上也给予了充分的保障，出现了如"移孝作忠"、"忠孝一体"的局面。同时，做人之忠在社会生活各个方面也不断渗透。秦汉时期的理论家对忠德的发展首先要解决忠德两个至关重要的问题：一是忠君的合理性问题，二是忠德的基本内容问题。

第一，忠君的合理性问题。在儒家看来忠君具有道德上的合理性。这里就必须要涉及皇帝制度问题。皇帝制度是历史发展的产物，由秦始皇公元前221年正式设立直至1911年废止，有两千多年的历史。

秦始皇吞并六国，统一中国之后，对丞相、御史们说："寡人以眇眇之身，兴兵诛暴乱，赖宗庙之灵，六王咸伏其辜，天下大定。今名号不更，无以称成功，传后世。其议帝号。"（《史记·秦始皇本纪》）秦始皇认为自己统一中国，功劳卓著，如果没有相应的名号不足以称道自己伟大功业来流传后世。《史记》详细记载了这件事：丞相绾（王绾）、御史大夫劫（冯劫）、廷尉斯（李斯）等皆曰："昔者五帝地方千里，其外侯服夷服，诸侯或朝或否，天子不能制。今陛下兴义兵，诛残贼，平定天下，海内为郡县，法令由一统，自上古以来未尝有，五帝所不及。臣等谨与博士议曰：'古有天皇，有地皇，有泰皇，泰皇最贵。'臣等昧死上尊号，王为'泰皇'。命为'制'，令为'诏'，天子自称曰'朕'。"王曰："去'泰'，著'皇'，采上古'帝'位号，号曰

---

① 对于中国封建社会的划分，学术界有许多不同的看法。有的认为中国封建社会是从西周开始的，而秦之后实行郡县制，不是封建社会，是郡县社会。余英时先生持此观点。笔者采用大多数学者认同的观点：秦汉至清代为封建社会的看法。参见金观涛：《兴盛与危机：论中国社会超稳定结构》，法律出版社2011年版，第19页。

'皇帝'。他如议。"制曰："可。"追尊庄襄王为太上皇。制曰："朕闻太古有号毋谥，中古有号，死而以行为谥。如此，则子议父，臣议君也，甚无谓，朕弗取焉。自今已来，除谥法。朕为始皇帝。后世以计数，二世三世至于万世，传之无穷。"（《史记·秦始皇本纪》）秦始皇认为自己功业盖世，只有用"皇帝"这个名号才能相配。由此可知，秦始皇设定的"皇帝"称号其实是种特殊荣誉称号，还不是代表一种职称和权力。但是到了汉代，"皇帝已不是一种特殊尊号，与正统的延续也无关，而成为一种职称，表示天下之最高领导人"。① 秦始皇定义"皇帝"，是代表一个好的名号，表明自己的功劳。这个时候，"皇帝"的称号与儒家的道德还没有必然的联系，而是与功业相连接。到了汉代，儒家思想家在对"皇帝"的诠释中，加入了道德的内涵，把"皇帝"与"道德"两者捆绑在一起，从而改变了秦始皇启用"皇帝"名号的初始内涵。

贾谊说："古之正义，东西南北，苟舟车之所达，人迹之所至，莫不率服，而后云天子；德厚焉，泽湛焉，而后称帝；又加美焉，而后称皇。"（《新书·威不信》）贾谊认为，皇帝应是道德纯厚者的尊称，是以德服人者的尊称，而不是以权力服人的最高统治者，也就是说，在汉儒看来皇帝是德与位的统一者。

董仲舒说："明此通天地、阴阳、四时、日月、星辰、山川、人伦，德侔天地者称皇帝，天佑而子之，号称天子。"（《春秋繁露·三代改制质文》）董仲舒认为，皇帝是通天地，德高才厚的人。《白虎通义》说："帝王者何，号也。号者，功之表也。所以表功明德，号令臣下者也。德合天地者称帝，仁义合者称王。"（《白虎通义·号》）《白虎通

---

① 甘怀真：《皇权、礼仪与经典诠释：中国古代政治史研究》，华东师范大学出版社 2008 年版，第 246 页。

义》认为，帝王是功业与德合一的人，是功业与道德一体化的最高统治者。但是，皇帝的功业与道德相比，道德具有优先性。也就是说，皇帝是"德合天地"之人，先有"道德"的优先性，然后才是功业。所以，皇帝应当是一位道德修养上的极致者，而不是道德上的"矮人"。《白虎通义》说："皇者何谓也？亦号也。皇，君也，美也，大也。天之总，美大称也，时质，故总之也。号之为皇者，煌煌人莫违也。烦一夫、扰一士以劳天下，不为皇也。不扰匹夫匹妇故为皇。"（《白虎通义·号》）。《逸周书》也说："德象天地曰帝，静民则法曰皇。"（《逸周书·谥法》）

由此可知，汉儒的皇帝观认为，皇帝是道德至上者，是人类道德上的至尊，是道德修养的最高存在实体，是用道德来获得天下人的尊重并因此而建伟功立伟业的人。

根据儒家的"正名"思想，即"君君、臣臣、父父、子子"的观点，社会中的每个人在自己的相应职位与角色中都要恪守自己的名分，皇帝也不例外。董仲舒说："治天下之端，在审辨大；辨大之端，在深察名号。名者，大理之首章也，录其首章之意，以窥其中之事，则是非可知，逆顺自着，其几通于天地矣。是非之正，取之逆顺；逆顺之正，取之名号；名号之正，取之天地；天地为名号之大义也。"（《春秋繁露·深察名号》）董仲舒认为，名号来自天地，是客观的。名号正，则事正，名号不顺，则是逆。如果名号不正，就是"盗"。《盐铁论·周秦》说："《春秋》无名号，谓之云盗，所以贱刑人而绝之人伦也。"名号正的人，立身行事才正大光明。因为名号来自于"天"，自然皇帝的名号也不例外，它也源于"天"。

因此，在儒家的视野中，皇帝首先是个道德至上者、是名正言顺的尊者、是承接天意的人在人间社会的最高统治者。汉儒认为名号是本于"天意"，对"皇帝"而言，也只能顺天正名行事，而不能逆"天"。

甘怀真先生说:"皇帝的统治只是根据他的名分,他也必须安分。更关键的是,皇帝没有权力决定别人的分,因为这些分在皇权出现之前即已存在了。"① 不仅如此,"在形式上,皇帝是不能创造法律,他只能尽其本分,做到正名与令人民安分的工作"。②

这样一来,在儒家看来,不论是为政之忠还是做人之忠就具有了道德的合理性。儒家认为,生活中的每个人不仅要忠于自己的名分,而且要忠于天地之大义。天地之大义本身就体现为一种仁义之忠,具有道德的合理与合法性。所以,儒家之忠认为,不仅庶民百姓、士大夫、大臣要恪守自己的名分,忠于自己的职位。就算是至尊的皇帝也要恪守于自己的名分和职位:即要注重自己的道德修养,在道德上达到极致。否则,就不具有道德的合理性和合法性。如果皇帝不这样做,那么天下所有的臣民都可以对皇帝的不道德行为提出异议与抗争,甚至把他推向断头台。因此,从这种意义上说,儒家忠德理论"它不是封建意识形态,最起码,封建意识形态不是它学理上的本质"。③

忠臣是忠于自己的"名分"。臣不忠,不是臣违反了君主的意志,或是侵犯了君主的权威,而是没有安于其臣的本分,或者说未能尽到为臣的义务。④ 因此,汉代儒家认为"忠君"是臣的本分与职责,具有道德合理性。

这个观点对后世儒家产生了极为深远的影响,后世的儒家也是沿着汉儒的思路走下去的,虽然在行为上和思想上有一些区别,但是汉儒奠

① 甘怀真:《皇权、礼仪与经典诠释:中国古代政治史研究》,华东师范大学出版社 2008 年版,第 389 页。

② 甘怀真:《皇权、礼仪与经典诠释:中国古代政治史研究》,华东师范大学出版社 2008 年版,第 390 页。

③ 吴光:《当代新儒学探索》,上海古籍出版社 2003 年版,第 234 页。

④ 甘怀真:《皇权、礼仪与经典诠释:中国古代政治史研究》,华东师范大学出版社 2008 年版,第 388 页。

定的这种忠君的合理性和合法性的基础并没有改变。

第二，忠德的基本内容是"三纲"。既然汉儒认为忠德不论是皇帝、大臣还是普通的民众都要忠于自己的名分，那么一个人在皇帝制度下怎样尽忠？汉儒提出了"三纲"，认为"三纲"是忠德的基本内容。

对"三纲"的最早论述可以追溯到孔子讲的君臣父子之伦。《论语·颜渊》记载说："齐景公问政于孔子。孔子对曰：'君君、臣臣、父父、子子。'公曰：'善哉！信如君不君、臣不臣、父不父、子不子，虽有粟，吾得而食诸？'"孔子认为，如果"君君、臣臣、父父、子子"都按照各自的名分来做人做事，社会就会治理得很好。但是，孔子这里"君君、臣臣、父父、子子"只是角色伦理关系，还不具有较强的等级秩序。到了韩非子那里，"君臣"、"父子"加上"夫妇"就变成了三种角色义务，这是对孔子讲的"君君""父子"关系的继承和扩大。韩非子说："臣事君，子事父，妻事夫，三者顺则天下治，三者逆则天下乱，此天下之常道也，明君贤臣而弗易也。"（《韩非子·忠孝》）韩非子把"君臣、父子、夫妇"三伦升华为永恒的"常道"，而且具有等级性。

董仲舒的"三纲"说又是对先秦儒家和法家的继承和发展。董仲舒认为，"王道之纲，可求于天"，在董仲舒看来，"三纲"是天意的体现，是具有道德合理性的，是先验的存在。董仲舒把"忠"提升到了"地德"的高度，认为忠德是人世上每个人都应当遵循的道德规范，不论是平民百姓，还是王公大臣，或者是高高在上的天子都应如此。他说："地出云为雨，起气为风。风雨者，地之所为。地不敢有其功名，必上之于天。命若从天气者，故曰天风天雨也，莫曰地风地雨也。勤劳在地，名一归于天，非至有义，其孰能行此？故下事上，如地事天也，可谓大忠矣。土者，火之子也。五行莫贵于土。土之于四时无所命者，不与火分功名。木名春，火名夏，金名秋，水名冬。忠臣之义，孝子之

行，取之土。土者，五行最贵者也，其义不可以加矣。"（《春秋繁露·五行对》）

《白虎通义》对董仲舒的"三纲"又做了更为系统的论述："三纲者何谓也？谓君臣、父子、夫妇也。……故君为臣纲，夫为妻纲。"（《白虎通义·三纲六纪》）什么是"纲"？"纲者，张也；纪者，理也。大者为纲，小者为纪，所以张理上下，整齐人道也。"（《白虎通义·三纲六纪》）《白虎通义》认为，"纲"是君臣、父子、夫妇应当遵循的社会规范。

在汉儒看来，"三纲"是符合自然法则的天道，具有天然的合理性。《白虎通义》说："三纲法天地人"；"君臣法天，取象日月屈信，归功天也。父子法地，取象五行转相生也。夫妇法人，取象人合阴阳有施化端也。"（《白虎通义·三纲六纪》）还说："君臣，父子，夫妇，六人也，所以称三纲何？一阴一阳谓之道。阳得阴而成，阴得阳而序，刚柔相配，故六人为三纲。"（《白虎通义·三纲六纪》）《白虎通义》在这里论述了"三纲"的合理性来源，认为"三纲"是天地阴阳秩序在人间道德秩序中的体现，表明了社会角色在社会中的合理性。因此，"三纲"是一种符合天的自然的秩序关系。这就意味着"三纲"并不是代表一种绝对的服从与被服从、奴役与被奴役的关系。在上述分析汉儒"三纲"的内容和其论证时，我们发现，汉儒并没有表明"三纲"就代表"专制"。

方朝晖教授指出："'三纲'思想的实质，在我看来可以明释为：从大局出发，从国家民族大义出发，从做人的良知与道义出发。"[1] 方朝晖教授还认为，"三纲思想，一直以来为现代人误解太多，其实儒家

---

① 方朝晖：《文明的毁灭与新生：儒学与中国现代性研究》，中国人民大学出版社2011年版，第172页。

思想的本义完全不是在强调下对上的无条件服从，而是强调下级要从大局出发的精神。'君要臣死，臣不得不死'讲的王权的权威性，与今人主张的'法律要你亡，你不得不亡'本质是一个意思，没有什么大惊小怪的。今天的法官可以昧着良心草菅人命，但是没有人因此而否定'法律要你亡，你不得不亡'的合理性；古代的皇帝可以干错事，但是'君要臣死，臣不得不死'的本义也绝对不是要无止境地强化君权"。①

我们认为，儒家以"三纲"为基本内容的忠德，不是主张绝对地服从，而是为了稳定社会秩序，使每个社会角色在各自的职位名分中，尽自己的责任和义务。只是，这种"三纲"的思想被有权力的皇帝利用了，通过专制和高压手段制定了臣效忠自己的愚忠政策。因此使得"三纲"思想在政治实践中被异化，产生了极为恶劣的影响。

总之，我们认为，汉儒的忠德思想是对先秦儒家忠德思想的发展。汉儒不仅对政治维度上忠君的合理性作了论证，也对社会生活中做人之忠作了充分的分析。

二、忠德成熟

魏晋南北朝，玄学盛行。儒学受到佛教冲击，忠德作为儒家的重要组成部分自然也受到影响。这个时期在忠德理论上并没有像汉代那样，出现开拓性的理论，更多的是修正汉代忠德理论。在忠德实践中也是沿袭汉代的成果，如忠德谥号的广泛运用。同时，也出现了反对封建君主专制之忠的著作。如鲍君言的《无君论》、阮籍的《大人先生传》，等等。但是，魏晋南北朝还没有出现系统的忠德理论著作，所以忠德成熟不是在这个时期，而是唐宋。

---

① 方朝晖：《文明的毁灭与新生：儒学与中国现代性研究》，中国人民大学出版社2011年版，第148页。

　　王通是唐宋时期对忠德理论具有开拓性贡献的思想家。他认为，忠就是无私。"房玄龄问事君之道。子曰：'无私'。"（《中说·事君篇》）王通认为，忠不是把所有的成绩都让给君主，臣子则承担所有的过失。他认为这样不是忠，而是谦让。《中说》记载说："房玄龄问：'善则称君，过则称己，可谓忠乎？'子曰：'让矣。'"（《中说·立命篇》）真正的忠就是要指出君主的过失，而不是时时处处顺从君主。这个观点，继承了孔子的精神。孔子曾经说："忠焉，能勿诲乎？"（《论语·宪问》）所以，为政之忠不是顺从，也不仅仅是谦让君主，而是依据道义去纠正君主的过失。汉代荀悦也曾经说："违上顺道，谓之忠臣。违道顺上，谓之谀臣。忠，所以为上也；谀，所以自为也。忠臣安身。"（《中鉴·杂言上》）真正的忠是"以道事君"，而不是以道顺上。君主有错误就要敢于直言进谏，而不是做君主的"应声虫"。王通为政之忠的精神与儒家"以道事君"的忠德精神是一致的。

　　魏征曾经和唐太宗讨论春秋战国时期弘演纳肝的故事。唐太宗作为皇帝，认为当今臣子中像弘演那样的忠臣"今觅此人而不可能了"。唐太宗自然希望臣子死心塌地忠于自己。其实，他希望臣子的这种忠是一种"私忠"。魏征认为，在君臣关系中，君主仁义是臣忠的基本前提。他说："以众遇我，我以众人报之"，"以国士遇我，我以国士报之。"（《贞观政要·论忠义》）因此，"以道事君"的原则在唐代政治实践中也被继承和发展。

　　具体说来，唐宋之际忠德成熟的表现有以下两个方面。

　　第一，《忠经》的出现是忠德在理论上成熟的重要标志。《忠经》托名为东汉马融所撰。但是真正的作者到底是谁，学术界至今没有定论。元代史学家脱脱认为，《忠经》为马融撰写。余嘉锡认为是唐代一个叫马雄的所撰。还有人引用《玉海》中的资料，认为《忠经》的作者是海鹏。今人刘泽华主编的《中国政治思想史》和雷学华在

《忠——忠君思想的历史考察》中都认为，《忠经》是汉代的马融所撰。无论是马融、马雄，还是海鹏，这并不影响《忠经》在忠德发展史上的价值。我们认为，《忠经》是唐宋之际才定型的著作，不是成书于一时一地。

《忠经》分为十八章：天地神明、圣君、冢臣、百工、守宰、兆人、政理、武备、观风、保孝行、广为国、广至理、扬圣、辨忠、忠谏、证应、报国、尽忠。该书全面分析了各个社会角色之忠，如君主之忠、冢臣之忠、百工之忠、守宰之忠、兆人之忠，以及忠德的理论来源、忠德的实践领域、忠德的辨识方法等。

《忠经》第一章就把忠抬到天理的高度，认为"天之所覆，地之所载，人之所履，莫大乎忠。"（《忠经·天地神明章》）天、地、人中惟忠为大。又说："忠也者，一其心之谓矣。为国之本，何莫由忠？忠能固君臣，安社稷，感天地，动神明，而况于人乎？夫忠，兴于身，著于家，成于国，其行一焉。是故一于其身，忠之始也；一于其家，忠之中也；一于其国，忠之终也。身一则百禄至；家一则六亲和；国一则万人理。"（《忠经·天地神明章》）忠，就是尽心尽力，一心一意。同时，这里又从身、家、国、善恶层面论述了忠的价值，包括为政之忠和为人之忠。

为政之忠方面。对于君主而言，《忠经》认为圣明的君主治理天下，不能任凭自己的私欲为所欲为，而要顺天应人，要做到"无为而天下自清，不疑而天下自信，不私而天下自公。"（《忠经·广至理章》）如果君主讲道德，对忠臣来说也是一种光荣；如果君主不讲道德，对于忠臣来说就是一种耻辱。《忠经》说："君德圣明，忠臣以荣；君德不足，忠臣以辱。"（《忠经·扬圣章》）因此，《忠经》认为，君主应当有最高的道德，为民众作出好的榜样。也只有这样，民众才会尊奉他。《忠经》说："惟君以圣德，监于万邦，自下至上，各有尊也。……以临于人，则人化之，天下尽忠以奉上也。"（《忠经·圣君章》）所以，君主平时做人应当"兢兢戒慎,日增其明"。平时君主还要侍奉天地神灵,祭奉祖先。《忠经》说:"故王者,上事于天,下事于地,中事于宗庙。"君主这样敬天地神灵祖先,是为了要时时提醒自己加强自己的忠德修养,这样才能使社稷安宁、政权稳固、社会稳定。

对于臣子而言,为臣不仅要"奉君忘身,徇国忘身,正色直辞",而且要"沉谋潜运,正国安人,任贤为理,端委而自化"(《忠经·冢臣》)。真正的忠臣,不是"愚忠",而是要为国家谋利,要"务于德,修于政,谨于刑"(《忠经·政理》)。

为人之忠方面。《忠经》认为做人最大的善就是忠道。《忠经》说:"善莫大于作忠,恶莫大于不忠。"(《忠经·证应章》)一个不守忠道的人就不是一个符合道德标准的人。《忠经》说:"忠苟不行,所率犹非道。"(《忠经·保孝行章》)是否行忠是判断一个人是不是讲道德的重要标准,就算是一个孝子,也首先要遵守忠道。《忠经》说:"是以忠不及之,而失其守,匪惟危身,辱及亲也。故君子行其孝必先以忠。"(《忠经·保孝行章》)还说:"故君子行其孝,必先以忠,竭其忠,则福禄至矣。故得尽爱敬之心,则养其亲,施及于人,此之谓保孝行也。"(《忠经·保孝行章》)

第二,理学化的论证是忠德在理论上成熟的重要表现。宋代理学家把忠德提升到"天理"的高度,使忠德在理论上达到了理学化的程度,使忠德理论趋于完善和成熟,达到了精致化的程度。理学家认为,"天理"是一切存在,普天之下就只有这个"理"。二程说:"天下只有一个理。"(《河南程氏遗书》第十八)"天理"是宇宙的本原。它在人类社会之前就已经存在了。朱熹说:"未有天地之先,毕竟也只是理。有此理,便有此天地;若无此理,便亦无天地,无人无物,都无该载了。有理,便有气流行,发育万物。""万一山河大地都陷了,毕竟理却只在这里。"(《朱子语类》卷一)君臣关系之理也是如此。朱熹说:"未有这事，先有这理。如未有君臣，已先有君臣之理；未有父子，已先有父子之理。不成元无此理，直待有君臣父子，却旋将道理入在里面！"（《朱子语类》卷九十五）

在理学家看来，这个"理"是唯一。朱熹认为："宇宙之间，一理而已。"（《朱熹集·读大纪》）"理"是人类社会、自然和人的思维的存在，是一切人、物、事的精神本体。二程认为："万理只是一个理"（《河南程氏遗书》卷第二上），理的特征是不为尧存，不为桀亡。但是这个"天理"是怎么来的呢？理学家不是从社会历史条件中去寻找答案，而是用客观唯心方式做了回答。他们认为"天理"是自然、人类社会本身就存在的，是理学家们自己发现了存在于万事万物中的这个"天理"。所以，程颢无不自信地说："吾学虽有所受，天理二字却是自家体贴出来。"（《河南程氏遗书》卷十二）

"天理"是一切，世界万事万物都有自己的"理"。二程说："有物必有则，一物须有一理"（《河南程氏遗书》第十八），不过这个理是如何渗透到万事万物之中的呢？万事万物的"理"是依据"理一分殊"的方式分享了这个"天理"。朱熹说："伊川说得好，曰'理一分殊'。合天地万物而言，只是一个理；及在人，则又各自有一个理。"（《朱子语类》卷一）所以，君臣关系之理也是对"理"的分享。朱熹说："万物皆有此理，理皆同出一原。但所居之位不同，则其理之用不一。如为君须仁，为臣须敬，为子须孝，为父须慈。物物各具此理，而物物各异其用，然莫非一理之流行也。"（《朱子语类》卷十八）在理学家看来，忠德分享的"天理"，不是对"天理"的分割，而是"分之以为体"（《通书解·理性命章》）。这如同"月印万川"一样，是一个完整的"天理"。这种状态，也就是朱熹说的"人人有一太极，物物有一太极"（《朱子语类》卷九十四）。所以，忠德作为万事万物中的一个存在物，具有"天理"的一切特征。因此，二程说："忠，天道也。"（《河南程氏遗书·附师说后》卷二十一下）还说："忠者天理，恕者人道。忠者无妄，恕者所以行乎忠也。忠者体，恕者用。大本达道也。"（《河南程氏遗书》卷十一）朱熹也说："忠是大本，恕是达道。忠者，一理也；恕便是条贯，万殊皆自此出来。虽万殊，却只一理，所谓贯也。"（《朱子语类》卷二十七）

这样一来，不论是为人之忠，还是为政之忠，都具有权威性和合法性。忠就成为做人做事基本的道德要求和道德标准。正如周敦颐所说的，"君君、臣臣、父父、子子、兄兄、弟弟、夫夫、妇妇，万物各得其理，然后和，故礼先而乐后。"（《通书·礼乐》）在理学家看来，忠心为人、忠君、忠信、忠恕等都是对"理"的"分有"，也是对"理"的践履。

那么如何去行忠呢？其一，在为人之忠方面。二程认为："尽己无歉为忠。"（《河南程氏粹言·论道篇》）"忠者，无妄之谓也。"（《河南程氏遗书·伊川先生语七》）朱熹认为，"'忠'只是实心，直是真实不伪"（《朱子语类》卷十六），"尽己之谓忠"（《朱子语类》卷六），"忠，是要尽自家这个心。"（《朱子语类》卷六）理学家认为，忠就要求道德主体尽心尽力，真实不伪，是发自内心的一种道德情感和行为。不仅如此，一个人从小到大都要加强忠德的修养，不能懈怠。朱熹说："忠信孝弟之类，须于小学中出。"（《朱子语类》卷十四）

其二，在为政之忠方面。朱熹认为，"忠是忠朴，君臣之间一味忠朴而已。"（《朱子语类》卷二十四）还说："且臣之事君，便有忠之理；子之事父，便有孝之理。"（《朱子语类》卷十三）他认为，"忠"是为臣的基本政治道德，这是符合"天理"的。朱熹说："实理者，合当决定是如此。为子必'孝'，为臣必'忠'，决定是如此了。"（《朱子语类》卷六十四）为臣要忠这是"天理"的表现，为君要修德也是"天理"的表现。理学家不仅对臣，也对君主提出了道德要求，其中包括忠德的道德要求。朱熹说："或说：'君使臣以礼，臣事君以忠。'讲者有以先儒谓'君使臣以礼，则臣事君以忠'为非者。其言曰：'君使臣不以礼，则臣可以事君而不忠乎！君使臣不以礼，臣则有去而已矣。事之不以忠，非人臣之所宜为也。'"（《朱子语类》卷二十五）朱熹认为，为臣尽忠是人臣的本分，但是为君"使臣不以礼"，不讲道德，臣则可以离开君主。所以，朱熹说："也是理当如此。自人臣言，固是不可不忠。但人君亦岂可不使臣以礼！若只以为臣下当忠，而不及人主，则无道之君闻之，将谓人臣自是当忠，我虽无礼亦得。如此，则在上者得肆其无礼。"（《朱子语类》卷二十五）朱熹认为，人君也应当"使臣以礼"，这是人应有的本分，而如果君主只要求臣忠，而自己不讲道德，就会使君主"得肆其无礼"，这样君臣关系不仅不会长久，而且连国家的稳定和社会的发展也很难保证。因此，朱熹对孟子的那句话，"君之视臣如手足，则臣视君如腹心"是肯定和赞扬的，认为"道理是如此"。他说："自是人主不善遇之，则下面人不尽心。如孟子所谓'君之视臣如手足，则臣视君如腹心'，道理是如此。"（《朱子语类》卷二十五）

因此，宋代理学家的忠德理论不是君主专制制度的谄媚者。正如美国著名汉学家列文森所说："就其政治方面而言，如果新儒学既不是奴性十足的鼓吹帝王的理论，也不是先验的政治学说，那么，它就绝不是无条件地赞成专制暴君的统治。……如果在'太极'（也可以说是天理，引者注）和君权之间存在什么系统的联系的话，那么，它必定和儒家政治思想中的清静无为、寡欲内修，反对强权和强调天子必具美德的思想有关。"[1]

---

[1] ［美］约瑟夫·列文森：《儒教中国及其现代命运》，郑大华、任菁译，广西师范大学出版社 2009 年版，第 194 页。

总之，忠德在唐宋时期无论是理论上还是在实践中都达到了系统化和精致化的程度。而且宋代统治者给宋代思想家对忠德思想的论述提供了较多的自由空间。陈寅恪先生指出，"天水一朝思想最为自由"。但是，到了明清时期，在政治上皇权专制制度加强了，统治者要求臣民誓死忠于朝廷，否则就处以极刑，这引起了广大民众空前绝后的反抗与抗争。

三、忠德抗争

明清时期由于废除了宰相制度，王权得到了空前强化，人们对忠的抗争也更加激烈了。明太祖朱元璋洪武十三年（1380 年）废除中书省，即废除了自秦汉以来一千多年的宰相制度。这是中国政治制度史上一次重要的事件。1395 年，朱元璋敕谕群臣："以后嗣君，其毋得议置丞相。臣下有奏请设立者，论以极刑。"（《明史·职官一》卷七十二）相权对制约君权具有重要作用，如果相权被君权夺走，由皇帝一人专权，极有可能使权力旁落，导致外戚或宦官专权，欺压百姓，最终导致政权灭亡。明亡就是典型。明亡后，黄宗羲公开批评说："有明之无善治，自高皇帝（朱元璋）罢丞相始也。"（《明夷待访录·置相》）

宰相对稳固政权、治理社会有极为重要的作用。陈平说："宰相者，上佐天子理阴阳，顺四时，下育万物之宜，外镇抚四夷诸侯，内亲附百姓，使卿大夫各得任其职焉。"（《史记·陈丞相世家》）程颐也说："臣以为，天下重任，唯宰相与经筵，天下治乱系宰相，君德成就责经筵。"（《二程集·贴黄》）还说："从古以来，未有不尊贤畏相而能成其圣者也。"（《二程集·论经筵第三札子》）程颐认为，天下的重任在于宰相。黄宗羲也说："古者不传子而传贤，视其天子之位去留，犹夫宰相也。其后天子传子，宰相不传子，天子之子不皆贤，尚赖宰相传贤足相补救，则天子亦不失传贤之意。宰相既罢，天子之子一不贤，更无与为贤者矣……或谓后之入阁办事，无宰相之名，有宰相之实也。曰：不然。入阁办事者职在批答，犹开府之书记也。其事既轻，而批答之意又必自内授之而后拟之，可谓有其实乎？吾以谓有宰相之实者，今之宫奴也。"（《明夷待访录·置相》）故明清宰相制度被废后，君主乾纲独揽，广大士大夫"得君行道"的这条路断了，转而走"移风易俗"之路。同时，因为明清二朝君权脱离了相权的束缚，君主制造了一系列残忍的精神折磨和肉体折磨的专制惨案，如永乐皇帝剥人皮、方孝孺被灭十族、吃人肉（如吃袁崇焕的肉）、廷杖、在上朝时剥光大臣的衣服加以污辱、大兴文字狱，等等。鲁迅先生说："大明朝，以剥皮始，以剥皮终，可谓始终不变。"①

在君臣关系上，皇帝告诫臣民要永远忠于自己。朱元璋说："圣贤立教有三：曰敬天，曰忠君，曰孝亲。"（《明史·吴沉传》）他认为，如果士君子不能为皇帝所用就应当被处死。明清二代的皇帝在忠德方面，更多的是强调臣民对君主的忠，而忽视了君主对臣民的责任和义务。如果发现臣民不忠，就"用重典"，处以极刑。朱元璋为了加强自己的独裁统治，制定了《御制大诰》《御制大诰续编》和《御制大诰三编》，分别在洪武十八年、十九年先后在全国施行。《御制大诰》比《大明律》更加严酷。例如，征收粮食如果延误限定时限，根据《大明律》只是处以杖刑，而根据《御制大诰》则可判为凌迟处死。此外，明代为了加强专制统治，还设立了"东厂"、"西厂"等特务组织，直接由皇帝控制，负责监控处罚不忠于朝廷的官员。

在思想文化上，明清二代比以前各代更加强化了其专制控制。为了加强思想控制，还篡改古代典籍。如朱元璋就是典型。他命令翰林学士刘三吾修编《孟子节义》，将《孟子》一书中不利于君主专制的地方全

---

① 鲁迅：《鲁迅全集》（第6卷），人民文学出版社1981年版，第167页。

部删除，而且还把孟子搬出孔庙。又如清代统治者采取"寓禁于编"的策略，借修《四库全书》的机会，篡改不利于其统治的诗文。宋代岳飞《满江红》中名句"壮志饥餐胡虏肉，笑谈渴饮匈奴血"，被清代统治者改为"壮志饥餐飞食肉，笑谈欲洒盈腔血"，把辛弃疾的名篇《永遇乐·千古江山》中的"斜阳草树，寻常巷陌，人道寄奴曾住"，改为"人道宋主曾住"，因为清代最高统治者是满族人，很忌讳"胡虏"、"匈奴"等字眼。统治者这样做是为了加强思想文化控制，消除民众的反抗情绪。在教育上，明清统治者在科举考试中实行"八股文"，以钦定《四书》、《五经》为考试内容，以程朱理学的注释为标准答案。八股文"其文略仿宋经义，然代古人语气为之，体用排偶，谓之八股，通谓之制义。"（《明史·选举志》）八股文有固定格式，由破题、承题、起讲、入手、起股、中股、后股、束股八部分组成。主要为圣贤代言，形式主义严重，远离现实，禁锢了广大读书人的思想。明清两代还禁止私人讲学，改书院为公庙、衙门。不仅如此，明清二代还大兴文字狱，单单在清代康熙、雍正、乾隆三朝百余年中，文字狱就达上百起之多，涉案人员众多，冤滥酷烈，影响极坏，如吕留良案、《南山集》案就是典型。[①] 封建君主及其帮凶越是想加强自己的专制统治，广大士、农、工、商等民众就越是强烈反抗，尤其是继承了儒家学说"道统"精神的有识之士更是如此。

广大有识之士怀疑皇帝制度的合理性，自秦汉以来就存在。《后汉书·汉阴老父传》记载了一位不知姓名的汉阴老父的话："请问天下乱而立天子邪？理而立天子邪？立天子以父天下邪？役天下以奉天子邪？"魏晋时代出现了无君论，认为没有君主的上古社会胜于君主专制

---

① 参见中国孔子基金会：《中国儒学百科全书》，中国大百科全书出版社 1997 年版，第 756—757 页。

社会。阮籍说："无君而庶物定，无臣而万事理。"（《阮籍集·大人先生传》）鲍敬言坦率宣布："古者无君，胜于今世。"（《抱朴子·诘鲍》）东魏时期，高氏父子兄弟专权，东魏孝静帝形同虚设，并公开殴打皇帝。一次，孝静帝与高澄宴饮，孝静帝自称"朕"，高澄大骂："朕朕！狗脚朕！"骂完之后，又命令侍臣"殴帝三拳"，才"奋衣而出"（《魏书·孝静帝纪》卷十二）。皇帝自命为真命天子，而像这样使皇帝颜面扫地的却极为罕见。这也从一个侧面反映了明清之前人们对皇帝权威的反抗和蔑视。

明清广大民众反抗之忠，不是反对公忠，而是反抗专制皇帝宣扬的"私忠"，是对残暴专制政府的抗争。这个时期忠的抗争与忠德的伦理精神和忠德的内容并不是矛盾。相反，这种抗争还是一种忠德的体现，因为忠不是忠于某个人，不是"私忠"、"愚忠"，而是"公忠"。

明清士人对忠的抗争，主要表现有两点：一是直接对抗、批判君主专制政府，二是与专制政府采取不合作的态度。

第一，直接对抗、批判君主专制政府。方孝孺和李贽是直接对抗专制政府典型代表。方孝孺说："故天之立君也，非以私一人而富贵之，将使其涵育斯民，俾各得其所也。"（《逊志斋集·深虑论七》卷二）天子的目的，不是为了个人一己之私，而是为了"涵育斯民"，使民众衣食无忧。"故天之立君所以为民，非使其民奉乎君也。"（《逊志斋集·君职》卷三）天之所以要立天子是为了民众，而不是为了使民众忠心侍奉君主。方孝孺的这个思想与儒家弘扬的"道统"精神是相通的，而且与秦汉儒家强调君主应加强自己道德修养和责任意识是一脉相承的。君主应当是德与位的合一，是道德至上者。但是因为明清废除了宰相制度，君权与相权集中在皇帝手中，以皇帝为中心的统治集团为了自己的私欲，不顾民众的利益，对民众进行压制和剥削。方孝孺说："后世人君知民之职在乎奉上，而不知君之职在乎养民，是以求于民者致其详，而尽于己者卒怠而不修。赋税之不时，力役之不共，则诛责必加焉。政教之不举，礼之不修，强弱贫富之不得其所，则若罔闻知。呜呼，其亦不思其职甚矣。夫天之立君者何也？"（《逊志斋集·君职》卷三）如果君主不忠于民和自己的职责，不为民效力，只懂得要求民众忠于自己，那天地设立君主就没必要，民众就有权利推翻这样的君主专制政权。

如果说方孝孺直接反对君主专制，那么李贽则是通过反对被君主专制利用的孔子思想来反对专制。李贽提出"不以孔子之是非为是非"来否定专制政府假借孔孟思想来控制民众的不合理性。李贽说："咸以孔子之是非为是非，故未尝有是非耳。"（《李温陵集·藏书纪传总论》卷十四）又说："夫天生一人，自有一人之用，不待取给于孔子后足也。若必待取足于孔子，则千古以前无孔子，终不得为人乎？"（《焚书·答耿中丞》卷一）他自己坦然："今日之是非，谓予李卓吾一人之是非，可也。"（《李温陵集·藏书纪传总论》卷十四）他反抗专制政府利用孔子思想压抑人的个性，使民众臣服于皇权一人之下，以满足其个人私欲。因此，李贽主张回到原来孔子的时代，恢复孔子的本来面目。他说："孔子未尝教人之学孔子也。"还说："夫惟孔子未尝以孔子教人学，故其得志也，必不以身为教于天下。是故圣人在上，万物得所，有由然也。"（《焚书·答耿中丞》卷一）李贽反对的是当时专制政府利用孔子思想来压制人民。因此，他是通过思想反抗来对抗君主专制统治。当然，对孔子本人，李贽是十分推崇的。他称赞孔子是"为出类拔萃之人，为首出庶物之人，为鲁国之儒一人，天下之儒一人，万世之儒一人也"（《焚书·何心隐论》卷三）。

黄宗羲批判君主更为猛烈。他认为："天下为主，君为客。"（《明夷待访录·原君》）黄宗羲认为，今日之君主"敲剥天下之骨髓，离散天下之子女，以奉我一人之淫乐，视为当然，曰：此我产业之花息

也。"(《明夷待访录·原君》)皇帝为一己之私而贻害天下，还认为天
下是自己的产业。所以，君主是天下最大的祸害。黄宗羲说："为天下
之大害者君而已矣。"(《明夷待访录·原君》)

顾炎武也批判了"私天下"的君主专制。他说："古之圣人，以公
心待天下之人，胙之士而分之国；今之君人者，尽四海之内为我郡县犹
不足也，人人而疑之，事事而制之。"(《顾亭林诗文集·郡县论一》卷
二)他认为，君主集权无法使天下得到善治。他说："后世有不善治者
出焉，尽天下一切之权而收之在上，而万几之广，固非一人之所能操
也。"(《日知录·守令》卷九)他认为，君主只是一种职业，并非神圣
不可侵犯，而且一个姓氏的政权和天下是两个不同的概念。他认为国家
政权与天下是两个不同的概念。君主代表"国家"，是一种政治组织，
而"天下"则是所有人共有的。他在《日知录·正始》说："有亡国，
有亡天下。亡国与亡天下奚辨？曰：易姓改号，谓之亡国；仁义充塞，
而至于率兽食人，人将相食，谓之亡天下。……保国者，其君其臣肉食
者谋之；保天下者，匹夫之贱与有责焉耳矣。"(《日知录·正始》卷十
三)顾炎武认为皇帝一家一姓改朝换代与天下并无必然的联系，按他
这个逻辑忠于君主就是私忠，而忠于天下才是"公忠"。所以，他提出
保天下匹夫亦有责。后来维新派将他的这个思想概括成"天下兴亡，
匹夫有责"。①

吕留良认为，民为贵，无论是君主还是臣子都要为民众效力。他
说："天生民而立之君臣，君臣皆为生民也。"(《四书讲义》卷六)正

---

① 顾炎武这句"保国者，其君其臣肉食者谋之；保天下者，匹夫之贱与有责焉耳
矣"(《日知录·正始》)，近代维新派思想家在新的历史条件下，将其概括为"天下兴
亡，匹夫有责"。最早由维新派思想家、宣传家麦孟华(1875—1915)提出（见《清议
报》第38册《论中国之存亡决定于今日》)。梁启超在《痛定罪言》(1915)中了引用此
语，遂成为中国人家喻户晓的用以表达爱国主义思想的名言。参见夏征农：《大辞海》
（哲学卷），上海辞书出版社2003年版，第686页。

是因为君主不为民而是通过各种手段要臣民服从自己的统治，所以他才激烈批判君主的这种自私自利的观点。他说："自秦并天下以后，以自私自利之心，行自私自利之政，历代因之。"（《四书讲义》卷三十二）而汉唐以来君主的私心更重，专制程度更强。他说："汉唐以来，人君视天下如其庄肆然，视百姓如其佃贾然，不过利之所从出耳，所以不敢破制尽取者，亦惟虑继此之无利耳，原未尝有一念痛痒关切处耳。"（《四书讲义》卷二十七）由于君主的偏私，认为天下一切都是自己的私家财产，因此，君主暴殄天物，民众遭殃。因为吕留良这些反抗君主的"不忠"言论，为当时的君主所不满，他死后被戮尸，所有的著作被禁读。

唐甄认为，"自秦以来，凡为帝皇者皆贼也。"（《潜书·室语》下篇下）他的抗争更为大胆和直接。为什么帝王皆贼？唐甄说："杀一人而取其匹布斗粟，犹谓之贼；杀天下之人而尽有其布粟之富，而反不谓之贼乎！"（《潜书·室语》下篇下）帝王杀天下人为自己夺取政权，尽取天下人的财富来满足自己的私欲，自然是贼了。唐甄还认为对于那种不为民做主，杀人如盗贼的君主应当统统将其处死。他说："有天下者无故而杀人，虽百其身不足以抵其杀一人之罪。"还说："若上帝使我治杀人之狱，我则有以处之矣。"（《潜书·室语》下篇下）

王夫之也说："以天下论者，必循天下之公，天下非夷狄盗逆之所可私，而抑非一姓之私也。"（《读通鉴论·卷末·叙论一》）他高举"公天下"的大旗，对"孤秦陋宋"进行了抨击，认为要"濯秦愚，刷宋耻"。所谓"秦愚"就是指"以一人私天下"的君主制；所谓"宋耻"就是宋为外族人灭亡，使国家蒙羞。王夫之认为，"一姓之兴亡，私也，而生民之生死，公也。"（《读通鉴论·敬帝》卷十七），主张"不以一人疑问天下，不以天人私一人。"（《黄书·宰制》）

第二，与专制政府采取不合作的态度。明清君主集权加剧，士大夫对做官已经没有前代士大夫那么强烈了。他们往往采取与政府不合作的态度，远离政治去民间"移风易俗"。宋代士大夫那种积极向皇帝上书、为朝廷进言纳谏的热心，在明清二代已经明显减弱了。例如二程、朱熹、张栻、陈亮等文集中有很多上书皇帝的信件奏章，而明代就算王阳明这样的立德、立言、立功三不朽的典型思想家对皇帝上书也不是很积极。他的一些弟子干脆就不做官。王阳明在回答弟子时说："虽治生亦是讲学中事。……虽终日做买卖，不害其为圣为贤。何妨于学？学何贰于治生？"（《王阳明全集·传习录拾遗》卷三十二）钱大昕也说："与其不治生产而乞不义之财，毋宁求田问舍而却非礼之馈。"（《十驾斋养新录》卷十八"治生"条）

面对专制君主的统治，他们不与政府合作，不到政府做官，以养身为重，采取消极抵抗的态度。明代的王艮还专门写了一篇著名的《明哲保身论》。他说："若夫知爱人而不知爱身，必至于烹身割股，舍生杀身，则吾身不能保矣。"（《王心斋先生全集》卷四）明代儒士，为了保护自己的乡亲父老不受专制政府欺压，有的还自己设立萃和堂或乡约，以教育和规范本村本乡的秩序，抵抗专制暴政，这在客观上起到保护本村本族人身安全的作用。如泰州学派的何心隐就是典型。他亲自建立了萃和堂，亲自管理乡族的婚丧嫁娶等事务。黄宗羲在《明儒学案》中记载这件事。"何心隐，吉州永丰人。少补诸生，从学于山农，与闻心斋立本之旨。……谓《大学》先齐家，乃搆萃和堂以合族，身理一族之政，冠婚丧祭赋役，一切通其有无，行之有成。会邑令有赋外之征，心隐贻书以诮之，令怒，诬之当道，下狱中。"（《明儒学案·泰州学案一》卷三十二）乡约也是明清两代广大民众自治，彼此互助、对抗政府暴政的一种方式。如王阳明设立的南赣乡约、吕柟设立的吕氏乡约、运行三十年之久的山西潞州南雄山的仇氏族乡约等都影响巨大。有时来听乡约的人数也众多，明代罗汝芳在安徽宁国府讲解乡约时，来听的人员就数以万计，"父老各率子弟以万计，咸依恋环听，不能舍去"。（《近溪子明道录》卷八）这种村民自保的乡约自治制度，自然会引起专制政府的高度警惕，最终在清代沦为政府控制乡村的一种手段。①

虽然在为政之忠方面，明清广大士人与政府保持距离。但是在为人之忠方面广大士人之间相互忠诚。他们为朋友积极办事、忠于朋友、师生、兄长之间的感情。如果有朋友被政府抓走或者流放，他们不仅不会落井下石，而且会积极营救，或寄送诗文，以表达朋友之间的云霞之交、鸡黍之约、班荆之谊、栖遁之友。例如，清代时期的宁古塔（今黑龙江宁安市）是当时未开发的极寒之地，清代被流放宁古塔的人多达数千人，有的人一去就不复回。文人们为了对流放宁古塔的朋友表示痛惜，往往写诗以安慰。诗人吴伟业就曾经为流放宁古塔的好友吴兆骞作了一首《悲歌赠吴季子》，以"人生千里与万里，黯然销魂别而已。君独何为至于此？山非山兮水非水，生非生兮死非死"的诗句来表达对朋友的眷恋之情。明清时期做人之忠随着皇权专制的加强而更加彰显。这个时候在民间，朋友之间和广大民众之间更为团结，彼此之间为了对抗专制皇权更加尽心尽力、互相帮助、忠心耿耿。

总之，明清两代的抗争比前代更加强烈，这与君主集权的加剧息息相关。但是，这种忠的抗争与忠德内涵并不矛盾。明清广大民众与士人君子的抗争是对皇权"私忠"、"愚忠"的抗争，是对专制暴政的抗争，其目的是为了社会稳定，为了国家安定，天下太平，民众安居乐业。

第三节　批判与重构：近现代之忠

中国近现代是个天崩地裂的时代。西方列强用坚船利炮打开中国国

---

① 参见余英时：《现代儒学论》，上海人民出版社 2010 年版，第 12 页。

门之后，中国一步一步陷入半殖民半封建社会。清朝的最高统治者起初是闭关自守、唯我独尊，1840 年鸦片战争打响之时，依旧做着天朝上国的美梦，甚至开战之后还不知道英吉利处在何处，等到西方列强攻入紫禁城时，才从天朝上国的迷梦中惊醒。后来随着中国一步一步沦为半殖民半封建社会，他们又从最初的唯我独尊演变成对洋人的奴颜媚骨，而对国内却依旧实行残酷镇压和血腥统治。

近代广大有识之士对这种腐败无能的政府提出了各种各样的改良方案，但是最终都归于失败，直到用革命的方式才把两千多年的皇帝赶下龙椅。这些先进的中国人最先发动洋务运动，从技术层面上学习西方。甲午战争中国战败，仅有一点具有战斗力的北洋舰队也被日本列强摧毁，先进的中国人从甲午之败中汲取教训，总结经验，决定从制度上学习西方，发动维新变法运动，学习西方君主立宪制，对中国实行改良运动。然而，这种脆弱的改良运动并没有从本质上改变中国的面貌，中国依旧处于被动挨打的困境。人们终于彻底明白把中国的前途寄托在一个皇帝身上本身就是一个虽璀璨夺目但毫不现实的美梦。"五四"新文化运动的爆发证明了觉醒的中国人要从文化上全面学习西方，要用西方的"德先生"和"赛先生"来拯救中国。这个时期是先进的中国人向一切专制统治宣战的时期，他们从各个层面全面冲破封建罗网，提出"文化革命"、"道德革命"，倡导"民主"、"自由"、"科学"，反对封建统治者提倡的"三纲五常"、"礼义廉耻"。

中国近现代史是中国人与传统决裂、向西方靠拢又回到中国历史文化实践，走中国人自己道路的历史；是中华民族觉醒的历史；是向西方学习又被西方列强欺凌并与之反抗且对封建君主制进行批判的历史；也是对忠德理论进行重构的历史。这个时代，被皇权极力强化和宣扬的"私忠"、"愚忠"受到了全面彻底的批判，而"公忠"、"爱国"等忠德伦理则随着时代的发展有了新的内涵。

一、忠德批判

近代史上对忠德思想批判最为激烈的是谭嗣同。他在《仁学》一书中对三纲五常进行了猛烈的攻击。他说："数千年来，三纲五伦之惨祸烈毒，由是酷焉矣。君以名桎臣，官以名轭民。父以名压子，夫以名困妻，兄弟朋友各挟一名以相抗拒，而仁尚有少存焉者得乎？"（《仁学·八》）在三纲五常之中，"君臣一伦，尤为黑暗否塞，无复人理。"（《仁学·三十》）谭嗣同对忠君思想也进行了否定。他说："古之所谓忠，以实之谓忠也。下之事上当以实，上之待下乃不当以实乎？则忠者，共辞也，交尽之道也，岂又专责之臣下乎？"（《仁学·三十二》）他认为，古代的忠是一种实，而不是"专责臣下"的那种单向思维的忠。如果忠"专责之臣下"，不看对象之好坏，则会产生"辅桀"、"助纣"那样的帮凶。他说："君为独夫民贼而犹以忠事之，是辅桀也，是助纣也，其心中乎，不中乎？呜呼，三代以下之忠臣，其不为辅桀助纣者几希！"（《仁学·三十二》）

梁启超提倡"道德革命"，强调"公忠"、"公德"，反对封建君主道德。他说："凡欲造成一种新国民者，不可不将其国古来误谬之理想，推陷廓清，以变其脑质。"① 他在《新民说》中说，自古以来中国国民"最缺公德"，而君主制强调"私德"和"私忠"。他在《新民说·论国家思想》中认为，传统的"忠德"首先是对社会、国家而言，而不是对"君主"。他认为中国人把"忠"看成是"忠之一字为主仆交涉之专名"，这就把忠定性为主仆关系，是一种不平等的关系，这是不合理的。梁启超强调了公忠，认为忠不是一种主仆关系，而是指忠于国家和民众，是一种公忠。他说："人非父母无自生，非国家无自存，孝

---

① 梁启超：《饮冰室合集·文集》（卷六），中华书局1989年版，第50—51页。

于亲，忠于国，皆报恩之大义，而非为一姓之家奴走狗者所能冒也。"
（《新民说·论国家思想》）因此，梁启超认为拯救中国就要造就一批忠
义爱国的新民，只有冲破封建罗网，造出新思想，才能摆脱"奴隶道
德"，造就新民，这样才能建设新国家。他说："苟有新民，何患无新
制度、无新政府、无新国家？"（《新民说·论国家思想》）

章太炎在《訄书·明独》中批判儒家忠德重视"群"，而扼杀了人
的个性。他认为儒家培养出来的是"卑谄为效忠"的私忠之人，这对
国家、民族是不利的。他说："盖封建末流，务在尊崇贵族，以仕宦为
光荣，以卑谄为效忠，举世聋盲，顽不知耻。"① 而儒家的"三纲六纪，
无盖于民德秋毫"，认为"自宋世昌言理学，君臣之义日重，虽古之
沮、溺、荷蓧，亦贬斥以为不仕无义，世载其风，逸民日乏"。② 章太
炎批判了儒家的私忠和儒者中一些人的利禄之心，对孔教的虚伪性进行
了无情的揭露。不过，他并没有否定孔子在历史上的地位。他说："孔
氏，古良史也。辅以丘明，而次《春秋》，料比百家，若旋机玉斗矣。
谈、迁嗣之，后有《七略》。孔子后，名实足以伉者，汉之刘歆。"
（《訄书·订孔》）

维新派和资产阶级理论家对儒家忠德的批判，对五四新文化运动产
生了重大影响。五四时期，吴虞提出"反孔非儒"，陈独秀"批孔非
儒"，鲁迅、钱玄同等提出"打倒孔家店"就受到他们的影响，尤其是
受到章太炎的影响。张耀南指出："'五四'之'毁儒'，当是以章太炎
之'非儒'为源。"③

五四新文化运动对儒家伦理纲常和忠德理论进行了全面地批判和清

---

① 章太炎：《章太炎政论选集》（上），中华书局1977年版，第397页。
② 章太炎：《章太炎政论选集》（上），中华书局1977年版，第394页。
③ 张耀南：《中国儒学史》（近代卷），北京大学出版社2011年版，第350页。

算。陈独秀说："伦理的觉醒，为吾人最后之觉醒。"① 他首先向封建伦理核心三纲五常发难。他说："儒者三纲之说，为一切道德政治之大原。君为臣纲，则民于君为附属品，而无独立自主之人格矣；父为子纲，则子于父为附属品，而无独立自主之人格矣；夫为妻纲，则妻于夫为附属品，则无独立自主之人格矣。率天下之男女，为臣，为子，为妻，而不见有一独立自主之人者，三纲之说为之也。缘此而生金科玉律之道德名词，曰忠，曰孝，曰节，皆非推己及人之主人道德，而为以己属人之奴隶道德也。"② 在他看来，封建社会的三纲五常、忠孝节义扼杀了人的天性，是不利于自己、他人和社会的。他说，三纲五常"既非利己，又非利人。既非个人，又非社会，乃封建时代以家族主义为根据之奴隶道德也。"③ "孔教的教义，乃是教人忠君，孝父，从夫。无论政治伦理，都不外这种重阶级尊卑三纲主义。"④ 陈独秀认为孔子之道就是忠孝。他说："孔子之道，以伦理政治忠孝一贯，为其大本，其他则枝叶。"⑤ 而这种忠孝之道本身就是不合理的，是奴隶道德。他说，"忠孝节义，奴隶之道德也"⑥。他认为封建社会这种非人性化的忠德导致了社会罪恶的产生，妨碍了社会的进步，是民族堕落的根源。他说："宗法社会之奴隶道德，病在分别尊卑，课卑者以片面之义务，于是君虐臣，父虐子，姑虐媳，夫虐妻，主虐奴，长虐幼。社会上种种之不道德，种种罪恶，施之者以为当然之权利，受之者皆服从于奴隶道德下而莫之能违，弱者多衔怨以殁世，强者则激而倒行逆施矣。"⑦ 所以，他

---

① 陈独秀：《陈独秀文章选编》（上卷），三联书店1984年版，第190页。
② 陈独秀：《陈独秀文章选编》（上卷），三联书店1984年版，第103页。
③ 陈独秀：《陈独秀文章选编》（上卷），三联书店1984年版，第195页。
④ 陈独秀：《陈独秀文著作选》（第一卷），上海人民出版社1993年版，第297页。
⑤ 陈独秀：《陈独秀文著作选》（第一卷），上海人民出版社1993年版，第336页。
⑥ 陈独秀：《陈独秀文著作选》（第一卷），上海人民出版社1993年版，第131页。
⑦ 陈独秀：《陈独秀文章选编》（上卷），三联书店1984年版，第188页。

认为只有破坏君权、教权，才能得到自由人格。他说："破坏君权，求政治之解放也；否定教权，求宗教之解放也；均权说兴，求经济之解放也；女子参政运动，求男权之解放也。解放云者，脱离夫奴隶之羁绊，以完其自主自由之人格之谓也。"①

李大钊认为，"吾华之有孔子，吾华之幸，亦吾华之不幸也。自有孔子，而吾华之民族为孔子而生，孔子非为吾民族而生焉"。② 他认为，孔子生于专制社会，"自不能不就当时之政治制度而立说，故其说确足以代表专制社会之道德，亦确足为专制君主所用资以为护符也"。③ 所以，要打倒历代君主包装起来的伪孔子。他说："总观孔门的伦理道德，于君臣关系，只用一个'忠'字，使臣的一方完全牺牲于君；于父子关系，只用一个'孝'字，使子的一方完全牺牲于父；于夫妇关系，只用几个'顺'、'从'、'贞节'的名辞（应是词——引者注），使妻的一方完全牺牲于夫，女子的一方完全牺牲于男子。"④ 这种封建社会的忠孝贞节道德窒息了人性的发展，他号召人们要"冲决历史之桎梏，涤荡历史之积秽"。⑤

鲁迅 1918 年 5 月在《新青年》上发表著名的小说《狂人日记》，认为封建礼教的本质就是"吃人"。他借"狂人"的口吻写道："古来时常吃人，我也不记得，可是不甚清楚。我翻开历史一查，这历史没有年代，歪歪斜斜的每一页上写着'仁义道德'几个字。我横竖睡不着，仔细看了半夜，才从字缝里看出字来，满本都写着两个字是'吃人'！"⑥ 同时，鲁迅还批判封建君主提倡的忠德，认为这种忠是私忠、

---

① 陈独秀：《陈独秀文著作选》（第一卷），上海人民出版社 1993 年版，第 130 页。
② 李大钊：《李大钊选集》，人民出版社 1959 年版，第 44 页。
③ 李大钊：《李大钊选集》，人民出版社 1959 年版，第 80 页。
④ 李大钊：《李大钊文集》（下册），人民出版社 1984 年版，第 178 页。
⑤ 李大钊：《李大钊文集》（下册），人民出版社 1984 年版，第 200 页。
⑥ 鲁迅：《鲁迅全集》（第 1 卷），人民出版社 1981 年版，第 425 页。

愚忠，具有欺骗性和虚伪性。他说："尊孔，崇儒，专经，复古，由来已经很久了。皇帝和大臣们，向来总要取其一端，或者'以孝治天下'，或者'以忠诏天下'，而且又'以贞节励天下'，但是二十四史不现在么？其中有多少孝子，忠臣，节妇和烈女？"①

吴虞认为封建礼教是"吃人的人设的圈套"，封建礼教，其"作用全在保护尊贵长上，使一般人民安于卑贱幼下，恭恭顺顺的"。② 对于君主来说，"以礼为人君知大柄，仅得小安，失之则臣弑其君，子弑其父，而贼作乱矣"。③ 在他看来，封建社会忠德的宗旨是"尊君、卑臣、愚民"，是一种"于霸者驭民之术最合"。④ 他批判说："儒者费尽苦心，替民贼设法，往往把君父二人并尊，忠孝二字连用。忠孝二字，就是拿来联结专制朝廷和专制家庭的一个秘诀。"⑤ 因此，他得出结论认为，儒家这种为专制制度服务的忠德理论是在误国殃民、为祸之烈。他说："夫儒者……又昧于宗教之流派性质，凡不同于我者，概目之为异端；不本于我者，概指之为邪说。'息邪说，辟异端'之谬见深中人心，岸然自封，深闭固拒，坐成锢蔽，方自诩为正学、真儒，而不悟其乖僻迂妄，误国殃民，为祸之烈，百倍于洪水猛兽也。"⑥ 正是因为封建礼教"百倍于洪水猛兽"，所以要批判、打倒封建礼教和忠德理论，要用新的道德来代替旧道德。他认为如果不改变中国"孝悌忠顺治道"，中国就不会有发展前途。他说："韩非子以为孔子本未知孝悌忠顺之道，所以天下皆以孝悌忠顺之道为是，却不知审察孝悌忠顺之道而行，所以天下乱。皆以尧、舜之道为是而取法，所以有弑君，有曲父。

① 鲁迅：《鲁迅全集》（第3卷），人民出版社1981年版，第130页。
② 吴虞：《吴虞集》，四川人民出版社1985年版，第135页。
③ 吴虞：《吴虞集》，四川人民出版社1985年版，第131页。
④ 吴虞：《吴虞集》，四川人民出版社1985年版，第16页。
⑤ 吴虞：《吴虞集》，四川人民出版社1985年版，第191页。
⑥ 吴虞：《吴虞集》，四川人民出版社1985年版，第85—86页。

尧、舜、汤、武或反君臣之义，乱后世之教。"①

　　总之，五四新文化运动提倡"革命道德"，批判"三纲五常"，反对"私忠"、"愚忠"，这是合理的。五四新文化运动扫除了封建专制皇权主张只要求臣民对君主忠诚而不强调君主对臣民尽责的那种单向、片面、极端的忠德理论，这就使得儒家真正的忠德精神被凸现出来，这为忠德的重构提供了契机和机遇。因此，五四新文化运动具有不可磨灭的历史功绩。但是，五四新文化运动在批判旧道德、提倡新道德的同时，在某种程度上又丢掉了传统优秀的忠德价值，这如同把洗澡水和婴儿一起泼出去一样。他们想完全与过去决裂、完全相信西方文化，认为西方文化优于中国文化，应以西方文化标准来改造中国文化、提倡新道德、构建新忠德，这本身是不现实的。著名学者霍韬晦先生指出："'五四'中人把中国传统与西方文化对立起来，误认为西方的民主、科学是人类文明的最高典范，有普遍性，有必然性，于是以之作为标准来改造自己，以求中国文化自行'涅槃'。"② 所以，我们现在反思五四新文化运动，应当在肯定其历史功绩的同时，也要辩证地、理性地看到其不足。

二、忠德重构

　　对忠德批判的目的是为了重构，批判与重构是相辅相成的。自近代以来先进的中国人都在不断探索中国发展的道路，从洋务运动到维新变法，从辛亥革命到五四运动，不论是从技术层面，还是从制度层面，或者从文化层面（包括忠德在内）来看，当时的有识之士为此都进行了艰苦卓绝的努力和探索。陈独秀1919年在《本志罪案之答辩书》一文

---

　　① 吴虞：《吴虞集》，四川人民出版社1985年版，第161页。
　　② 霍韬晦：《从反传统到回归传统》，中国人民大学出版社2010年版，第104页。

对此做了总结。他说："他们所非难本志的，无非是破坏孔教，破坏礼法，破坏国粹，破坏贞节，破坏旧伦理（忠、孝、节），破坏旧艺术（中国戏），破坏旧宗教（鬼神），破坏旧文学，破坏政治（特权人治），这几条罪案。这几条罪案，本社同仁当然直认不讳。但是追本溯源，本志同人本来无罪，只因为拥护德谟克拉西（Democracy）和赛因斯（Science）两位先生，才犯了这几条滔天的大罪。要拥护那德先生，便不得不反对孔教、礼法、贞节，旧伦理，旧政治。要拥护那赛先生，便不得不反对旧艺术，旧宗教。"① 他们在批判旧世界的同时，也在努力缔造新世界；他们在批判旧道德旧宗教的同时，也在重构中国文化和忠德。那么如何重构中国新道德、新忠德？

第一，陈独秀从个体层面对忠德进行重构。陈独秀认为，应该"以个人本位主义取代家庭本位主义"，主张人格独立。他说："故现代伦理学上之个人人格独立，与经济学上之个人财产独立互相证明。"② 不仅如此，还要实现个性独立，需要战胜恶社会，坚决不能屈服于旧奴隶道德。陈独秀说："人之生也，应战胜恶社会，而不为恶社会所征服；应该超出恶社会，进冒险苦斗之兵，而不可逃遁恶社会，作退避安闲之想。"③ 同时，一个个性独立的人要得到幸福还需要努力奋斗，需要忠于劳动，尽心尽力去做事做人。陈独秀说："人生幸福之大小，视其奋发精力以为衡。欲享受幸福之一日，不可不一日尽力劳动；欲享受一生之幸福，不可不尽力劳动以终其生。"④ 陈独秀在五四时期吹响了批判封建道德的号角，举起了反对孔教的大旗，同时提倡个性独立、劳动幸福、忠心为人的伦理精神，无愧为五四新文化运动中反封建反旧道

① 陈独秀：《陈独秀文章选编》（上卷），三联书店 1984 年版，第 317 页。
② 陈独秀：《陈独秀文章选编》（上卷），三联书店 1984 年版，第 153 页。
③ 陈独秀：《陈独秀文章选编》（上卷），三联书店 1984 年版，第 76 页。
④ 陈独秀：《陈独秀文章选编》（上卷），三联书店 1984 年版，第 121 页。

德的主将，为民主主义革命做出了重要的理论贡献。

第二，孙中山从政治层面对忠德进行重构。忠君道德在受到批判之后，孙中山把封建社会的皇帝宣扬的忠于一家一姓的"私忠"，改造成忠于国家、民族和人民的"公忠"，使忠的政治维度由君王一人转化为忠于集体和国家。这是对传统儒家忠德精神的继承和发展。孙中山说："现在一般人的思想，以为到了民国，便可以不讲忠字，以为从前讲忠字是对君的，所谓忠君，现在民国没有君主，忠字便可以不用。……这种理论，实在是误解。因为在国家之内，君主可以不要，忠字是不能不要的。……我们的忠字可不可以用之国呢？……忠于事又是可不可呢？我们做一件事，总要始终不渝，做得成功，如果不成功，就是把性命去牺牲，亦所不惜，这便是忠。"（《三民主义·民族主义》第六讲）孙中山这种重构忠德的内涵，把忠由忠君转化为忠于国家、民族和事业，是对儒家忠德理论的回归与转化，这是合理的。

第三，恽代英从做人层面对忠德进行重构。恽代英说："现在伦理学上已经决定的理论，都值得重新考虑一番。"① 在这种伦理思维方式中，他认为，"好人不是一味老实的忠厚，好人少不了有眼光，有手腕。好人能正确地应付一切的问题，然后能够保持自己的好名誉，且做得出一些好事来"。② 在忠德修养上要具备"公德"、"公心"、"诚心"。公德就是要尽心尽力为社会公共事业效力。他说："吾人不欲为社会事业则已，苟欲为之，则公德之履行，当为重要之条件。"③ 公心就是不能只为自己，要以社会事业为重。他说："吾人果为社会倡社会事业，则当以社会之利害为行事之标准，不可以一己之利害参于其中。"④ 诚

① 恽代英：《恽代英文集》（上卷），人民出版社 1984 年版，第 152 页。
② 恽代英：《恽代英文集》（上卷），人民出版社 1984 年版，第 362—363 页。
③ 恽代英：《恽代英文集》（上卷），人民出版社 1984 年版，第 27 页。
④ 恽代英：《恽代英文集》（上卷），人民出版社 1984 年版，第 27 页。

信就是忠诚做人,为人尽心办事。他说:"吾人欲与他人协力以成事,则必望他人以至诚为吾协力。欲使他人以至诚为吾协力,吾必先有至诚之心,以感发之。"①

第四,以毛泽东为代表的中国共产党人用"忠于人民"来全面概括忠德新的内涵,这是对传统忠德创造性的转化、发展和重构。儒家的忠德理论强调民众是忠德的无条件的客体,是"道统"之忠、仁义之忠、善治之忠,"忠于人民"的现代忠德理论是对传统儒家忠德理论批判继承发展的结果。什么是人民呢?人民是个历史的范畴,是对历史发展起推动作用的阶级、阶层和集团的总称。② 社会主义时期,人民是指一切社会主义劳动者、拥护祖国统一和拥护社会主义制度的爱国者。忠于人民等于"全心全意为人民服务",那么怎样才能做到全心全意为人民而忠呢?

首先,在思想上要忠于人民。这就是要使忠德主体树立人民第一的意识,以人民利益为最高标准。毛泽东说,全心全意地为人民服务,一刻也不脱离群众;一切从人民的利益出发,而不是从个人或小集团的利益出发。③ "必须以合乎最广大人民群众的最大利益,为最广大人民群众所拥护为最高标准"④ 作为自己为人民"效忠"、尽忠、行忠的指南和标准。

其次,在行动上要忠于人民。这就是要使忠德主体总是做好事,不做坏事,做有益于人类的事,不做害人的事。毛泽东说:"一个人做点好事并不难,难的是一辈子做好事,不做坏事,一贯地有益于广大群众,一贯地有益于青年,一贯地有益于革命,艰苦奋斗几十年如一日,

---

① 恽代英:《恽代英文集》(上卷),人民出版社 1984 年版,第 29 页。
② 唐凯麟:《伦理学》,高等教育出版社 2001 年版,第 291 页。
③ 毛泽东:《毛泽东选集》(第 3 卷),人民出版社 1991 年版,第 1094—1095 页。
④ 毛泽东:《毛泽东选集》(第 3 卷),人民出版社 1991 年版,第 1096 页。

这才是最难最难的啊!"① 这也就是要求忠德主体做到为人民而忠,要持之以恒、坚持到底、永不放弃、永不逃避任何困难,"像条牛一样努力奋斗,团结一致,为人民服务而死"。② 同时,还要做到热爱人民群众,对人民群众负责,关心党和群众比关心个人还重,关心他人比关心自己还重,对那些不忠于人民利益"只顾个人不顾社会、只顾局部不顾全体、只顾眼前不顾将来、只顾权利不顾义务、只顾消费不顾生产的观点和行为"③ 必须坚决反对。

最后,在道德修养上要忠于人民。这就是要使忠德主体做一个高尚的人、一个纯粹的人、一个脱离了低级趣味的人、一个有益于人民的人。④ 在必要的时候,能够为党、为民族解放、为人类解放和社会的发展、为最大多数人民的最大利益而牺牲。⑤

总之,忠于人民的忠德理论是以毛泽东为代表的中国产党人在现代历史条件下,对传统忠德理论的批判继承并结合中国革命和建设实践而创造出来的新的理论成果,是对传统忠德理论创造性地转化和发展,具有划时代的意义和价值。自此,中国的忠德理论和忠德实践翻开了新的篇章。

---

① 毛泽东:《毛泽东文集》(第2卷),人民出版社1993年版,第261—262页。
② 周恩来:《周恩来选集》(上卷),人民出版社1980年版,第241页。
③ 周恩来:《周恩来选集》(下卷),人民出版社1984年版,第145页。
④ 毛泽东:《毛泽东选集》(第2卷),人民出版社1991年版,第660页。
⑤ 参见刘少奇:《刘少奇选集》(上卷),人民出版社1981年版,第133—134页。

第三章　忠德历史实践

　　儒家伦理是美德与规范的统一，是主客观交融的知识体系，也是心物交融的理性和感性实践体系。理学大师朱熹在他那本用一生的心血打磨而成的《四书集注》中，一开篇就说："《大学》之书，古之大学所以教人之法也。盖自天降生民，则既莫不与之以仁义礼智之性矣。然其气质之禀或不能齐，是以不能皆有以知其性之所有而全之也。一有聪明睿智能尽其性者出于其闲，则天必命之以为亿兆之君师，使之治而教之，以复其性。"（《四书章句集注·大学章句序》）人伦体现的是人性，而人性皆有忠孝仁义等潜在的善性，而这种忠孝仁义潜在善性的彰显，又必然离不开人的实践。作为美德和规范统一的忠德，不仅是一种观点、规范，更是一种实践活动。它不是停留在人们的头脑中仅仅供理性能力进行概念研究的抽象的逻辑推演活动，也不是远离人们的生活经验，而是在人们的生活实践中彰显出来的活生生的理性和实践相交融的活动。儒家忠德作为实践理性活动，必然涉及实践的主体、客体、实践的类型，也必然与孝产生千丝万缕的联系。

第一节　忠德主体与客体

主体和客体是人类对象性活动中两个既相对立又相联系的实体性要素。主体是指对象性行为中作为行为者的人，客体是指这一对象性关系中的行为对象。忠德主体又叫忠德实践主体，是指忠德实践者、认识者，或忠德对象性活动的行为者本身。忠德客体又叫忠德实践客体，是指忠德实践的对象、认识的对象，或任何忠德主体行为的对象本身。[①]忠德主体可以是具体的单个人，也可以是一个集体或者一类人，具有自觉性、独立性、责任性的特点。忠德客体可能是一个具体的对象，也可能是一个抽象的对象，具有客观性、社会历史性的特点。不过，从总体上来说，忠德主体是相对于忠德客体而言的，这两者相辅相成，不可分离，共同构成一个完整的忠德行为。它们都不是单纯的实体性的范畴，而是一对忠德实践中的活动者与活动对象之间的关系范畴。

一、忠德主体

儒家认为忠德主体应该是广大"儒士"或者是儒家知识分子。儒士至少包括两类人：一类是在朝为官的"儒士"，一类是在野为民的"儒士"，但都属于广义的"儒士"。我们讲的儒士或儒家之士，就是从广义上来说的。儒士信奉儒家经典，积极进取，为民请命，在朝"美政"，在野"美俗"。

《说文解字》训"士"为"事"。《国语·鲁语》对"士"的解释是："士，朝受业，昼而讲贯，夕而习复，夜而计过无憾，而后即安。

---

① 参见李德顺：《价值论》（第2版），中国人民大学出版社2007年版，第41页。

自庶人以下，明而动，晦而休，无日以怠。"这里讲的是"士"的特点，是属于"劳心者"一类的，与庶民的"劳力"相区别。《鲁语》说："君子劳心，小人劳力。"（《国语·鲁语》）这里的"君子"实质上是指"士"。但是这里的"君子"和"小人"是相对于社会分工和社会地位而言，与道德无涉。

"士"有一个变化发展的过程。春秋时期之前，士是一种官职，属于贵族阶层，有一定的政治地位，但与道德修养没有太多的联系。余英时先生认为，春秋时代之前的"士"是一种低级的官职，各种邑宰、府吏、下级军官等基本上由"士"来充任。但是，无论他们的地位如何低下，但都属于贵族一类，有比庶民高的社会身份和政治地位。① 春秋时期是个大变动的时代，社会秩序处于分裂状态，各个诸侯国之间发动的战争增加了士人的流动。随着周王室权力的削弱，诸侯的强大，广大士人由贵族散落到民间，逐渐变成文化的传承者。余英时先生指出："这个士的阶层不但娴熟礼乐，而且也掌握了一切有关礼乐的古代典籍。周室东迁以后，典册流布四方，这是王官之学散为诸子百家的一大关键所在。从文化史与思想史的观点说，'士'阶层从封建身份中解放出来而正式成为文化传统的承担者，便正是在这一转变中完成的。"② 儒家创立之后，忠德的主体就由儒士来承担。但问题是，儒家产生之前，忠德的主体是谁？有的说是"巫"，有的说是"统治者"，或者是早期以相礼为业的"儒"。这是个十分复杂的问题，没定论。其主要原因是春秋之前流传下来的历史文献很少，很难全面地分析其主体内涵。因为在孔子那个时代，这种文献不足的情况就已经存在了。孔子曾经

---

① 余英时：《中国知识人之史的考察》，广西师范大学出版社 2004 年版，第122 页。

② 余英时：《中国知识人之史的考察》，广西师范大学出版社 2004 年版，第127 页。

说："夏礼，吾能言之，杞不足征也；殷礼，吾能言之，宋不足征也。文献不足故也。足，则吾能征之矣。"（《论语·八佾》）不过，有一点是可以明白的，春秋之前的忠德主要强调君王或统治者对民的忠。因此，这个时候起到了忠德主体作用是统治者、贵族（早期的士）或者是参与统治的人，而广大民众是忠德的客体，是忠德的受惠者。《左传》中说："上思利民，忠也"（《左传·桓公六年》），"无私，忠也"（《左传·成公九年》），"公家之利，知无不为，忠也"（《左传·僖公九年》），"民者君之本也"（《谷梁传·桓公十四年》）。那个时候在统治者看来，民代表上天的意志，"天视自我民视，天听自我民听"（《孟子·万章上》）。但是随着社会生产力和社会历史的发展，忠德不再是只有上对下的忠，而是强调忠的平等性、互惠性。

孔子创立儒家后，儒士或者传统儒家知识分子成为忠德主体。儒家忠德主体具有人格独立性、道德责任感和"以天下为公"的道德忧患意识的特点。

第一，忠德主体具有人格独立性。儒士是忠德主体，但并不是封建专制制度的帮凶，他们在人格上是独立的。有人认为儒士参与了封建专制，其实是对真正儒士的一种误读。因为儒士执行的是儒家思想，而儒家思想本身就不是封建专制的帮凶，因为儒家思想产生在封建专制之前。张岱年先生也认为，"专制帝王假借儒家学说作为维护君权的理论依据，事实上儒家的主要代表孔孟并不是赞同绝对君权。"[1] 马克思曾经评价过君主专制，他说："专制制度的惟一思想就是轻视人，使人非人化，而这一思想比其他许多思想好的地方，就在于它也是事实。专制君主总把人看得很低贱。"[2] 而中国的帝王素来主张，"普天之下莫非王

---

[1] 张岱年：《张岱年全集》（第6卷），河北人民出版社1996年版，第461页。
[2] 《马克思恩格斯全集》（第47卷），人民出版社2004年版，第58页。

土，率土之滨莫非王臣"，把天下的一切看成是自己的私产。儒家主张敬德安民，以天下为己任，重视人的生命。诚如宋代张载在《西铭》中所说的那样，"民吾同胞，物吾与也。大君者，吾父母宗子；其大臣，宗子之家相也。尊高年，所以长其长；慈孤弱，所以幼其幼。圣其合德，贤其秀也。凡天下疲癃残疾、茕独鳏寡，皆吾兄弟之颠连而无告者也。于时保之，子之翼也；乐且不忧，纯乎孝者也"。这种"民吾同胞，物吾与"的忠德精神与封建君主专制宣扬的"王土"观点形成鲜明对比。徐复观先生说，与其说儒家是一种专制理论，不如说它为专制制度下的人们提供了安身立命之道，为安顿人的心灵做出了重要贡献。

作为忠德主体他们在人格上是独立的。这种独立性是相对于君权来说的，因为儒家主张的是"道统"，通常情况下他们是用道统来要求政统的。孔子说："以道事君，不可则止。"（《论语·先进》）还说："君使臣以礼，臣事君以忠。"（《论语·八佾》）孟子则更加强烈地指出："君之视臣如手足，则臣视君如腹心；君之视臣如犬马，则臣视君如国人；君之视臣如土芥，则臣视君如寇仇。"（《孟子·离娄下》）并且强调真正的儒者要敢于面对君主的错误，"格君心之非"（《孟子·离娄上》）。《周易·大过》也说："君子以独立不惧，遁世无闷。"《周易·恒》说："君子以立不易方。"《中庸》更加深刻地指出了忠德主体的独立性。《中庸》说："君子和而不流，强哉矫！中立而不倚，强哉矫！国有道，不变塞焉，强哉矫！国无道，至死不变，强哉矫！"

宋代的陆九渊也认为人生天地之间，要尽人道，要有人格尊严和人的独立性。他说："人生天地之间，为人自当尽人道。学者所以为学，学为人而已，非有为也。"（《语录》下）他还批评当时的趋炎附势者，说："今人略有些气焰者多，只是附物，元非自立也。若某则不识一个字，亦须还我堂堂地做个人。"（《语录》下）

儒家忠德的独立性的表现是：越是在面对君主专制暴政严酷的时

候，表现得越强烈。为了道德正义，他们杀身成仁，舍生取义。明清两代的皇权专制加强，但是广大士人的抗争也是表现得最为强烈的时候。这也正反映了忠德主体的独立性。儒家忠德的独立性依据的是"道"，孔子说："士志于道，而耻恶衣恶食者，未足与议也。"（《论语·里仁》）

总之，儒家忠德主体追求的终极目的是道义而不是权力。他们奉行"从道不从君"、"以德抗位"、"以德屈尊"的原则，往往与君主专制暴政发生冲突。他们与君主专制之间的这种矛盾伴随着整个封建社会。美国学者列文森指出，"从一开始，君主主义和儒学之间的矛盾就存在，而且一直延续了下来。官僚知识分子在为了社会的稳定而支持帝国集团的同时，又常常表现出离心倾向，从而对王朝构成威胁，王朝也因其离心倾向而经常排斥官僚知识分子的力量"。① 而当他们面对正义的时候，则是"当仁不让于师"（《论语·卫灵公》）。

第二，忠德主体具有强烈的道德责任感。道德责任是自觉意识到的道德义务。义务偏重于强调外在的客观要求，责任偏重于强调这种外在的客观要求内化为主体的主观道德自觉意识。② 儒家忠德主体强调"仁以为己任"（《论语·泰伯》）。他们把弘道当成是自己义不容辞的责任。曾子说："士不可以不弘毅，任重而道远。"（《论语·泰伯》）儒家忠德主体强调"天下一家，中国一人"（《礼记·礼运》）的国家观，在他们的生命意识中，为国家效力，为生民立命是自己的道德责任和道德义务。孔子认为："志士仁人，无求生以害仁，有杀身以成仁。"（《论语·卫灵公》）

孔子就是忠德主体的典型之一。他自己积极奔走各国也是想寻找机

---

① ［美］约瑟夫·列文森：《儒教中国及其现代命运》，郑大华、任菁译，广西师范大学出版社 2009 年版，第 159 页。

② 罗国杰：《伦理学》，人民出版社 1989 年版，第 196 页。

会去拯救当时"礼乐崩坏"的社会。他困于匡，在陈蔡绝粮，却并没有气馁，"讲诵歌不衰"，始终坚持"人能弘道，非道弘人"的乐观精神。孟子继承了孔子的这种道德责任意识。他说："夫天未欲平治天下也，如欲平治天下，当今之世，舍我其谁也？"（《孟子·公孙丑下》）孟子认为一个人要超越自己走向他人，提倡"老吾老，以及人之老；幼吾幼，以及人之幼"（《孟子·梁惠王上》)，还要求"与民同乐"（《孟子·梁惠王下》）。他说："乐民之乐者，民亦乐其乐；忧民之忧者，民亦忧其忧。"（《孟子·梁惠王下》）荀子认为，"儒者，在本朝则美政，在下位则美俗。"（《荀子·儒效》）真正的儒者是要承担自己的社会责任，要有担当精神。无论是在位还是不在位，都不应当放弃自己对道义的忠诚。荀子这种"在朝美政、在野美俗"的精神，范仲淹在《岳阳楼记》中将其描述为："居庙堂之高，则忧其民；处江湖之远，则忧其君。是进亦忧，退亦忧。然则何时而乐耶？其必曰：先天下之忧而忧，后天下之乐而乐。"最后发展成"天下兴亡，匹夫有责"。

儒家士人认为要承担社会责任，最佳的途径是入朝为官。但是因为儒家士人追求的是道德的正义，是以道事君，所以，他们和政府之间的关系有时候是若即若离的。大致说来儒家士人对政府的态度有三种：一是得君行道，与政府紧密合作，呕心沥血，鞠躬尽瘁。如诸葛亮治理蜀汉、王安石变法、张居正变革等；二是他们与政府保持距离但也不反对政府，而是在民间发挥风俗的作用，如主动隐退的官员或是终生不仕的知识分子；三是与专制暴政对抗。如果昏君当政、外戚干政或是宦官专权，官府凌辱百姓、贪赃枉法、朝廷在道义上已经失去民心，他们就会猛烈地批判政府，为民请愿。如东汉后期的太学生运动、东林党人的清议活动等。

儒家知识分子可以通过举孝廉、察举、科举考试成为政府官员，他们追求往往在以天下为己任的道德责任的感召下忠于自己的职责，固守自己的道德操守。为了实现"怀道术可以泽民","尽其道以义民"的理想,依据"以道事君"的原则,他们并没有屈从于专制君主对"忠"的界定和要求。我们不能把向皇帝行著名的磕头礼视为儒家官僚完全屈从于君主的象征。他们这样做只是对"天命"的承认,而"天命"使君主成为地上的代理人。① 天命是代表民意。他们磕头间接地是对民意的臣服和确证。一旦君主昏庸腐朽,违反"天命"(其实间接是违反民意),儒家士人就会高举正义的大旗,"替天行道",规劝君主、批评君主,甚至换掉和推翻君主的统治。当然,天命也是君主合法统治的依据。美国著名汉学家约瑟夫·列文森指出:"天命"为君主的统治提供了合法性依据,并迫使他们以追求美德与和谐为目的。②

儒家士人这种积极进取的道德责任意识和行动,不是为了自己的荣华富贵,而是为了治国平天下,让百姓安居乐业,实现"大同"社会。诚如《礼记·礼运》所描绘的那样:"大道之行也,天下为公。选贤与能,讲信修睦,故人不独亲其亲,不独子其子,使老有所终,壮有所用,幼有所长,矜寡孤独废疾者,皆有所养。男有分,女有归。货,恶其弃于地也,不必藏于己;力,恶其不出于身也,不必为己。是故,谋闭而不兴,盗窃乱贼而不作,故外户而不闭,是谓大同。"这正是儒家士人追求的理想社会。

第三,忠德主体具有以天下为公的道德忧患意识。儒家忠德主体强调是"公"天下,他们"忧道不忧贫"。孔子说:"君子忧道不忧贫","谋道不谋食。"(《论语·卫灵公》)他们为社会的发展而积极行动,任劳任怨,"忧世忧民",虽知其不可也要努力为之。

---

① [美]约瑟夫·列文森:《儒教中国及其现代命运》,郑大华、任菁译,广西师范大学出版社 2009 年版,第 195 页。

② [美]约瑟夫·列文森:《儒教中国及其现代命运》,郑大华、任菁译,广西师范大学出版社 2009 年版,第 195 页。

儒士的这种忧患意识，使得他们立身行世，谦虚谨慎，不贪图安逸。孟子说："人恒过，然后能改。困于心，衡于虑，而后作。征于色，发于声，而后喻。入则无法家拂士，出则无敌国外患者，国恒亡。然后知生于忧患而死于安乐也。"（《孟子·告子下》）儒士时时会提高自己的修养，不沉溺于声色淫乐之中，他们"有终身之忧，而无一朝之患"（《孟子·离娄下》）。当然，这里不是说儒士的一生就是苦难的一生、是痛苦的一生，没有任何欢乐和幸福可言。他们的忧患意识，是一种公天下的道德情怀、理性的道德诉求，而人们的安居乐业正是他们所追求的。这正如孟子所描绘的那样："五亩之宅，树之以桑，五十者可以衣帛矣。鸡豚狗彘之畜，无失其时，七十者可以食肉矣。百亩之田，勿夺其时，数口之家可以无饥矣。"（《孟子·梁惠王上》）《周易·系辞下》中也说："危者，安其位者也；亡者，保其存者也；乱者，有其治者也。是故君子安而不忘危，存而不忘亡，治而不忘乱，是以身安而国家可保也。"这种居安思危的忧患意识体现了儒家"公天下"的道德情怀。所以，后来的陆游在《病起书怀》中说"位卑未敢忘忧国"，就是对这种忧患精神的继承。

中国古代士人认为要想实现以天下为公的道德忧患意识，做官是最佳途径。对于士大夫来说，做官不是为了"利禄"而是为民众效力。宋神宗曾经对王安石说："卿所以为朕用者，非为爵禄，但以怀道术可以泽民，不当自埋没，使人不被其泽而已。朕所以用卿，亦岂有他？天生聪明，所以乂民，相与尽其道以乂民而已，非以为功名也。"（李焘《续资治通鉴长编》卷二三三）宋神宗对王安石的这番话说明了广大士大夫做官的真正目的，不是为了爵位官俸，而是为了"怀道术可以泽民"，"尽其道以乂民"。他们与政府之间若即若离的关系尽管很微妙，但是我们依旧能看出他们时时处处奉行"以道事君"的理性选择。

美国汉学家约瑟夫·列文森说："他或许被无理地勒令致仕，甚至被杀头，或者他自己主动地隐退，但他的尊严和社会地位不会因此而受到损害，因为固定的官职只是一种品质的象征（很高的文化修养，并不仅仅是职业专长），而是否具有这种品质与做官或不做官无涉。是儒家把这种品质带给了官职，而不是官职（作为君主的赐予物）给了儒家这种品质。"① 儒家士人这种品质是他们追求以天下为公的忧患意识在实践中的反映。所以，儒家官僚往往蔑视宦官专政和外戚干政，因为宦官往往是为王权服务，他们专政往往是为了自身利益，而外戚干政又往往导致王权权力失衡，国家失控，遭殃的还是百姓。儒家士人往往在"道"的感召下去为匡正社会而积极奋斗，因此三者之间往往发生激烈的冲突。

综上所述，儒家士人这种忧患意识并不是一种悲天悯人怨情，而是一种积极进取的精神。他们追求的不是为了满足个人的欲望，而是为了实现治国平天下的梦想，是为了天下苍生都安居乐业。

二、忠德客体

儒家忠德客体主要有两种：君主是有条件的忠德客体，民众是无条件的忠德客体。

第一，君主是有条件的忠德客体。表面看来君主应当是儒家理所当然的无条件的忠德客体，因为在浩如烟海的儒家文献中，有许多忠君、护君、尊君、谏君的言行。但从深层次内涵来看，儒家把君主作为忠德客体却是有条件的。这个条件就是君主应当有德，能够做到"慈厚怀人"、"抚九族以仁"、"接大臣以礼"、"奉先思孝"（《帝范·君体》），能够承载"天命"，抚育黎元。只有这样的君主才是儒家效忠的对象，

---

① ［美］约瑟夫·列文森：《儒教中国及其现代命运》，郑大华、任菁译，广西师范大学出版社 2009 年版，第 179。

在儒家看来也只有这样的君主，才能实现"邦家具泰，骨肉无虞"的太平之世。如果君主无德、失德、败德，"恣暴虐之心，极荒淫之志"，使得"大臣惜禄而莫谏，小臣畏诛而不言"（《帝范·纳谏》），儒家就会高举"道义"的大旗，轻则对君主的过错进行匡正，重则"易位"，更甚者杀之如"诛一夫"。儒家所说的"汤武革命，顺乎天而应乎人"（《周易·卦·象辞》）的合理性也就在这里。

君主要成为有德之君，就要懂得"君臣之礼节"，"知稼穑之艰难"（《帝范·帝范序》），做到心存百姓，不可"竭泽而渔"。唐太宗有言："为君之道，必须先存百姓。若损百姓以奉其身，犹割股以啖腹，腹饱而身毙。若安天下，必须先正其身，未有身正而影曲，上治而下乱者。"（《贞观政要·君道》卷一）司马迁说："未有不先形见而应随之者也。……日变修德，月变省刑，星变结和。凡天变过度，乃占。国君强大有德者昌；弱小饰诈者亡。太上修德，其次修政，其次修救，其次修禳，正下无之。"（《史记·天官书》）"修德"、"修政"、"修救"、"修禳"的有德之君才能成为儒家忠德客体。

儒家把忠君作为有条件忠德客体，其目的不是为了忠君而忠君，真正的忠臣不是为了取悦皇帝，而是为了"安上治民，宣化成德"（桓范《政要论·臣不易》）。不为百姓，只为君主尽忠的大臣不是真正的"至忠之臣"，就连武则天也认为，"忠正者，以慈惠为本，故为臣不能慈惠于百姓，而曰忠正于其君者，斯非至忠也。"（《臣轨·至忠章》）

"以道事君"自孔子创立儒家以来就始终贯穿在儒家士大夫之中，"出仕"就是以"道义"为标准的。儒家一旦发现君主有过错，偏离了"道义"的轨道，他们就会及时进谏。顾炎武说："君子之为学，以明道也，以救世也。"（《顾亭林文集·与人数二十五》卷四）李颙说："如明道存心以为体，经世宰物以为用，则体为真体，用为实用。"（《二曲集·书牍上》卷十六）奉行"以道事君"的政治原则，君主失德，纠正皇帝的过错成为儒家士人不可推卸的道德责任和道德义务。正如《说苑·臣术》所描绘的那样，他们"卑身贱体，夙兴夜寐，进贤不解，数称于往古之行事，以厉主意，庶几有益，以安国家社稷宗庙"。战国时代，有"稷下先生"如孟子、荀子等，他们"不治而议论"（《史记·田敬仲完世家》）。汉代至明清，儒家有的采取清议的方式，"不任职而论国事"（《盐铁论·论儒》）。

唐代的韩愈就是典型。他极力使儒学成为独立文化精神，提出"道统"说，以便加强对"政统"的监控，纠正君主的过失。在《谏迎佛骨表》中他极力纠正唐宪宗的错误，致使龙颜大怒，使他险些身首异处。但是，他的这种君主有错则谏的精神得到了儒士的高度评价。苏东坡在《潮州韩文公庙碑》中赞扬他说："力可以得天下，不可以得匹夫匹妇之心。故公之精诚，能开衡山之云，而不能回宪宗之惑；能驯鳄鱼之暴，而不能弭皇甫镈、李逢吉之谤；能信于南海之民，庙食百世，而不能使其身一日安于朝廷之上。盖公之所能者，天也。所不能者，人也。"（《苏轼集·潮州韩文公庙碑》卷八十六）并赞扬他是："文起八代之衰，而道济天下之溺，忠犯人主之怒，而勇夺三军之帅。"（《苏轼集·潮州韩文公庙碑》卷八十六）

范仲淹对君主不留情的劝谏导致自己被贬，但却得到了广大士人的礼赞。他这种"宁鸣而死，不默而生"（《范文正公文集·答灵乌赋》卷一）的儒家守道谏诤精神，在当时就为人所称赞。他上谏三次，三次被贬黜，而一次比一次荣耀。第一次被贬，朋友送别，说他"此行极光"。第二次被贬，朋友夸他"此行愈光"。第三次被贬，朋友说他"此行尤光"。（北宋·文莹《续湘山野录》）

用"道统"来驯服"治统"或"政统"，使君主成为有德之君，一直是儒家的追求。吕坤说："故天地间，惟理与势为最尊。虽然，理又尊之尊也。庙堂之上言理，则天子不得以势相夺。即夺焉，而理则常伸于天下万世。故势者，帝王之权也；理者，圣人之权也。帝王无圣人之理，则其权有时而屈。然则理也者，又势之所恃以为存亡者也。以莫大之权无僭窃之禁，此儒者之所不辞而敢于任斯道之南面也。"（《呻吟语·谈道》卷一）

儒家认为只有有德之君才是忠德客体，这使得历代的皇帝也不得不接受。他们为了使天下臣民臣服于自己，都努力标榜自己是"道"的继承者，是德与位的极致者，所以，历代皇帝要拜孔庙，行三跪九拜大礼，或者变着花样给孔子加上无限的光环，如称孔子为"素王"、"至圣先师"等。君主们这样做是想表明自己是道统的继承者，代表正统，目的是为了证明自己统治的合法性与合理性，以便更好地笼络儒家士人。杜维明先生指出："单凭出身高贵并不能保证一定拥有权力和影响力。一个人若想走上成功之路，就需要有文学才能、社会名誉和正直诚实。《大学》总结为'自天子以至于庶人，壹是皆以修身为本'，正表达了这种精神。"① 皇帝为了维护其统治，他们也不得不时时做到宽仁厚道，体群臣，爱民人，"处位思恭"、"倾己勤劳"（《帝范·君体》）。只有这样的有德之君，才能使臣民"事君者，竭忠义之道，尽忠义之节，服劳辱之事，当危之难，脑肝涂地，膏液润草而不辞"（《政要·论臣不易》）。

王夫之在《宋论》中说，宋代君主宽仁，"不杀士大夫"，"以宽大养士人之正气"，"文臣无欧刀之辟"，"其于士大夫也……诛夷不加也，鞭笞愈不敢施也。"② 所以，这种政治氛围下，士人积极投入朝廷。同时，在儒家强调士人"以天下为己任"，又要求君主有德，"慈厚怀民"，那么这样就很自然地得出士与皇帝共治天下的结论。也就是说，

---

① 杜维明：《杜维明文集》（第3卷），武汉出版社2002年版，第526页。
② 转引自赵园：《明清士大夫研究》，北京大学出版社1999年版，第6页。

为了国家的稳定和发展，皇帝必须与广大士大夫"共定国是"。"也正是在这一原则下，王安石才可以说：士之'道隆而德骏者，虽天子北面而向焉，而与之迭为宾主'；文彦博才可以当面向神宗说：'为与士大夫治天下'；程颐才可以道出'天下治乱系宰相'那句名言。"① 范仲淹在评价寇准时说，能够左右天子，"天下谓之大忠"，这也表明了儒家"为与士大夫共治天下"的理想政治模式。

著名历史学家余英时先生指出："尽管以权力结构言，治天下的权源仍握在皇帝的手上，但至少在理论上，治权的方向（'国是'）已由皇帝与士大夫共同决定，治权的行使更完全划归以宰相为首的士大夫执政集团了。"② 而皇帝权力的合法性又是以儒家论述的"天命"或"道"等为依据的。因此，这就构成了皇帝与士大夫相互交融治理天下的政治局面，双方之间处于统一和博弈之中。明清君主加强了君主专制，取消了宰相制度，实行铁腕统治。明代还实行廷杖，对大臣公然在朝堂上进行侮辱。在这种"弥天皆血"，"古今皆血"（《浮山文集后编》）的专制血腥统治下，广大士大夫抗争也最为激烈。他们采取遁隐、清议、武力反抗的方式来对抗这种暴政。

因此，我们说儒家把君主作为忠德的客体是有条件的，这个条件就是君主必须是有德者。儒家把君主作为有条件的忠德客体，是儒家对君主进行的一种道德捆绑、道德约束，也是一种道德激励。一方面，如果没有儒家高扬道德对君主进行道德约束，那么集权的君主就会滥施淫威，他们就会把忠当成自己谋利和贪婪的工具，这与儒家忠德精神是相悖的；另一方面对君主如果不进行道德约束，无条件地服从君主的权

---

① 余英时：《朱熹的历史世界：宋代士大夫政治文化的研究·自序二》（上），生活·读书·新知三联书店 2004 年版，第 8 页。

② 余英时：《朱熹的历史世界：宋代士大夫政治文化的研究·自序二》（上），生活·读书·新知三联书店 2004 年版，第 8 页。

威，这样就很容易滑入"愚忠"的轨道，这也是儒家所不愿意看到的。

儒家把君主有德作为有条件的忠德客体，对其进行道德约束，受到现代人的称赞。美国著名学者白璧德在《民族与领袖》一书中特别把孔子和亚里士多德并举。他认为，孔子之教能够提供民族领袖所最需要的品质。儒家"以身作则"的精神可以塑造出"公正的人"（justman），而不仅仅是"抽象的公正原则"（justice in the abstract）。这是儒家可以贡献与现代民主之所在。①

第二，民众是无条件的忠德客体。儒家认为君权来自天命，但是天命最终会落在民意上，所以儒家最终强调的还是民意。《尚书》说："天视自我民视，天听自我民听。"（《尚书·泰誓中》）《左传·襄公十四年》也说："天之爱民甚矣。岂其使一人肆于民上，以从其淫，而弃天地之性？必不然矣。"因此，儒家认为民众是无条件的忠德客体。

首先，民为邦本。儒家认为无论是为君还是为臣都应当以民为基础。民众是社会稳定的基础，民不安不富，社会就不可能稳定。《尚书·五子之歌》说："民惟邦本，本固邦宁。"孔子也说："百姓足，君孰与不足？百姓不足，君孰与足？"（《论语·颜渊》）所以，民众是忠德客体。为了忠于民众；广大儒士，尤其是儒家官僚就应当重民、教民、富民，急民之所急，想民之所想。刘向说："圣人之于天下百姓也，其犹赤子乎！饥者则食之，寒者则衣之，将之养之，育之长之，唯恐其不至于大也。"（《说苑·贵德》）

孟子提出："民为贵，社稷次之，君为轻。"（《孟子·尽心下》）他认为民众具有优先性，是统治者效力的对象，也是士人君子行忠、效忠、"作忠"②的对象。谁忠于民，为民效力，谁就会得到民心，谁就

---

① 参见余英时：《现代儒学论》，上海人民出版社2010年版，第201页。
② "作忠"，出自《礼记·坊记》："善则称君，过则称己，则民作忠。"

会得到天下。孟子说："得天下有道：得其民，斯得天下矣。得其民有道：得其心，斯得民矣。得其心有道：所欲与之聚之，所恶勿施尔也。"（《孟子·离娄上》）又说："暴其民甚，则身弑国亡；不甚，则身危国削。"（《孟子·离娄上》）所以，他总结说："得道者多助，失道者寡助。寡助之至，亲戚畔之；多助之至，天下顺之。"（《孟子·公孙丑下》）这"多助"者就是指得到民心，失去民心，一切政治权威就会失去合法性的基础。

贾谊认为，"民无不为本"。他说："闻之于政也，民无不为本也。国以为本，君以为本，吏以为本。故国以民为安危，君以民为威侮，吏以民为贵贱。此之谓民无不为本也。"（《新书·大政上》）进行政治活动，也必须忠于民，国家、君主、官吏都是以民为基础的。民是政治活动的出发点，也是政治活动的归宿。

明清之际启蒙主义思想家把民的地位提高到君位之上，认为"天下为主，君为客"，批判了明清时代"以君为主，天下为客"本末倒置的政治秩序。黄宗羲认为："古者以天下为主，君为客，凡君之所毕世而经营者，为天下也。今也以君为主，天下为客，凡天下之无地而得安宁者，为君也。"（《明夷待访录·原君》）黄宗羲认为，古代君主是客，天下的百姓是主；而明清的政治现实则是王权强化，统治者视民如土芥，君为主，天下为客，这是不合理的。他说："不以一己之利为利，而使天下受其利；不以一己之害为害，而使天下释其害。"（《明夷待访录·原君》）天下不是君主一人的天下，君主不能为了自己的一己私欲实行暴政，只有忠于民心、民本，才能使天下安宁。

谭嗣同也认为，民是忠德客体，无论是君主、王公大臣还是士人君子，都应当以民为心。他说："君末也，民本也。""君也者，为民办事者也；臣也者，助办民事者也。"（《仁学》三十一）

那种虐民、暴民的统治，更是不合理了，最终必然会被民众推翻。

王符说:"国以民为基,贵以贱为本。愿察开辟以来,民危而国安者谁也?下贫而上富者谁也?故曰:夫君国将民之以,民实瘠,而君安得肥?夫以小民受天永命,窃愿圣主深惟国基之伤病,远虑祸福之所生。"(《潜夫论·边议》)统治者不能用天下的财富供个人享受,而应当以民为本。他说:"夫为国者,以富民为本。"(《潜夫论·务本》)统治者要"诛暴除害"、以仁政待百姓。王符说:"故天之立君,非私此人也,以役民,盖以诛暴除害利黎元也。"(《潜夫论·班禄》)正是因为民为邦本,所以,历代儒家都告诫统治者要"敬事而信,节用而爱人,使民以时。"(《论语·学而》)就连宋太宗赵炅也颁布《戒石铭》,告诫百官:"尔俸尔禄,民膏民脂、下民易虐,上天难欺。"①

其次,忠君为民。儒家忠君,终极目的是为民。《尚书·泰誓》说:"天佑下民,作之君,作之师,惟其克相上帝,宠绥四方。"上天帮助下民,为民设君主,为民设师长,是为了让君主和师长能够帮助上天,安定百姓。荀子认为君主敬民是天意的安排。荀子说:"天之生民,非为君也;天之立君,以为民也。"(《荀子·大略》)立君、忠君的目的不是仅仅为君,而更重要的是为民,上天生民,不是为了君主,而是为了民众。民不安,一切安定的政治秩序都不会存在。荀子说:"马骇舆则君子不安舆,庶人骇政则君子不安位。马骇舆则莫若静之;庶人骇政则莫若惠之。选贤良,举笃敬,兴孝弟,收孤寡,补贫穷,如是,则庶人安政矣。庶人安政,然后君子安位。……故君人者欲安则莫若平政爱民矣。"(《荀子·王制》)

董仲舒认为,民是君的根本,忠君是以民为目的。他说:"天生之,地载之,圣人教之。君者,民之心也,民者,君之体也;心之所

---

① 转引自陈苏镇:《中国古代政治文化研究》,北京大学出版社 2009 年版,第304 页。

好，体必安之；君之所好，民必从之。"（《春秋繁露·为人者天》）董仲舒认为，只有君主先做到为民，亲民，然后民才能服从君主的统治。因此，他主张："薄赋敛，省徭役，以宽民力。"（《汉书·食货志》）

宋代理学家程颢做县令期间，"凡坐处皆书'视民如伤'四字，常曰：'颢常愧此四字。'"（《河南程氏外书·传闻杂记》卷第十二）"视民如伤"是孟子用来形容周文王不忘民之伤痛的形象说法。孟子称赞周文王"视民如伤，望道而未之见"（《孟子·离娄下》）。程颢用来作为自己为官的座右铭，是他忠君为民的真实写照。

程颐忠君的目的是为了劝皇帝要以生民为念，不忘民本。他曾经对宋英宗说："愿陛下以社稷为心，以生民为念，鉴苟安之弊，思永世之策，赐之省览，察其深诚，万一有毫发之补于圣朝，臣虽被妄言之诛，无所悔恨。"（《河南程氏文集·为家君应诏上英宗皇帝书》卷五）他劝宋英宗要做"以社稷为心"、"以生民为念"，要"思永世之策"，只有这样国家才能安定，社会才能发展，老百姓的生活才能富足。程颐还说："君子之道，其说于民，如天地之施，感于其心而说服无斁。故以之先民，则民心说随而忘其劳，率之以犯难，则民心说服于义而不恤其死。说道之大，民莫不知劝。劝谓信之，而勉力顺从。人君之道，以人心说服为本，故圣人赞其大。"（《周易程氏传·周易下经下·兑》卷四）程颐认为民众认同统治者的统治，是治道的根本。又说："春则因民播种而祈谷，夏则恐旱暵而大雩，以至秋则明堂，冬则圆丘，皆人君为民之心也。"（《河南程氏遗书·伊川先生语八上》卷二十二上）君主要以民为心，为百姓的丰收要四季祭天，春天祭天是为了让老百姓播种，夏天祭天是为了求雨，秋天祭天是为了表彰丰收的人，冬天祭天是为了老百姓长寿。

王阳明继承了传统儒家忠君为民的思想，也认为忠君的根本是为民，因为民是为政之本。他说："臣惟财者民之心也；财散则民聚。民者邦之本也；本固则邦宁。故文帝以赐租致富乐之效，太宗以裕民成给足之风。君民一体，古今同符。"（《王阳明全集·计处地方疏》卷十三）他在职时，时时处处要求部属重视百姓，体恤庶民。他在《行浔州府抚恤新民牌》一文中强调："各官务要诚爱恻怛，视下民如己子。处民事如家事，使德泽垂于一方，名实施于四远，身荣功显，何所不可。如其苟且目前，虚文抵塞，欺上罔下，假公营私，非但明有人非，幽有鬼责，抑且物议不容。"（《王阳明全集·行浔州府抚恤新民牌》卷三十）

最后，治国养民。就是要统治者在主观上要爱民、重民，在政治上安民、救民，在经济上富民、利民，在道德上、文化上教民。① 具体说来，治国养民主要体现在政治、经济和文化教育上。

政治上要顺从民心、尊重民意。程颢说："为政之道以顺民心为本，以厚民生为本，以安而不扰为本。"（《二程集·河南程氏文集·代吕公著应诏上神宗皇帝书》卷五）所以，国家政策的颁布，要顺民情、民心、民意，不能脱离实际。这就要求决策者遵循"敬天保民"原则，懂得"知稼穑之艰难"，"知小人之依"，了解民众的疾苦。统治者要施仁政于民，做到"推己所欲，以及天下"（《傅子·仁论》）。儒家认为不论是皇帝还是大臣，都要在施政中铭记"民为邦本"的重要性。丘濬说："'民为邦本，本固邦宁'之言，万世人君所当书于座隅，以铭心刻骨者也。"（《大学衍义补·总论固本之道》）在官吏的选择上，要"亲贤人，远小人"，任人唯贤，尤其对地方官的任用，要"精择"。宋代包拯说："民者，国之本也。财用所出，安危所系，当务安之为急。安之在精择郡守、县令，及渐绝无名之率尔。"（《包拯集校注·请罢天

① 参见周桂钿：《中国传统政治哲学》，河北人民出版社 2007 年版，第 308—320 页。

下科率》卷四）各级官吏要明白是民众养活了官吏，在施政过程中不能欺压百姓。柳宗元说："凡吏于土者，若知其职乎？盖民之役，非以役民而已也。凡民之食于土者，出其十一佣乎吏，使司平于我也。"（《柳宗元集·送薛存义之任序》卷二十三）意思是说，地方官吏要懂得自己的职责是为民而役使的，民众拿出收入的十分之一来养活官吏，是为了让官员主持正义，秉公办事。所以，《戒石铭》也告诫官员："下民易虐，上天难欺。"

经济上要惠民、利民、富民。民富是国富的前提。孔子提出"博施于民而能济众"（《论语·雍也》）。孟子要求"制民之产"，他说："民之为道也，有恒产者有恒心，无恒产者无恒心。苟无恒心，放辟邪侈，无不为己。"（《孟子·滕文公上》）要求统治者"省刑罚，薄税敛"（《孟子·梁惠王上》）。为了富民，孟子还提倡实行"井田制"。他说："方里而井，井九百亩，其中为公田。八家皆私百亩，同养公田。公事毕，然后敢治私事。"（《孟子·滕文公上》）这样老百姓就可以在自己的私田上种植农作物，保证"七十者衣帛食肉，黎民不饥不寒"。他说："五亩之宅，树之以桑，五十者可以衣帛矣。鸡豚狗彘之畜，无失其时，七十者可以食肉矣。百亩之田，勿夺其时，数口之家可以无饥矣。"（《孟子·梁惠王上》）那种"暴其民甚"的行为无异于"率兽而食人"。孟子说："庖有肥肉，厩有肥马，民有饥色，野有饿莩，此率兽而食人也。"（《孟子·梁惠王上》）因此，统治者要利民、惠民，与民同乐，施恩于民。孟子说："保民而王，莫之能御也。"（《孟子·梁惠王上》）又说："故推恩足以保四海，不推恩无以保妻子。"（《孟子·梁惠王上》）荀子强调，"节用裕民，而善藏其余"（《荀子·富国》）。贾谊认为统治者要"以富乐民为功，以贫苦民为罪。"（《新书·大政上》）还说："民不足而可治者，自古及今，未之尝闻。"（《新书·论积粟疏》）傅玄认为，只有民无衣食住行之忧，民才能乐生，国家的安定才有可能。他说："衣足以暖身，食足以充口，器足以给用，居足以避风雨。养以大道，而民乐其生。"（《傅子·检商贾》）朱熹认为民富是君富的前提。朱熹说："民富，则君不至独贫；民贫，则君不能独富。有若深言君民一体之意，以止公之厚敛，为人上者所宜深念也。"（《论语集注·颜渊》）朱熹认为，富民之本在农。他说："窃惟民生之本在食，足食之本在农，此自然之理也。"（《朱熹集·劝农文》卷九十九）因此，治国的目的是为了惠民、利民和富民。

在文化教育上要使民知礼节、懂得孝悌之义。儒家重视民众的教育，教民懂得古代圣贤的道理，使之成为有德的君子。孔子和学生讨论了这个问题。"子适卫，冉有仆。子曰：'庶矣哉！'冉有曰：'既庶矣，又何加焉？'曰：'富之。'"（《论语·子路》）他自己教育学生，有教无类，不分贵贱。孔子认为，统治者不仅要教民众学习文化知识和为人之道，使他们懂得劝善黜恶，而且也要宣传国家政策，让民众知道国家政策、遵守国家政策，不能实行愚民政策。他说："不教而杀谓之虐；不戒视成谓之暴；慢令致期谓之贼；犹之与人也，出纳之吝谓之有司。"（《论语·尧曰》）认为"不教而杀"是"四恶"之一。孟子也重视民众教育。孟子说："仁言不如仁声之入人深也，善政不如善教之得民也。善政，民畏之；善教，民爱之。善政得民财，善教得民心。"（《孟子·尽心上》）荀子认为，人性恶，只有通过后天的教育才能使人成为善，善民也是教育的结果。他说："人之性恶，其善者伪也。"（《荀子·性恶》）荀子还认为忠于民众要"垂事养民"（《荀子·富国》），应用文化道德知识教育百姓。他说："厚德音以先之，明礼义以道之，致忠信以爱之。"（《荀子·王霸》）总之，荀子认为，"治万变，材万物，养万民"（《荀子·富国》），这是统治者和广大士人的责任和义务。他说："天之所覆，地之所载，莫不尽其美，致其用，上以饰贤良，下以养百姓，而安乐之。"（《荀子·王制》）

总之，在儒家忠德看来，"虽官有百职，职有百务"，但是"要归于养民"（《潜书·考功》）。"养民"是百官百职的最后归宿。任何官员都要做到以"富民为功"（《潜书·考功》），因为民是一切政治的出发点和归宿，是无条件的忠德客体。

第二节　忠德实践类型

儒家忠德不仅强调理论的探讨，而且关注忠德的实践活动。忠德的实践形式多种多样，概括起来说，主要有立德、立言、立功三种实践类型。《左传·襄公二十四年》说："大上有立德，其次有立功，其次有立言，虽久不废，此之谓不朽。"立德、立言和立功是儒家追求的"三不朽"，也是儒家忠德实践的主要类型。

一、立德之忠

立德之忠是一种德性实践，是实践主体自身具有的一种分辨善恶的品质和能力。立德之忠的"德"是道德和伦理的主体化、个性化的结果。这种"德性能透过身体之内部而表现出来，则德性兼能润泽人之自然身体之生命，此之所谓'德润身'、'心广体胖'"。而"中国儒者所讲之德性，依以前我们所说，其本原乃在我们之心性，而此性同时是天理，此心亦通于天心。此心此性，天心天理，乃我们德性的生生之源，此德性既能润泽我们之身体，则此身体之存在，亦即为此心此性之所主宰，天理天心之所贯彻，因而被安顿调护，以真实存在于天地之间"。① 这种立德之忠往往是通过忠德实践主体的行为体现出来。《左传·襄公二十四年》说："德，国家之基也。有基无坏，无亦是务乎！有德则乐，乐则能久。"德性是国家长治久安、社会稳定、人际关系和

---

① 张君劢：《新儒家思想史》，中国人民大学出版社 2006 年版，第 573 页。

谐的基础。当然，一个人德性的形成，不是天生，而是后天学习的结果。儒家立德之忠的德性也是如此。所以，儒家反复强调一个人从摇篮到坟墓，从君主到庶民都要修德践行。《大学》说："自天子以至庶人，壹是皆以修身为本。"那么，如何做才是立德之忠？

第一，忠德行为主体要做到修身、治身。修身本身就是立德之忠的体现。如遇见困难不逃避、做事谨慎、做人谦虚、待人真心诚意等，这些都是需要修身才能做到。《吕氏春秋·季春纪·先己》说："成其身而天下成，治其身而天下治。"并且认为，治身、修身与治国、理政是一体的。"治身与治国，一理之术也。"（《吕氏春秋·审分览·审分》）既然治身、修身与治国、理政是"一理之术"，所以，修身、治身也是一种忠德行为。

儒家重视修身。孔子说："其身正，不令而行；其身不正，虽令不从。"（《论语·子路》）又说："苟正其身矣，于从政乎何有？不能正其身，如正人何？"（《论语·子路》）古代的颜回，并没有丰功伟绩，他经商不如子贡，武备不如子路，但是他的德性修养好，虽处穷巷，不改其乐。这正是孔子赞美他的原因。他说："贤哉回也！一箪食，一瓢饮，在陋巷，人不堪其忧，回也不改其乐。贤哉回也！"（《论语·雍也》）颜回死了，孔子痛惜地说："天丧予！天丧予！"（《论语·先进》）所以，儒家认为，立德之忠修身是第一等的大事。处于儒家"大纲"地位的《大学》也是把"修身"放在第一位的。修身是目的和手段的统一，也就是说，修身是为了"修己安人"，"修己以安百姓"（《论语·宪问》）。因此，立德之忠的第一要素是修身，通过修身来做到"安人"和"安百姓"的目的。

第二，要坚守正道，从善如流，做到尽心、诚心待人。孔子说："居处恭，执事敬，与人忠。"（《论语·子路》）待人要恭，执事要敬，为人要忠，这是从行动上来体现立德之忠。曾子说："吾日三省吾身：

为人谋而不忠乎？与朋友交而不信乎？传而不习乎？"（《论语·学而》）"忠"、"信"、"习"三者互为一体，是立德之忠的根本，朱熹解释忠、信、习时说："尽己之谓忠，以实之谓信。传谓受之于师，习谓熟之于己。曾子以此三者日省其身，有则改之，无则加勉，其自治诚切如此，可谓得为学之本矣。而三者之序，则又以忠信为传习之本也。"（《论语集注·学而》）儒家认为，立德之忠需要坚守正道，做到尽心，对善与恶要有理性的分析能力，做到从善如流，当仁不让，对不善和邪恶要伸张正义。孔子说："见善如不及，见不善如探汤。"（《论语·季氏》）荀子说："见善，修然必以自存也；见不善，愀然必以自省也。善在身，介然必以自好也；不善在身，灾然必以自恶也。故非我而当者，吾师也；是我而当者，吾友也；谄谀我者，吾贼也。"（《荀子·修身》）

无论是天子、诸侯、卿大夫、士、庶人等社会各个角色都做到待人仁慈，尽心，对自己要有严格的要求，不能无端地责怪别人，做到"反求诸己"。孟子曾经通过射箭的比喻来说明"反求诸己"的修身道理。他说："仁者如射，射者正己而后发；发而不中，不怨胜己者，反求诸己而已。"（《孟子·公孙丑上》）"反求诸己"如同射箭，自己没有射中，不要怨恨嫉妒别人，而是要反省自己是否尽心了。只有这样，才能"存心"、"养性"，提高自己的道德修养，才能在社会中建功立业。

诚心，就是忠诚，不欺诈。《大学》说："所谓诚其意者，毋自欺也。"这种诚心，是"不以暗中作恶无人知晓而自安，不以超过实际的虚名而自喜，不以出于不正的动机而取得的某些效果等等"。① 宋代范仲淹对"自欺"做过精彩的分析。他说："知善之可好而勿为，是自欺；知不善之可恶而姑为之，是自欺；实无是善而贪其名，是自欺；实

---

① 张锡勤：《中国传统道德举要》，黑龙江大学出版社 2009 年版，第 192 页。

有是恶而辞以过，是自欺；实所不知而曰我知之，是自欺；色取仁而居之不疑，是自欺；求诸人而无诸己，是自欺；有诸己而非诸人，是自欺。其目殆未可殚言而悉数也。"（《宋元学案·范许诸儒学案·香溪文集·慎独斋记》卷四十五）因此，诚信是一种对真实、善和仁的追求与践行，是对虚伪与欺骗的抗议。

第三，具有献身的行为和精神。儒家素来强调"身"的重要性，认为"敬身为大"（《礼记·哀公问》），"守身为大"（《孟子·离娄上》），时时强调"不亏其体，不辱其身"（《礼记·祭义》）。身体是一切人伦存在的根源，没有身体作为物质载体，人类一切存在都将成为不可能，更不用说要在社会中"立德、立言、立功"了。《周易·序卦》说："有男女然后有夫妇，有夫妇然后有父子，有父子然后有君臣，有君臣然后有上下，有上下然后礼义有所错。"身体的存在是人类社会存在的基础，又是立德之忠的实践载体。王夫之说："即身而道在。"（《尚书引义》卷四）明代王艮说："身与道原是一件，至尊者此道，至尊此身。尊身不尊道，不谓之尊身；尊道不尊身，不谓之尊道。须道尊身尊才是至善。"（《明儒学案·泰州学案二·语录》）可见儒家对"身"的重视。所以，"失身"对儒家来说是件十分重要的道德事件。儒家越是强调"身"的重要性，那么，一个人在主动"献身"的时候就越会彰显"献身"者道德价值。所以，儒家在政治上常常把"身"与政治联系起来，把身体的某些部位与具体的官职联系起来。

《黄帝内经·素问》有一段著名的论述身体与官职相类比的文字："心者，君主之官也，神明出焉。肺者，相傅之官，治节出焉。肝者，将军之官，深虑出焉。胆者，中正之官，决断出焉。膻中者，臣使之官，喜乐出焉。脾胃者，仓廪之官，五味出焉。大肠者，传道之官，变化出焉。小肠者，受盛之官，化物出焉。肾者，作强之官伎巧出焉。三焦者，决渎之官，水道出焉。膀胱者，州都之官，津液藏焉，气化则能出矣。凡此十二官者，不得相失也。"这段文字生动地把身体和各个官职联系起来了，由此说明"身"的重要性。

董仲舒更加明确地把官职比喻为身体的各个部位，并以此详细地说明官员应当具有的德性。他说："一国之君，其犹一体之心也。隐居深宫，若心之藏于胸，至贵无与敌，若心之神无与双也。其官人上士，高清明而下重浊，若身之贵目而贱足也。任群臣无所亲，若四肢之各有职也。内有四辅，若心之有肝肺脾肾也；外有百官，若心之有形体孔窍也。亲圣近贤，若神明皆聚于心也。上下相承顺，若肢体相为使也。布恩施惠，若元气之流皮毛腠理也。百姓皆得其所，若血气和平，形体无所苦也。无为致太平，若神气自通于渊也。致黄龙凤皇，若神明之致玉女芝英也。君明臣蒙其功，若心之神体得以全。臣贤君蒙其恩，若形体之静而心得以安。上乱下被其患，若耳目不聪明，而手足为伤也。臣不忠而君灭亡，若形体妄动而心为之丧。是故君臣之礼，若心之与体。心不可以不坚，君不可以不贤；体不可以不顺，臣不可以不忠。心所以全者，体之力也。君所以安者，臣之功也。"（《春秋繁露·天地之行》）董仲舒通过官职和身体之间的类比，论证了献身对国家的价值和意义。

儒家重视身体，有时候把"元首"比喻为君主，把"肱股"比喻为臣下，以此来彰显"君臣一体"，说明君臣关系的重要性。《尚书·益稷》说："元首明哉，肱股良哉，庶事康哉。"《左传·僖公九年》说："臣竭其肱股之力。"《左传·昭公九年》说："君之卿佐，是谓肱股，肱股或亏，何痛如之？"有时用"身"或"手足"来比喻。孔子说："苟正其身矣，于从政乎何有？不能正其身，如正人何？"（《论语·子路》）这里以"正身"来论证从政"正人"的功能。他还说："民以君为心，君以民为体。"（《礼记·缁衣》）这里以"心"与"体"来比喻君与民的关系。孟子说："君之视臣如手足，则臣视君如腹心。"（《孟子·离娄下》）荀子也说："故天子不视而见，不听而聪，不虑而

161

知，不动而功，快然独坐而天下之如一体，如四肢之从心，夫是之谓大形。"（《荀子·君道》）这种把身体比喻政治的儒家"身体政治"思维模式，足以表明了儒家对身的重视。所以，《吕氏春秋》说："治身与治国一理之术也。"（《吕氏春秋·审分览·审分》）《吕氏春秋·审分览·执一》记载了一段身与国家的经典对话："楚王问为国于詹子。詹子对曰：'何闻为身，不闻为国。'詹子岂以国可无为哉？以为为国之本，在于为身。身为而家为，家为而国为，国为而天下为。故曰：以身为家，以家为国，以国为天下。此四者异位同本。故圣人之事，广之，则极宇宙，穷日月；约之，则无出乎身者也。"由詹子这段话的逻辑，"以身为家，以家为国，以国为天下"，由此可以推出"以身为国"，"以身为天下"的重要性。

正是因为身体与君王、臣下、国家、天下有不可分离的关系，在某种程度上它们是一体化的存在，具有重要的道德价值。所以，当一名官员或者平民百姓愿意为国家、天下和他人献身的时候，其意义就显得十分重大，因而为国献身就成为儒家立德之忠极为重要的实践行为。

儒家认为立德之忠，应当做到"竭忠义之道，尽忠义之节，服劳辱之事，当危之难，脑肝涂地"，"以安上治民，宣化成德"（桓范《政要论·臣不易》），或者做到"臣忠于其主，以身代君死"①（《励忠节钞·忠臣部》卷一）。

弘演纳肝就是著名案例。《韩诗外传》详细地记载了这件事："卫懿公之时，有臣曰弘演者，受命而使。未反，而狄人攻卫。于是懿公欲兴师迎之。其民皆曰：'君之所贵而有禄位者，鹤也。所爱者，宫人也。亦使鹤与宫人战。余安能战！'遂溃而皆去。狄人至，攻懿公于荥

---

① 转引自屈直敏：《敦煌写本类书〈励忠节钞〉研究》，民族出版社 2007 年版，第 210 页。

泽，杀之。尽食其肉，独舍其肝。弘演至，报使于肝。辞毕，呼天而号。哀止，曰：'若臣者，独死可耳。'于是遂自刳，出腹实，内懿公之肝，乃死。桓公闻之曰：'卫之亡也，以无道也。今有臣若此，不可不存。'于是复立卫于楚丘。"（《韩诗外传》卷七）这事件在《吕氏春秋》、《新序》、《论衡》中也有记载，可信度应该是比较高的。弘演肯为君王牺牲自己的身体，他剖腹纳肝，被历代视为忠臣的典范而备受推崇。唐太宗曾经感叹像弘演这样的忠臣恐怕现在是不可得了。他说："狄人杀卫懿公，尽食其肉，独留其肝。懿公之臣弘演呼天大哭，自出其肝，而内懿公之肝于其腹中。今觅此人，恐不可得。"（《贞观政要·论忠义》卷五）

屈原是为国家而献身的伟大代表。屈原"信而见疑，忠而被谤"（《史记·屈原贾生列传》），最后自沉汨罗江为国献身，他的这种立德爱国之忠为历代所称颂。王逸在《楚辞章句》中称赞屈原是，"执履忠贞"，"危言以存国，杀身以成仁。"（王逸《楚辞章句》卷一）司马迁说他是，"信而见疑，忠而被谤"，"正道直行"，"竭忠尽智"（《史记·屈原贾生列传》）。屈原用自己的献身行为演绎了一曲"死有重于泰山"的献身之忠。他对国家、故土怀有深厚的感情。他在《九章·哀郢》中写道："望长楸而太息兮，涕淫淫其若霰。过夏首而西浮兮，顾龙门而不见。"又说："鸟飞反故乡兮，狐死必首丘。"对人民和国家，他抱有无限的关切。他在《离骚》中写道："长太息以掩涕兮，哀民生之多艰。"并且指责楚国的统治者"众皆竞进亦贪婪兮，凭不厌乎求索"，这些统治者对民众进行了无耻的搜刮。他认为统治者应当做到以民为德，要有颗无私爱民的心。他说："皇天无私阿兮，览民德焉错铺。"（《离骚》）这样一位有德之士，最后在绝望中自沉汨罗江，他用自己的身体为国殉情。因此，在儒家看来这种牺牲精神弥足珍贵，所以屈原历代受到人们的称赞。需要说明的是，尽管儒家把献身作为立德之忠的一种方式，但不是强调做无意义的牺牲，不是一种机械地非理性的"愚忠"，不是"平时袖手谈心性，临危一死报国君"的自我献祭，而是一种道德智慧，一种理性的价值选择。范睢说："臣死而秦治，贤于生也。"（《战国策·秦策》）如果一个人的死能够对国有利，那么这种献身是有价值的，这才是真正献身之忠。

总之，儒家立德之忠主张通过修身、治身、坚守正道和献身方式来实现。我们在肯定儒家立德之忠的时候，想起了爱因斯坦在悼念居里夫人时说过的话："第一流人物对于时代和历史进程的意义，在其道德方面，也许比单纯的才智成就方面还要大，即使是后者，它们所取决于品格的程度，也远超过平常人所认为的那样。"① 这句话如果用来评价儒家立德之忠大概也是合适的。

二、立言之忠

立言之忠是儒家忠德历史实践重要的方式之一。儒家士大夫用进谏、奏折、文章、诗歌等方式来表达自己的观念，其目的是为了"拯风俗之流通"，救"世途之凌夷"（《抱朴子外篇·辞议》），或者是为了"经夫妇，成孝敬，厚人伦，美教化，移风俗"（《毛诗正义》卷一）。也就是张载说的"为天地立心，为生民立命、为往圣继绝学，为万世开太平"。立言之忠也是儒家追求"三不朽"价值理想的重要途径。大致说来，立言之忠在实践中主要体现在三个方面：一是清议，二是不虚美、不隐恶，三是直言进谏。

第一，清议。清议是士大夫以臧否人物、评论时政的一种方式。在野的士人如果一旦被清议所贬斥，则会斯文扫地，名誉尽失；在朝的仕人一旦"负天下之清议"，则会丢官罢职、终身不齿。清议对个人、社

---

① 转引自孙昌武：《柳宗元评传》，南京大学出版社 1998 年版，第 380—381 页。

会世风、吏治起到了激浊扬清的舆论监督作用。顾炎武详细阐释了清议的特点和作用，他说："古之哲王所以正百辟者，既已制官刑儆于有位矣，而又为之立闾师，设乡校，存清议于州里，以佐刑罚之穷。'移之郊遂'，载在《礼经》；'殊厥井疆'，称于《毕命》。两汉以来犹循此制，乡举里选，必先考其生平，一玷清议，终身不齿。君子有怀刑之惧，小人存耻格之风，教成于下而上不严，论定于乡而民不犯。降及魏晋，而九品中正之设，虽多失实，遗意未亡。凡被纠弹付清议者，即废弃终身，同之禁锢。"（《日知录·清议》卷十三）

最典型的是东汉末年的太学生运动。汉代末年由于党锢之祸接二连三发生，宦官和外戚轮流专权，察举征辟制度日趋腐败，州郡牧守为了巴结朝中权贵，向朝廷推荐的所谓"名士"，往往是名不副实，真正的"名士"则被排斥在朝廷之外。当时民间流传这样的说法："举秀才，不知书；察孝廉，父别居；寒清素白浊如泥，高第良将怯如鸡。"（《抱朴子外篇·审举》）这些太学生对腐败的朝政，进行贬斥。东汉李膺便是清议的代表，时人谓之为"八骏"之首。他领导太学生与宦官进行斗争，"激扬名声，互相题拂；品核公卿，裁量执政"（《后汉书·党锢列传》）。汉桓帝延熹五年（162年）为官清廉、不畏权贵、不与宦官同流合污的皇甫规被诬陷，以张凤为代表太学生三百多人会同若干名朝中官僚，一起为他陈诉，使得朝廷被迫释放皇甫规（《后汉书·皇甫规传》）。清议使得"豪俊之夫，屈于鄙生之议"（《后汉书·儒林列传下》），使得当时的"自公卿以下，莫不畏其贬议，屣履到门"（《后汉书·党锢列传》）。

明代东林党的清议也是立言之忠的重要体现。明代东林党以东林书院为中心，以讲学的方式，奉行以"会以明学，学以明道"为基本宗旨，"往往讽议朝政，裁量人物"（《明史·顾宪成传》）。他们以孔孟、程朱之道为评议时政的标准，对晚明腐败的政治进行了激烈的批评。东林书院从 1604 年修复到 1625 年被拆毁，只有短短的 20 年，但是却成为当时全国的舆论中心。主要代表有顾宪成、高攀龙、顾允成、安希范、刘元珍、叶茂才、钱一本、薛敷教，被称为"东林八君子"。东林党这种清议涉及国家的政治、经济、教育等多个层面，对晚明社会的发展具有积极的影响。

如果说东汉太学生和东林党的清议是以政治为中心，目的是为了正风俗，美教化，那么魏晋玄学家清谈的价值在于张扬个性、爱善疾恶。魏晋玄学家如何晏、傅嘏、夏侯玄等人的谈资主要是《周易》、《老子》、《庄子》，谓之"三玄"。他们"言虚胜"、"尚玄远"，谈论的主要问题涉及有无论、养生论、自然名教论、言尽意论、才性论等，而不会具体谈论如何治理国家、如何富国强兵的问题。魏晋玄学家的清谈是多种因素构成的，但是与当时黑暗政治、森严的等级制度有关。这种清谈对促进魏晋思想的发展起到了重要作用。田文棠说："魏晋清谈与魏晋三大主流思潮（即名理学、玄理学、佛理学）的形成发展有着极为密切的关系；如果没有魏晋清谈的酵母和助产作用，魏晋思想的形成发展也是不可能的，当然，对于魏晋思想的发展给予魏晋清谈的促进作用也不应当忽视。"① 这种清谈有助于人性的觉醒和思想解放。从历史上看魏晋人性觉醒和思想解放，是继先秦百家争鸣之后的第二次，在中国历史上具有重要意义。这是忠德历史实践的另外一种重要的形式。

第二，不虚美、不隐恶。就是在面对事实本身的时候，记录人对事件采取价值中立的态度，全面而客观地记录事实的真相，不"饰非文过"、"曲笔诬书"，尽量避免附加记录者个人喜怒哀乐的情感因素。同时，在面对权势和金钱等外在诱惑的时候，记录者能够把持自己，坚守正道，不为外在利益所迷惑。

---

① 田文赏：《魏晋三大思潮论稿》，陕西人民出版社 2008 年版，第 9 页。

　　《左传·宣公二年》记载说："乙丑，赵穿攻灵公于桃园。宣子未出山而复。大史书曰：'赵盾弑其君。'以示于朝。宣子曰：'不然。'对曰：'子为正卿，亡不越竟，反不讨贼，非子而谁？'宣子曰：'呜呼，"我之怀矣，自诒伊戚"，其我之谓矣！'孔子曰：'董狐，古之良史也，书法不隐。赵宣子，古之良大夫也，为法受恶。惜也，越竟乃免。'"乙丑，赵穿在桃园杀了晋灵公。赵盾当时还没有走出晋国国界，听说了这事就赶回来了。太史记载说是"赵盾弑其君"。赵盾辩解。太史说，他是正卿，逃亡没有离开国境，回朝又没有讨伐弑君的凶手，这笔账应该算在赵盾的头上。赵盾终于接受了这个说法。孔子称赞董狐是个好的史官，夸赞他能"书法不隐"，同时也称赞赵盾（赵宣子）是个好大夫能"为法受恶"。这是"不虚美、不隐恶"立言之忠的典型。赵盾是当时晋国的中军主帅，其地位相当于后代的宰相。他拥兵自重，蔑视晋国国君。赵穿是赵盾的侄儿，他在赵盾的庇护下获得权势，赵穿杀死晋国国君的时候，赵盾试图逃离朝廷，回朝之后，他又不缉拿凶犯。因此，晋国国君被弑，赵盾有不可推卸的责任。所以，太史记载说："赵盾弑其君。"尽管赵盾起初为自己辩解，但是，他自己也不能用权力干预史官真实地记录这件事。史官这种"书法不隐"，"不虚美、不隐恶"的立言之忠为历代儒家所称赞。

　　"不虚美、不隐恶"的立言之忠最伟大的代表是司马迁。班固在《汉书·司马迁传》这样评价他："论大道而先黄、老而后六经，序游侠则退处士而进奸雄，述货殖则崇势利而羞贱贫，此其所蔽也。然自刘向、扬雄博极群书，皆称迁有良史之材，服其善序事理，辨而不华，质而不俚，其文直，其事核，不虚美，不隐恶，故谓之实录。"司马迁这种"实录"精神是立言之忠的体现。

　　司马迁反对"誉者或过其实，毁者或损其真"（《史记·仲尼弟子列传》）的态度，反对立言者的主观臆断。例如，他反对秦朝的专制暴政，但是对秦朝的统一又加以肯定。他颂扬了项羽灭秦之功，但对他的残暴不仁又进行深刻的揭露和批判。司马迁虽然私淑孔子，说："余读孔氏书，想见其为人"，也称赞孔子为"至圣"。（《史记·孔子世家》）但是，不唯孔子为唯一标准。孔子曾经说："唯女子与小人为难养也，近之则不逊，远之则怨。"（《论语·阳货》）但是，司马迁并没有轻视女性。他在《史记》中描写了许多女性的光彩夺目的形象。按照《史记》的体例，他把吕后写进了"本纪"，后妃写进了"世家"，等等。

同时，为了写好《史记》，做到"不虚美，不隐恶"，司马迁并不满足于"天下遗文古事，靡不毕集太史公"的书本资料，而是亲自进行实地考察，广泛搜集其它资料，"网罗天下放失旧闻"（《史记·太史公自序》）。他在《太史公自序》中记录了自己实地考察过的地方，说："二十而南游江、淮，上会稽，探禹穴，窥九疑，浮于沅、湘；北涉汶、泗，讲业齐、鲁之都，观孔子之遗风，乡射邹、峄；厄困鄱、薛、彭城，过梁、楚以归。"（《史记·太史公自序》）他行经大半个中国，目的是为了收集可靠真实的史料。"求古诸侯之史记"（《太平御览·职官部三十三》卷二百三十五）是他游历的主要目的。在《史记》中他多次提到自己游历考察的收获。例如，在《五帝本纪》中说："余尝西至空桐，北过涿鹿，东渐于海，南浮江淮矣，至长老皆各往往称黄帝、尧、舜之处，风教固殊焉，总之不离古文者近是。"（《史记·五帝本纪》）在《孔子世家》中说："适鲁，观仲尼庙堂车服礼器，诸生以时习礼其家，余祗回留之不能去云。"（《史记·孔子世家》）在《春申君列传》中说："吾适楚观春申君故城，宫室盛矣哉。"（《史记·春申君列传》）在《屈原贾生列传》中说："适长沙，观屈原所自沈渊，未尝不垂涕，想见其为人。及见贾生吊之，又怪屈原以彼其材，游诸侯，何国不容，而自令若是。"（《史记·屈原贾生列传》）在《河渠书》、《魏世家》、《淮阴侯列传》、《樊郦滕灌列传》、《龟策列传》等《史记》体例中都谈到了自己亲自游历考察的情况。司马迁这种"实录"的立言之忠的精神成就了《史记》的不朽，也成就了自己的不朽。所以，鲁迅称之为"史家之绝唱，无韵之离骚"。

不仅如此，司马迁还忠于史学事业和史德。他在《报任安书》中说："亦欲以究天人之际，通古今之变，成一家之言。"（《汉书·司马迁列传》）所以，在受宫刑之后，他没有自杀，而是"隐忍苟活"，坚持把《史记》写完。司马迁因为李陵事件而得罪朝廷，被判罪下狱，定为"诬罔罪"，这是死罪。但按照西汉的法律，纳钱五十万，可以勉死一等。五十万钱，约合黄金五十斤。但是，司马迁虽官为太史，家中却拿不出五十万钱。依据当时的规定，拿不出五十万钱，又想活命，可以请受宫刑。司马迁受父亲临终遗嘱，又加之完成《史记》是他一生的志愿，所以，他没有选择自杀，在万般无奈之下，才接受了宫刑。宫刑，对男子来说，不仅代表肉体的损害，而且更重要的是精神的打击和屈辱。司马迁自己说："故祸莫憯于欲利，悲莫痛于伤心，行莫丑于辱先，而诟莫大于宫刑。"（《汉书·司马迁列传》）可以说，对正常的男子来说，宫刑（腐刑）是最为惨烈的一种对人性摧残的刑罚。司马迁说："太上不辱先，其次不辱身，其次不辱理色，其次不辱辞令，其次诎体受辱，其次易服受辱，其次关木索被箠楚受辱，其次剔毛发婴金铁受辱，其次毁肌肤断支体受辱，最下腐刑，极矣。"（《汉书·司马迁列传》）所以，遭受宫刑不只是意味着肉体的损害，而是一种精神和肉体都遭受极大摧残的双重刑罚。司马迁受刑后痛苦地说："肠一日而九回，居则忽忽若有所亡，出则不知所如往。每念斯耻，汗未尝不发背沾衣也。"（《汉书·司马迁列传》）在这种屈辱的精神和肉体打击下，他完成了《史记》这部百科全书式的巨著。这部巨著对先秦史籍和文献做了集大成的总结。宋代著名史学家郑樵高度评价《史记》说："百代而下，史官不能易其法，学者不能舍其书，六经之后世，惟有此作。"

（《通志·总序》）清代史学家赵翼评价说："司马迁参酌古今，发凡起例，创为全史。本纪以序帝王，世家以记侯国，十表以系时事，八书以详制度，列传以志人物，然后一代君臣政事，贤否得失，总汇于一编之中。自此例一定，历代作史者遂不能出其范围，信史家之极则也。"（《廿二史札记》卷一）张大可先生评价说："《史记》褒贬，突破了不及君亲的饰讳藩篱，'贬天子，退诸侯，讨大夫'，敢于揭露现存统治秩序的种种黑暗，'不虚美，不隐恶'，创造了崭新的直笔境界，是一个划时代的进步。"① 他之所以能有这样大的成就，与他忠于"史德"、"史才"、"史识"，坚持不虚美、不隐恶的实录精神是分不开的。无疑，司马迁是立言之忠的典范，他永远昭示着后人为真理和正义而奋斗。

第三，直言进谏。直言进谏是立言之中又一个重要的方面。我国自古以来完备的谏官制度为儒家士大夫的直言进谏提供了条件。《辞源》"谏官"条说："掌谏诤之官员。汉班固《白虎通·谏诤》：'君至尊，故设辅弼置谏官。'谏官之设，历代不一，如汉唐有谏议大夫，唐又补阙、拾遗，宋有左右建议大夫、司谏、正言等。"谏的形式多种多样，有言谏、古训谏，最严肃的是尸谏。在儒家忠德看来，直言进谏是立言之忠的重要的形式之一。直言进谏秉承"杀身成仁"、"舍生取义"的精神，是对君主、王公大臣的过错和邪恶的抗争。

我国早在春秋战国时期就形成了以"六经"为主体的古代教育系统，直言进谏是其教育的重要内容。《国语·楚语上》说："教之《春秋》，而为之耸善而抑恶焉，以戒劝其心；教之，《世》，而为之昭明德而废幽昏焉，以休惧其动；教之《诗》，而为之导广显德，以耀明其志；教之《礼》，使知上下之则；教之《乐》，以疏其秽而镇其浮；教之《令》，使访物官；教之《语》，使明其德，而知先王之务，用明德

---

① 张大可：《司马迁评传》，南京大学出版社1994年版，第209页。

于民也；教之《故志》，使知废兴者而戒惧焉；教之《训典》，使知族类，行比义焉。"这种"耸善而抑恶"、"昭明德而废幽昏"、"耀明其志"、"知上下之则"、"使明其德"等，就是忠谏直言的主要内容。

黄宗羲说："天下不能一人而治，则设官以治之；是官者，分身之君也。孟子曰：天子一位，公一位，侯一位，伯一位，子男一位，凡五等。君以为，卿一位，大夫一位，上士一位，中士一位，下士一位，凡六等。……非独至于天子遂截然无等级也。"（《明夷待访录·置相》）按照黄宗羲的逻辑，天下不是君主一个人的，而是众人的，天子也不是高高在上的，天子只不过也如公侯伯子男一样是政府中的一个官职。因此，要治理好天下，也不是君王一个人能够做得到的，而是需要众人的参与。所以，君王不能视天下为自己的家事。如果只让君主一人治理天下，天下必然大乱。所以，需要忠谏之人和设立谏官制度，以便对君王为中心的统治集团的过失能及时纠正，避免不必要的损失。

《逸周书·谥法》说："危身奉上曰忠。"《唐会要·谥法上》认为，为臣之忠有七类："危身奉上"、"让贤尽诚"、"危身利国"、"临患不反"、"安居不念"、"盛衰纯固"、"康方公正"。而在这七类忠臣之中，"危身奉上"、"危身利国"对儒臣来说，往往需要直言进谏才能体现出来。徐复观先生说："纳谏是中国政治思想上妇孺皆知的大经，而杀谏臣、杀忠臣也是中国政治现实中的家常便饭。"[1] 尽管纳谏有轻则被贬、重则致死的危险，但是直言进谏一直是历代儒家士大夫所推崇一种忠德实践形式，因为纳谏被贬或者被杀往往被视为忠臣的典范，甚至视"武官死战，文官死谏"为一种荣耀。孟子认为忠言直谏是臣子的职责。他说："君有大过则谏，反覆之而不听，则易位。"（《孟子·万章下》）君主有过错，臣子应当及时劝谏，否则是就失职，但是如果

---

[1] 徐复观：《学术与政治之间》，华东师范大学出版社2009年版，第58页。

君主对臣下的多次谏言置之不理，臣子可以为了正义而推翻君主。当然，"易位"是在君主严重失职的情况下做出的选择，平时臣子谏言的主要目的是"格君心之非"（《孟子·离娄上》）。

事实上，直言进谏是多方面的，可以指责皇帝执政方面的过失，如滥用刑罚、授官不公、穷兵黩武等；也可以指责皇帝的生活作风问题，如奢侈淫欲，不守先帝遗训等。因此，直言进谏可以起到监督的作用，对治国安邦具有重要的价值。

例如，著名理学大师张栻因为直言进谏有功而受到礼赞。宋孝宗曾经说他是"伏节死义之臣，难得"时，张栻回答说："当于犯颜敢谏中求之。若平时不能犯颜敢谏，他日何望其伏节死义？"（《宋史·张栻传》卷四百二十九）他这种忠言进谏的行为，得到了朱熹的称赞。朱熹说他："小大之臣，奋不顾身以任其责者盖无几人。而其承家之孝，许国之忠，判决之明，计虑之审，又未有如公者。"（《朱熹集·右文殿修撰张公神道碑》卷八十九）

但是，由于道统和政统、君主专制的冲突，直言进谏有时候存在很大的风险甚至有生命危险。例如，唐僖宗广明元年（880年），左拾遗侯昌业就是因为直言进谏才被唐僖宗赐死的。侯昌业认为唐僖宗："上不亲政事，专务游戏，赏赐无度，田令孜专权无上，天文变异，社稷将危，上疏极谏。"结果"上大怒，召昌业至内侍省，赐死。"（《资治通鉴·僖宗广明元年》卷二百五十三）侯昌业指责唐僖宗几大过失："不亲政事"、"专务游戏"、"赏赐无度"、"田令孜专权无上"，但是唐僖宗不仅不听，反而杀了忠言直谏的侯昌业，所以，没过多久，唐朝也就亡了。这是唐代后期皇帝无视谏官直言进谏的后果。

当然，儒家的立言之忠，除了直言进谏之外，还有很多其他的形式如朝廷设立的"经筵讲"、讽谏、顺谏、规谏、致谏、尸谏等。这些对"正朝廷纲纪，举百司紊失"（《唐会要·御史台上》卷六十）有重要作用。

总之，对儒家来说，立言的目的是为了国泰民安、社会发展，这也是他们"仁者以天下为己任"的积极进取的姿态，是值得肯定的。正如美国著名汉学家约瑟夫·列文森所说："官僚儒家不是可怜虫，他们仍然有能力坚决反对那种可能把他们变成可怜虫的权力。"① 而立言之忠是他们表达正义，反对专制皇权把他们变成"可怜虫"的一种形式。对儒家来说无论是立德之忠还是立言之忠，都强调"以德抗位"，弘扬的是仁道和正义，这是一种以天下为己任的道德使命感和社会责任感的忠德实践行为。

三、立功之忠

那些名留青史、世代受人称赞的人往往是历史上的有功之人，他们为国家和社会的发展，作出了自己所处的那个时代最大的成绩和贡献。对于忠德的历史实践来说，立功之忠有哪几种类型呢？我们认为，立功之忠主要有：儒士立功之忠、儒臣立功之忠和儒将立功之忠。

第一，儒士立功之忠。许慎《说文解字》说："儒，柔也。术士之称。从人，需声。"段玉裁解释说："郑目录云'儒行者，以其记有道德所行。儒之言，优也，柔也；能安人，能服人。又儒者濡也，以先王之道能濡其身。"孔子将儒士分为"君子之儒"和"小人之儒"，并告诫子夏："女为君子儒，无为小人儒。"（《论语·雍也》）荀子把儒分为"俗儒"、"雅儒"、"大儒"（《荀子·儒效》）。王充把"儒"分为"儒生"、"通儒"、"文儒"和"鸿儒"。"能说一经者为儒生"（《论衡·超奇》）；通儒则"五经皆习"，同时还"怀百家之言"，并且"通

---

① ［美］约瑟夫·列文森：《儒教中国及其现代命运》，郑大华、任菁译，广西师范大学出版社2009年版，第195页。

仁义之文，知古今之学"（《论衡·别通》）；文儒则"好学勤力，博闻强识，世间多有；著书表文，论说古今，万不耐一。然则著书表文，博通所能用之者也"（《论衡·超奇》）；鸿儒则"能精思著文连结篇章者"（《论衡·超奇》）。"儒生"、"通儒"、"文儒"和"鸿儒"具有一定的层次。王充说："儒生过俗人，通人胜儒生，文人逾通人，鸿儒超文人。故夫鸿儒，所谓超而又超者也。……然鸿儒，世之金玉也，奇而又奇矣。"（《论衡·超奇》）王充的分类很细致，但是在我们看来，儒生、通儒、文儒、鸿儒都是儒士或儒家。所谓儒士，就是信奉儒家经典或者以儒家经典作为立身行世的知识分子，他们"能安人，能服人"，对社会有贡献。具体地说，儒士立功之忠的主要表现是明道和救世。

其一，明道。儒士以弘"道"为宗旨，奉行"为天地立心，为生民立命，为往圣继绝学，为万世开太平"的价值原则，在社会危机、社会动乱时期表现出强烈的经世为民的巨大热情，在和平安定时期又往往表现出一种居安思危的前瞻性的视野和人文关怀。他们通过博览群书和自己对社会的观察，继往开来，创立学说，用思想来影响人、教育人。春秋战国时期，社会秩序混乱，君不君，父不父，子不子。在面对社会秩序混乱，价值失落，道德紊乱，名不副实的社会历史现实时，儒家之士如孔子、孟子、荀子等思想家，通过自己对社会的深刻洞察与分析，提出了拯救社会的方案，影响了一代又一代人。这是他们立功之忠的表现。

孔子创立了以"仁"和"礼"为核心价值体系的儒家学说，开创了私人讲学的风气，为社会培养了大批知识分子。《史记·孔子世家》说："孔子以诗书礼乐教，弟子盖三千焉，身通六艺者七十有二人。"同时，他还整理了"六经"，为文化的传承做出了卓越贡献。后世的君主给孔子带上了无限荣耀的光环，说他是"素王"，是"至圣先师"。如果说这些君主称赞孔子是出于政治统治的需要，那么儒学之外的佛教学者也大赞孔子，则是真实的表现出了人们对孔子功绩的肯定。例如，北宋著名佛教学者智圆说："岂知非仲尼之教，则国无以治，家无以宁，身无以安。"（智圆《闲居编·中庸子传》卷一九）这正是体现了孔子的价值和功劳。张国刚教授认为："孔子在中国历史上，至少作出以下三项破天荒的创举：是进行大规模私家讲学活动的第一人，打破官府垄断教育局面，将之引向民间；第一次创立了具有相对独立意义的学派，即不依附某个特定政治势力，以思想的传承为纽带的学术集体；最早地将政治、社会及人际关系等实际问题蒸发为非参政人士探讨的学术问题，并且建立起系统的思想体系。"① 孔子建立的功业，历史将永远以浓墨重彩的笔调来纪念他，他的价值也永远会昭示后人为社会、国家和民族的进步而奋斗不息。

孟子为了治理当时动乱的社会，提出"仁政"学说，主张重义轻利，"民为贵，社稷次之，君为轻"。他如孔子一样，为了寻找治国安邦的机会，四处奔波游走。当时"天下方务于合从连衡，以攻伐为贤，而孟轲乃述唐、虞、三代之德，是以所如者不合"（《史记·孟子荀卿列传》），他最后以失败告终，只好"退而与万章之徒序诗书，述仲尼之意，作孟子七篇"（《史记·孟子荀卿列传》）。这也反映了孟子作为儒士，为社会的发展做出的努力。

荀子为了要治理好当时混乱的社会，主张"隆礼重法"。他认为"人之性恶，其善者伪也"（《荀子·性恶》），只有加强后天的学习才能使人变得善良，社会才能治理好。他曾经在齐国稷下学宫讲学，弘扬自己的学说。面对当时的社会现实和思想文化条件，他对先秦的儒家文化做了一次较为系统的总结，是先秦百家争鸣的集大成者。

隋唐社会相对于前代来说比较富裕，这为一些人追求长生不死、纸

---

① 张国刚、乔治忠等：《中国学术史》，东方出版中心2002年版，第34页。

醉金迷的生活提供了物质基础。同时，又由于佛教主张人们出世成佛，道教号召人们炼丹成仙，儒士们感到一种空前的文化危机。韩愈首倡"道统"，强调"博爱之为仁"，并且发动"文以载道"的古文运动。他说："斯吾所谓道也，非向所谓老与佛之道也。尧以是传之舜，舜以是传之禹，禹以是传之汤，汤以是传之文、武、周公，文、武、周公传之孔子，孔子传之孟轲。轲之死，不得其传焉。"（《韩愈集·原道》）韩愈认为，这个"道"不是道家和佛教所说的"道"，而是以儒家的忠孝仁义为中心的道德理性主义思想体系。他说："博爱之谓仁，行而宜之之谓义，由是而之焉之谓道，足乎己无待于外之谓德。仁与义为定名，道与德为虚位。"（《韩愈集·原道》）并且，韩愈认为，这种仁义之道不是为了个人的私欲，而是代表社会公正和正义。他说："凡吾所谓道德云者，合仁与义之言之也，天下之公言也。"（《韩愈集·原道》）韩愈这种忠心提倡儒家道统的勇气，显示了一位儒士在面对佛教冲击下对振兴儒家文化的自觉和自信。这对后世产生了重大影响，他为儒学的发展立下了不朽功勋。同时，韩愈在面对唐宪宗沉溺佛教不能自拔时，直言上书《谏迎佛骨表》，认为把"佛骨"迎入宫中供奉，是一种"伤风败俗，传笑四方"的荒谬绝伦的事。他自己替皇帝感到"实耻之"。他建议皇帝应当"以此骨付之有司，投诸水火，永绝根本，断天下之疑，绝后世之惑。"（《韩愈文集·谏迎佛骨表》）为此，唐宪宗龙颜大怒，几乎要处死韩愈，所幸群臣劝谏，才勉一死。这体现了一位儒士对社会和国家的责任意识，也体现了一位儒士对国家的忠诚。

宋代理学家如二程、朱熹、张栻和心学家陆九渊等，在内忧外患中竖起了"天理"的大旗。他们对唐代中叶以来的藩镇割据、社会道德沦丧、人性沦落的现象进行了深刻的反思，构建了影响后世封建社会近八百年之久的"理学"伦理思想体系。他们为社会道德的重建、国家政权的稳定、人性修养的途径等方面作出了巨大努力。这些正是儒士立功之忠的典范。

其二，救世。儒士救世主要是忠于国家、针砭时弊、匡正时政、服务民众、践履正道、与时代共呼吸，为使社会有秩序发展，纷纷提出自己的建设方案，贡献自己的才智。如汉代陆贾、贾谊从强大秦国的迅速灭亡中总结历史经验教训，为当政权者提供施政参考。他们认为秦国的灭亡是因为不实行"仁政"，用残暴的方式虐民、滥用民力、穷兵黩武引起的。贾谊说："然秦以区区之地，至万乘之势，序八州而朝同列，百有余年矣。然后以六合为家，崤函为宫。一夫作难而七庙堕，身死人手，为天下笑者，何也？仁义不施，而攻守之势异也。"（贾谊《新书·过秦上》）陆贾说："秦非不欲治也，然失之者，乃举措太众、刑罚太极故也。"（陆贾《新语·无为》）因此，他们认为，国家应当实行仁政，给民以休养生息的机会，这样社会才能安定、经济才能发展。

为了整顿社会秩序，儒士坚持正义、彰善瘅恶。在行动上与强权、暴政和邪恶进行不妥协的斗争，即使惨遭杀身之祸、灭族之灾也在所不惜。

最典型的是明清两代儒士，因为明清两代王权加强，儒士的抗争也最为激烈。当时的著名儒者如王夫之、顾炎武、黄宗羲、陈确、唐甄等，高举"天下为主，君为客"的大旗，对君主专制进行了激烈批判。黄宗羲认为，君主们"屠毒天下之肝脑，离散天下之子女，以博我一人之产业，曾不惨然"，"敲剥天下之骨髓，离散天下之子女，以奉我一人之淫乐，视为当然"，因此，"为天下之大害者，君而已矣"（《明夷待访录·原君》）。唐甄大声疾呼："秦汉以来，凡为帝皇者皆贼也。"（《潜书·室语》）还说："有天下者无故而杀人，虽百其身不足以抵其杀一人之罪。"（《潜书·室语》）顾炎武，原名绛，字忠清。后来因为明朝灭亡，就更名为炎武，原来的字"忠清"，改为字"宁人"，足见其对清廷的痛恨。明亡前，他积极反阉党，明亡后，他积极抗清，并且猛烈批判"私天下"的君主专制制度。他用实际行动证明了一位出色儒者的立功之忠。

总之，广大儒士为社会安定、国家的统一、民族的团结发出自己的明道救世呼声，并用行动来改造社会，不是为私而是为公。他们有的因为不与权贵合作而得罪权贵，有的终生流放，有的惨遭杀身之祸，甚至灭门之灾（如方孝孺）。尽管儒士立功之忠的实践行为带有时代的烙印，有这样或那样的历史局限性，但是其为国家、民族和社会积极奋斗的精神以及他们在有生之年建立起来的或大或小的功业值得现代人怀念。

第二，儒臣立功之忠。一般说来，儒臣是指在朝为重臣、大臣的儒家知识分子，他们是正义之臣、有功之臣，不是贪禄富贵的谀臣、奸臣、贼臣。儒臣之忠，可以说是"正臣之忠"，《长短经》说"正臣"包括："圣臣"、"大臣"、"忠臣"、"智臣"、"贞臣"、"直臣"①（赵蕤《长短经·臣行第十》卷二）。因此，"正臣"也就是儒臣。如汉代霍光、三国诸葛亮、唐代魏征和房玄龄、宋代范仲淹和王安石等都是儒臣的典范。"儒臣"在德性修养、道德意志力、社会建设、国家发展等方面是人之典范、国之楷模。具体说来，儒臣之忠主要表现在两个方面：一是为政，二是为人。

---

① "圣臣"、"大臣"、"忠臣"、"智臣"、"贞臣"、"直臣"，《长短经》谓之为"六正。"具体内涵如下："夫人臣萌芽未动，形兆未见，昭然独见存亡之机，得失之要，豫禁乎未然之前，使主超然立乎显荣之处，如此者，圣臣也。""虚心尽意，日进善道，勉主以礼义，谕主以长策，将顺其美，匡救其恶，如此者大臣也。""夙兴夜寐，进贤不懈，数称往古之行事，以厉主意，如此者，忠臣也。""明察成败，早防而救之，塞其间，绝其源，转祸以为福，君终已无忧，如此者，智臣也。""依文奉法，任官职事，不受赠遗，食饮节俭，如此者，贞臣也。""国家昏乱，所为不谀，敢犯主之严颜，面言主之过失，如此者，直臣也。"（唐·赵蕤：《长短经·臣行第十》卷二）

　　一是为政。在为政方面儒臣"忠以奉上，正以忧公"①（《励忠节钞·忠臣部》）。荀子说："儒者法先王，隆礼义，谨乎臣子而致贵其上者也。人主用之，则势在本朝而宜；不用，则退编百姓而悫；必为顺下矣。……势在人上则王公之材也，在人下则社稷之臣，国君之宝也。"（《荀子·儒效》）儒臣竭仁义之道，固守忠义，克守臣节，不僭越妄为，不陷君于不义。他们忠心事君、夙兴夜寐、依文奉法，为国家呕心沥血。《汉记》中说："夫忠臣之于其主，犹孝子之于其亲，尽心焉，进而喜，非贪位，退而忧，非怀宠，结志于心，慕恋不已，进得及时，乐行其道。"（《汉纪·孝文皇帝纪下》卷八）说的也是这个道理。

　　三国时代的诸葛亮就是典型。这位"出师未捷身先死"的一代儒臣，一千多年来受到人们的高度评价。他以"兴复汉室"、经邦济民为己任。他为了治理好蜀汉，行不忘先帝托孤之重，坐不忘思存国之计，五次北伐，至死不渝。他以"鞠躬尽瘁，死而后已"的忠德精神，践履了自己为国建功立业的一生。他几乎是集合了儒臣立功之忠的所有优点。在政治上，他主张"以安民为本"。他提拔蒋琬，也是因为蒋琬"其为政以安民为本，不以修饰为先"（《三国志·蜀书·蒋琬传》）并提出："为政之道，务于多闻，是以听察采纳群下之言。"（《诸葛亮集·文集·视听》）他认为只有"采纳群下之言"，才能了解民众的疾苦。在经济上，他重视农业，要求做到"唯劝农业，无夺其时；唯薄赋敛，无尽民财"（《诸葛亮集·文集·人治》）。在人才任命上，他重视人才，举贤任能。他说："治国之道，务在举贤。"（《诸葛亮集·文集·举措》）他任人唯贤，因才使器。他重用董和、赵云、杨洪等；又培养蒋琬、费祎、董允、姜维等，所用之人，堪称蜀中精英。《华阳国

_____

　　① 转引自屈直敏：《敦煌写本类书〈励忠节钞〉研究》，民族出版社 2007 年版，第 204 页。

志》高度称赞了诸葛亮提拔的人才："辟尚书郎蒋琬及广汉李邵、巴西马勋为掾，南阳宗预为主薄，皆德举也。秦密为别驾、犍为五梁为功曹、梓潼杜微微主簿，皆州俊彦也。而江夏费祎、南郡董允、郭攸之始为郎，赞扬如月。"（《华阳国志·刘后主传》）正因为他是有功之臣，死后被谥为"忠武侯"，受到历代称赞。杜甫称之为："诸葛名臣垂宇宙，宗臣遗像肃清亮。"（《杜甫全集·咏怀古迹之五》）朱熹称赞为："三代而下，必义为之，只有一个诸葛孔明。"（《朱子语类》一百三十六）诸葛亮以一代儒臣的光辉典范诠释了儒臣之忠对国家、社会和民族的价值和意义。

二是为人。儒臣在为人方面，能够做到"智虑足以图国，忠贞足以悟主，公平足以怀众，温柔足以服人"，"进不失忠，退不失行"（《群书治要·体论》卷四十八）。伴君如伴虎，如果儒臣不是在为人方面有出色的修养，就很难处理好君臣关系，处理不好就可能会招来杀身之祸。在君与臣关系上，儒臣往往能够融洽君臣关系，使君臣关系达到犹如鱼与水的关系，正如刘备称赞诸葛亮那样"孤之有孔明，犹鱼之有水"（《三国志·蜀书·诸葛亮传》）。在臣与民的关系上，他们能够做到"将之养之，育之长之"（《说苑·贵德》）。同时，儒臣自身能够做到以德养身，以德行事，他们"虽穷困冻馁，必不以邪道为贪。无置锥之地，而明于持社稷之大义。呜呼而莫之能应，然而通乎财万物、养百姓之经纪"（《荀子·儒效》）。

诸葛亮就是如此。他在为人方面，生活节俭，廉洁奉公，不耽荣禄，主张"夫君子之行，静以修身，俭以养德"，并以"非淡泊无以明志，非宁静无以致远"（《诸葛亮集·文集·诫子书》）告诫后代。建兴三年（225年），他亲自率军南征，在军旅途中，生活极为节俭。他说："五月渡泸，深入不毛，并日而食。"（《诸葛亮集·文集·后出师表》）在北伐途中，他"夙兴夜寐……所啖食不至数升"（《三国志·蜀书·

诸葛亮传》)。建安十九年（214 年），刘备"赐诸葛亮、法正、（张）飞及关羽金各五百斤，银千斤，钱五千万，锦千匹。"（《三国志·蜀书·张飞传》）他自己曾经在《答李严书》中也坦白自己的财富："位极人臣，禄赐百亿。"（《诸葛亮集·答李严书》）表面看起来，他受封这么多，家财应该很丰厚，事实上他的家财却很少。他在《又与李严书》中说："吾受赐八十万斛，今蓄财无余，妾无副服。"（《诸葛亮集·文集·又与李严书》）这说明他受赐虽多，但是没有过多的私人财产。他把大部分财产用于赏赐有功的将士了。他说："吝则赏不行，赏不行则士不致命，士不致命则军无功。"（《诸葛亮集·将苑》）他临终时"遗命葬汉中定军山，因山为坟，冢足容棺，敛以时服，不须器物"（《三国志·蜀书·诸葛亮传》），主张薄葬自己。总之，儒臣一般具有较高的道德修养，能促进社会和国家的发展，对社会或后世有深远的积极影响。

第三，儒将立功之忠。所谓儒将主要指受到儒家教育并以儒家的道德规范来为人处世的将帅。他们可能不像儒家学者那样在思想创造上有很深的造诣，也不像儒臣那样运筹帷幄，决胜千里。儒将更多的是民族英雄，他们建功之忠主要体现在保卫国家的领土不受侵犯，为国家的稳定和发展及民众的生命财产安全起保护作用。儒将的立功之忠，主要有以下几个方面。

首先，在动乱时期，儒将英勇保卫国家，反抗侵略，甚至不惜牺牲自己的生命。诸葛亮在《将苑》中说："故善将者，……见利不贪，见美不淫，以身殉国，一意而已。"（《诸葛亮集·将苑·将志》）凡为将者为了国家往往把自己的生命置之度外，又能克制住自己的贪婪淫欲，必要的时候"以身殉国"。

例如，北宋著名儒将杨业。他在奉命护送四州民众撤退时，遭遇契丹国大军。尽管他自己知道难以抵御强敌，但是还是被迫奉令孤军奋战，最后"马重伤不能进，遂为契丹所擒。……乃不食，三日死"（《宋史·杨业传》卷二百七十二）。

又如，尽忠报国①的岳飞。他多次抗击金国的侵略，收复了被金国侵占的部分国土。他为了洗刷国耻，忠义报国，奋斗终生。岳飞说："我辈……当以忠义报国，立功名，书竹帛，死且不朽。若降而为虏，溃而为盗，偷生苟活，身死名灭，岂计之得矣？建康，江左形胜之地，使胡虏盗据，何以立国？"（岳珂《鄂国金佗稡编》卷四《行实编年》卷一）"忠义报国"是他尽忠报国的体现。尽管他被南宋投降派以"莫须有"的罪名杀害了，但是却受到后人的敬重。他的"尽忠报国"的精神不仅积极地影响了后人，就在当时也影响甚大，甚至还感动了南宋的一些投降派。据《宋史·何铸传》记载："秦桧力主和议，大将岳飞有战功，金人所深忌，桧恶其异己，欲除之，胁飞故将王贵上变，逮飞系大理狱。先命铸鞫之。铸引飞至庭，诘其反状。飞祖而示之背，背有旧涅'尽忠报国'四大字，深入肤理。既而阅实俱无验，铸察其冤，白之桧。桧不悦曰：'此上意也。'铸曰：'铸岂区区为一岳飞者，强敌未灭，无故戮一大将，失士卒心，非社稷之长计。'桧语塞，改命万俟卨。飞死狱中，子云斩于市。"（《宋史·何铸传》卷三百八十）岳飞被诬陷，主审的御史中丞何铸，诘问岳飞的"反状"，岳飞袒露了腰背上"尽忠报国"四个字。这让何铸很震撼。审问后，他不怕丢官罢职，很坦率地反对上司秦桧对岳飞的处置措施。后来，何铸因此而被罢官，贬

---

① 也有人说是"精忠报国"，但是《宋史·何铸传》说的是"尽忠报国"："飞祖而示之背，背有旧涅，'尽忠报国'四大字，深入肤理。"邓广铭著的《岳飞传》（北京：生活·读书·新知三联书店2007年版）和龚延明著的《岳飞评传》（南京：南京大学出版社2001年版）都采用"尽忠报国"的说法，杭州西湖岳庙里写的也还是"尽忠报国"，所以，我们这里采用"尽忠报国"一说。至于为什么有的人用"精忠报国"，这可能与宋高宗有关，宋高宗为了表彰岳飞在抗击金国入侵战斗中的的战功，曾经御赐了"精忠岳飞"四个字赏给岳飞。人们为了纪念岳飞，大概在明清以后，"尽忠报国"就逐渐变成了"精忠报国"。

谪"徽州"。由此可见，当时的岳飞"尽忠报国"震撼人心的程度。

其次，在战场上，儒将能奋勇杀敌，不怕牺牲，为国建功立业。战争必然意味着流血牺牲，在与敌军的战斗中，儒将有战必胜、视死如归的信念，而绝不会临阵脱逃，更不会卖国求荣。他们能够做到"将受命之日则忘其家，临军约束则忘其亲，援枹鼓则忘其身。"（《长短经·忠疑第二十四》卷八）刘向在《说苑·指武》中说："必死不如乐死，乐死不如甘死，甘死不如义死，义死不如视死如归，此之谓也。故一人必死，十人弗能待也；十人必死，百人弗能待也；百人必死，千人不能待也；千人必死，万人弗能待也；万人必死，横行乎天下。"（《说苑·指武》）因此，在战场上，儒将能做到不怕战死，这种不怕死的信念，是儒将立功之忠所应当具备的忠德信念。

例如，霍去病就是如此。他是西汉大将，为了打击匈奴，他忠勇善战，多次深入匈奴国境内，战功卓著。二十四岁时，他带领一支八百人的骑兵部队，深入匈奴王庭，斩杀两千多名敌军，胜利返回。汉武帝因为霍去病功大，赏赐给他一座庭院，霍去病辞谢说："匈奴未灭，无以家为也。"（《史记·卫将军骠骑列传》）足见其为国立功的决心。再如赵充国，他是西汉精忠报国的戍边老将，七十多岁还向汉武帝请战杀敌。《汉书》说："时，充国年七十余，上老之，使御史大夫丙吉问谁可将者，充国对曰：'亡逾于老臣者矣。'"（《汉书·赵充国辛庆忌传》）表现出一位儒家宿将尽心为国、战无不胜的自信心。在战场上，他"沉勇有大略"，"通志四夷事"。同时，他"常以远斥候为务，行必为战备，止必坚营壁，尤能持重，爱士卒，先计而后战。遂西至西部都尉府，日飨军士，士皆欲为用。"（《汉书·赵充国辛庆忌传》）表现出一位儒将爱惜士兵、博闻善战的高尚风范。因此，儒将在战场上会尽心尽力、忠勇为国、足智多谋，这些是他们立功的优秀品质。当然，儒将战必胜、视死如归的信念又不是为了做无谓的牺牲，而是会做到死得其所，死"重于泰山"。儒将立功之忠不是意味着在战场上杀人越多就越英勇，而是在战争中为了取得胜利，不能不英勇作战，以防止战败而导致整个国家和民族最大的损失和牺牲。

最后，在和平时期，儒家能做到以德养身待人、关心民众、爱惜士兵、维护国家的统一和社会的稳定，具有深厚的武德修养。具体地说，儒将立功的表现主要体现在：维护国家的稳定和保证社会发展有序进行；关心民众疾苦，体贴士兵，以身作则，禁暴除乱；视邪恶和丑陋现象如寇仇，为伸张正义，勇猛前行。同时，儒将自身往往有很深的武德修养，他们廉洁奉公，谦慎不骄，宽容大度。

如战国吴起。他带兵不仅常常与士兵"同衣食"，"分劳苦"，而且做到了"卒有病疽者，起为吮之"，爱兵如子。（《史记·孙子吴起列传》）又如，岳飞带兵，纪律严明，要求士兵做到"冻死不拆屋，饿死不卤掠"（《宋史·岳飞传》卷三百六十五）。

《左传·宣公十二年》说为儒将应当做到，"禁暴、戢兵、保大、定功、安民、和众、丰财"等"七德"。陈瑛先生主编的《中国伦理思想史》将其解释为："禁止暴乱，消弭战争，保有天下，扩大疆土，巩固功绩，安定臣民，和合百姓，丰聚财富。"[1] 这"七德"往往为儒将所遵循和践行。

例如，唐代张巡就是这样。他博览群书，忠勇善战。他每次与叛将安禄山部将尹子琦大战，都咬牙切齿，恨之入骨。后因兵败被害，死时只剩下两三颗牙齿。（《新唐书·张巡传》）这是他嫉恶如仇的表现。又如唐代郭子仪，他平定安史之乱，功高盖世，但无半点以功自居的自满心态。这些儒将都体现出深厚的武德修养。

总之，儒将立功之忠，不仅在战场上战功卓著，为国家和社会的安定与稳定做出了重要的贡献，而且在为人之忠方面也表现出色。他们并

---

① 陈瑛：《中国伦理思想史》，湖南教育出版社 2004 年版，第 405 页。

没有很深的儒家理论水平，而往往是通过实际行动来践履儒家忠德精神，为国家和民族建功立业。

第三节　忠孝统一与冲突

忠和孝是中国伦理思想史上两个极为重要的道德规范，也是中国人的两个最基本的道德义务。程颢说："父子君臣，天下之定理，无所逃于天地之间。"（《二程集·河南程氏遗书》卷五）理学集大成者朱熹也说："君臣父子之大伦，天之经，地之义，而所谓民彝也。故臣之于君，子之于父，生则敬养之，没则哀送之，所以致其忠孝之诚者，无所不用其极而非虚加之也。"（《朱熹集·戊午谠议序》卷七十五）通常说，孝是属于家庭伦理的范畴。《孝经》开篇就说："身体发肤，受之父母，不敢毁伤，孝之始也。立身行道，扬名于后世，以显父母，孝之终也。夫孝，始于事亲，中于事君，终于立身。"（《孝经·开宗明义章》）在实践中，孝的首要行为是善事父母，如养亲、敬亲、顺亲、待亲、谏亲、丧亲、祭亲等。忠就其本来意义上说，是尽己利人，包括为人之忠和为政之忠。那么，在实践中忠与孝究竟是一种什么样的关系呢？我们认为忠和孝在实践中有统一，也有冲突。

一、忠孝统一

忠与孝是我国传统社会"家国一体"、"家国同构"的社会结构集中体现。孝是忠的一种实践方式和表现形式，是对长辈们的"尽忠"。中国人民大学肖群忠教授认为，孝具有两种伦理内涵：一是宗教伦理如尊祖敬亲，二是家庭伦理如善事父母、生儿育女、传宗接代等，而孝的核心内容是家庭伦理即善事父母。[1] 如果从德性的角度来说，忠是指尽

---

[1]　参见肖群忠：《孝与中国文化》，人民出版社 2001 年版，第 25 页。

心尽力，是一种"全德"，"孝"则是对"忠"的分有，因为行孝必须忠。《忠经》说："君子行其孝，必先以忠。"(《忠经·保孝行章》)

忠与孝的实践精神具有同质性。从忠孝的实践精神价值上来说，两者都指行为主体"尽心尽力"做人做事，两者具有内在的一致性。如善事父母要尽心尽力，要做到"昏定晨省，调寒温，适轻重，勉之于糜粥之间，行之于衽席之上"(《新语·慎微》)，这本身就是忠的行为。曾子奉养曾晰，"必有酒肉。将彻，必请所与。问有馀，必曰：'有。'"(《孟子·离娄上》)这种尽心尽力尽孝的精神，就是忠德精神的体现，因为忠的本来内涵就是尽己利人。孔子说："今之孝者，是谓能养。至于犬马，皆能有养。不敬，何以别乎？"(《论语·为政》)养父母如果不怀有一种内心忠敬的态度，这与饲养动物没有什么区别。奉养父母是融忠与敬于行动之中，而不仅仅是物质的供应。由此可见，孝行之中无论是养亲、敬亲还是尊亲都应当尽心、诚心、敬心，这自然必然含有"忠"的德性，因为忠本身就是"尽己利人"，具有"诚"和"敬"的内涵。

忠与孝的内在动机具有统一性。两者都是一种善德、善行，而不是一种盲目的冲动，都是以善为目的和手段，都是一种善的实践行为。荀子曾经把"孝"分为三个层次：小行、中行、大行。他说："入孝出弟，人之小行也；上顺下笃，人之中行也；从道不从君，从义不从父，人之大行也。"(《荀子·子道》)荀子认为，"孝"不是对君与父不加分析地盲从，而要坚持道义和善的标准。在什么样的情况下才"从道不从君，从义不从父"呢？荀子认为有三种情况。他说："孝子所以不从命有三：从命则亲危，不从命则亲安，孝子不从命乃衷；从命则亲辱，不从命则亲荣，孝子不从命乃义；从命则禽兽，不从命则修饰，孝子不从命乃敬。"荀子从"亲危"、"亲辱"、"从命则禽兽"三种情况来说明如何行孝。如果在从命危害父母，或者使父母受辱，或者听从父命就是禽兽的行为等情况下，可以不听从父母的命令。供养父母要尽心尽力，充满忠敬之心。父母有错要及时劝谏，以免父母受耻辱。《大戴礼记》说："父母之行，若中道则从；若不中道则谏。……从而不谏，非孝也；谏而不从，亦非孝也。"（《大戴礼记·曾子事父母》）父母的行为"若不中道"，孝子应当"致谏"，以善谏亲，使父母不犯错误，避免父母因为犯错误而遭受侮辱。这样才是"真孝"。《大戴礼记》说："不耻其亲，君子之孝也。"（《大戴礼记·曾子立孝》）所以，"君子之孝也，以正致谏。"（《大戴礼记·曾子事父母》）如果自己行为正确，自己规劝父母，父母不听，那么，子女可以不听，应当遵守"从义不从父"的原则。所以，《孝经》说："父有争子，则身不陷于不义。故当不义，则子不可以不争于父。臣不可以不争于君。"（《孝经·谏诤章》）只有这样，君子的孝行才是合理的。这样行孝才是一种乐趣。这对君子来说是一种孝的德性，而这种孝的德性本身就是一种忠的行为。

忠与孝实践行动具有一致性。《礼记》说："忠臣以事其君，孝子以事其亲，其本一也。"（《礼记·祭统》）孔子说："孝慈则忠。"（《论语·为政》）这种推己及人的"孝"，离开家庭走向社会就会变成"忠"。《战国策·赵策》说："父之孝子，君之忠臣也。"《吕氏春秋》也说："人臣孝，则事君忠"，"非孝也，事君不忠。"（《吕氏春秋·孝行览·孝行》）因为尽孝和尽忠在实践行动上具有一致性，所以古代在选拔官员的时候，往往"求忠臣必于孝子之门"。东汉韦彪说："夫国以简贤为务，贤以孝行为首。孔子曰：'事亲故忠可移于君，是以求忠臣必于孝子之门。'……忠孝之人，持心近厚。"（《后汉书·韦彪传》）这也是忠孝统一的典型观点。明代大儒陈献章总结说："夫忠孝之推也，不孝于亲而忠于君，古之未有也。"（《陈献章集·永慕堂记》卷一）传统社会法律体系中有"十恶不赦"罪：谋反、谋大逆、恶逆、不道、大不敬、不孝、不睦、不义和内乱，其中"不孝"和"不忠"都在"十恶不赦"之罪之中。仔细分析可以看出，这"十恶不赦"之罪的伦理基础就是忠与孝。同时，按照忠孝一体的思维模式，不孝就暗示了"不忠"。所以，《孝经》说："五刑之属三千，而罪莫大于不孝。"（《孝经·五刑章》）由此可见，忠与孝具有统一性。当然，对于统治者来说，有时候强调"孝"的目的是为了强调"忠"。例如，汉代提倡"以孝治天下"隐含的目的还是"以忠治天下"，重视孝是手段，尽忠才是统治者的目的。

忠孝统一在现实行为中有哪些表现呢？我们在忠孝统一的行为实践中，至少有三种情况：一是忠孝两全；二是忠孝并序；三是以忠全孝。

第一，忠孝两全。忠孝两全是在行为上表现出先忠后孝或先孝后忠，两者在行为时间上具有秩序性，但是在实践上两者是一致的。这有两种情况，一是忠孝两全比较好的结局，一种是需要做出巨大牺牲的结局。

《吕氏春秋·仲冬纪·当务》记载了一件忠孝两全结局比较好的案例。楚国的直躬因为父亲偷了羊，他向官府告发父亲。官府把他父亲抓起来准备杀头，这时直躬请求代替父亲受刑。临刑前，他说："父窃羊而谒之，不亦信乎？父诛而代之，不亦孝乎？信且孝而诛之，国将有不诛者乎？"他说自己的父亲偷了羊向官府告发，这是对国家的忠诚；代替父亲受刑这是在尽孝，像他这样既忠且孝、忠孝两全的人都要被杀，那么国家就没有不该杀的人了。他这样一说，结果"荆王闻之，乃不诛也"。国君下令不杀直躬，赦免了他的罪。这个案例在《论语·子路》和《庄子·盗跖》中也都有记载，应该是可信的。这是忠孝两全的典型，这种结果是比较理想的。

还有一种忠孝两全结局比较悲惨，但是确实是属于忠孝两全的范畴。例如，先秦楚国的石渚就是一例。他做到了忠孝两全，既尽忠又尽孝。《吕氏春秋》记载了这个案例："荆昭王①之时，有士焉曰石渚。
其为人也，公直无私，王使为政。道有杀人者，石渚追之，则其父也。
还车而反，立于廷曰：'杀人者，仆之父也。以父行法，不忍；阿有
罪，废国法，不可。失法伏罪，人臣之义也。'于是乎伏斧锧，请死于
王。王曰：'追而不及，岂必伏罪哉？子复事矣。'石渚辞曰：'不私其
亲，不可谓孝子；事君枉法，不可谓忠臣。君令赦之，上之惠也；不敢
废法，臣之行也。'不去斧锧，殁头乎王廷。"（《吕氏春秋·离俗览·
高义》）石渚父亲杀人，他作为政府执法人员，又不能不抓，抓了父亲
有违孝道，不抓又违忠道。所以，为了做到忠孝两全，他选择先抓父亲
以尽忠道，又以自杀的方式来尽孝道。又例如东汉辽西太守赵苞，他的
母亲与妻子被鲜卑贵族劫为人质。赵苞面对这种情况时，则说："昔为
母子，今为王臣，义不得顾私恩、毁忠节，唯当万死，无以塞罪。"
（《后汉书·赵苞传》）结果，母亲和妻子遇害。事后，赵苞认为自己虽
舍母全忠，却有违孝道。他说："食禄而避难，非忠也；杀母以全义，
非孝也。如是，有何面目立于天下！"（《后汉书·独行列传》）于是，
呕血而死。虽然这种忠孝两全现代看来很残忍，但是在当时来说，石渚
和赵苞作为国家官员，为国家尽忠是必须的，同时为父母尽孝也是应当
的。因此，他们先是为国家尽忠，后来为父母尽孝，做到了忠孝两全。

第二，忠孝并序。忠孝并序的情况比起忠孝两全的情况来说，现实
的结果要乐观一些。忠孝行为主体，在面对忠孝的选择时，既能兼顾忠
又能兼顾孝，这是一种比较完美的忠孝统一的结局。例如，古代花木兰
代父从军，就做到了忠孝并序。她代替父亲从军，这是对父亲尽孝，在
战场杀敌，这是为国家尽忠。

当然，忠孝并序情况下的忠，通常不是指一种广义上的忠，而是狭

---

① 荆昭王，即楚昭王，公元前 515 年至公元前 489 年在位。

义上的忠。这时候的忠，主要指一种为政之忠。《礼记·丧服四制》说："门内之治恩掩义；门外之治义断恩。"意思是说，人若在朝廷为官，则应当绝父子之情；如果在家为子，则应当以父子之情断君臣之义。这是从狭义的角度上来说忠的。

《晋书》记载了刘斌对忠孝并序的看法。他说："敦叙风俗，以人伦为先；人伦之教，以忠孝为主。忠故不忘其君，孝故不忘其亲。若孝必专心于色养，则明君不得而臣；忠必不顾其亲，则父母不得而子也。是以为臣者，必以义断其恩；为子也，必以情割其义。在朝则从君之命，在家则随父之制。然后君父两济，忠孝各序。"（《晋书·庾纯传》）刘斌讨论的忠孝各序，是继承了上述《礼记·丧服四制》的传统。从政治道德的视野看来，臣在朝为官，在某种意义上是已经把"身"交给国家了，所以，"身非己有"，已经不属于自己的家庭。因此，在朝为官，不能以私废公，只能尽忠。在这个层面上王命具有绝对性和排他性。而在家庭道德领域，则父子之情具有天然性，如果自己没有在朝中为官，只要尽孝而无须为君尽忠，这种忠孝并序体现为忠与孝各自在自己的规范内行动，互不干涉。

第三，以忠全孝。以忠全孝是用尽忠的办法来实现孝道。如孝子通过寒窗苦读，考取功名，入朝为官，光宗耀祖，实现孝道。司马迁引用《孝经》的话说："夫孝始于事亲，中于事君，终于立身。扬名于后世，以显父母，此孝之大者。"（《史记·太史公自序》）说的也是这个道理。

汉代的毛义较为典型。他是因为家贫才入仕为官以养父母的。《后汉书》说："庐江毛义少节，家贫，以孝行称。南阳人张奉慕其名，往候之。坐定而府檄适至，以义守令，义奉檄而入，喜动颜色。奉者，志尚士也，心贱之，自恨来，固辞而去。及义母死，去官行服。"毛义是为了尽孝才去做官，所以张奉说他："贤者固不可测。往日之喜，乃为亲屈也。斯盖所谓'家贫亲老，不择官而仕'者也。"（《后汉书·

刘平传》）

衣锦还乡是古人以忠全孝较为常见的结果。汉武帝重用朱买臣时就说："富贵不归故乡，如衣绣夜行。"东汉光武帝重视忠节，对那些跟随自己的忠臣，寻找机会特诏上冢，让他们以忠全孝。例如，他让韩棱"迁南阳太守，特听棱得过家上冢，乡里称荣。"（《后汉书·韩棱传》）建武六年（30 年）春，王常"征还洛阳，令夫人迎常于舞阳，归家上冢。"（《后汉书·王常传》）这种"一人得道，鸡犬升天"，一人入仕，全家荣耀的现象是以忠全孝的体现。

总之，政治世界的原理是家庭内秩序原理的同构型延伸，君臣关系等同于父子关系，故孝可移作忠；兄弟关系可以用于官长，故悌可移作顺；家的原理与国的原理相同，故家理与国治是基本同样的原理。忠孝的不同只是致敬的对象不同而已，其蕴含的道德感及其规范是相同的。①《孝经》是以孝作忠，是以家庭内的秩序原理等同于政治伦理秩序的典范之作。所以，《孝经》说："故以孝事君则忠"（《孝经·士章》），"资于事父以事君，而敬同"（《孝经·士章》），"君子之事亲孝，故忠可移于君。……居家理，故治可移于官。"（《孝经·广扬名章》）这种移孝作忠是一种类比逻辑，有一定的合理性，但也不尽如此。一般地说，孝子可能是忠臣，但是有时候孝子未必就是忠臣，忠臣未必就是孝子。所以，忠孝一体化，只是忠孝的一个方面，是忠孝统一的体现。但是在实践中忠与孝往往又有冲突和矛盾的地方。

二、忠孝冲突

忠与孝的矛盾往往体现在忠孝不能同时兼顾，忠孝不能两全，顾此

---

① 甘怀真：《皇权、礼仪与经典诠释：中国古代政治史研究》，华东师范大学出版社 2008 年版，第 213 页。

失彼的情况。具体表现主要有：一是舍忠取孝、重孝轻忠，二是舍孝全忠、重忠轻孝。

第一，舍忠取孝、重孝轻忠。儒家认为人伦秩序首先是从家庭开始的。当忠与孝发生冲突的时候，舍忠取孝，重孝轻忠是一种较为典型的选择模式。曾参就是典型之一。他说："吾父母老。食人之禄，则忧人之事，故吾不忍远亲而为人役。"（《孔子家语·弟子解》）曾参认为，养亲为大，受人官禄，为君主效忠为轻。

孟子曾经分析了桃应提出的一个经典的案例。桃应问，舜为天子，他的父亲瞽瞍杀了人，舜应该怎么办？《孟子·尽心上》详细地记载了解决这个问题的方法：桃应问曰："舜为天子，皋陶为士，瞽瞍杀人，则如之何？"孟子曰："执之而已矣。""然则舜不禁与？"曰："夫舜恶得而禁？夫有所受之也。""然则舜如之何？"曰："舜视弃天下犹弃敝屣也。窃负而逃，遵海滨而处，终身欣然，乐而忘天下。"（《孟子·尽心上》）舜为天子，父亲瞽瞍，他不能干预司法公正，不能阻止皋陶这种正义的执法之士依据法律逮捕瞽瞍。但是，舜却可以选择重孝轻忠，舍忠取孝的方法，放弃天子的职位，背着父亲偷偷逃至无人知晓的海边，尽孝子之责，终身欣然。这个故事虽然是一种理论上的假设，但反映了儒家一种重孝轻忠的理论模式。

汉代提倡"以孝治天下"，重孝轻忠自然就成为一些人的选择方式。例如，东汉的周磬以"孝廉"举仕，他"频历三城，皆有惠政。后思母，弃官还乡里"（《后汉书·周磬传》）。又例如，东汉的刘宠，他因为"母疾，弃官去"（《后汉书·循吏·刘宠传》），这也是重孝轻忠的典型。《三国志·魏书·邴原传》记载了曹丕为太子时与邴原的一次对话："天子（曹丕）太子燕会，众宾百数十人，太子建议曰：'君父各有笃疾，有药一丸，可救一人，当救君邪，父邪？'众人纷纭，或父或君。时原在坐，不与此论。太子谘之于原，原悖然对曰：'父也。'

太子亦不复难之。"（《三国志·魏书·邴原传》）曹丕打了比方，意思是说君王和父亲都生病了，只有一颗药丸，到底给谁服用。众宾客中有说给君王的有说给父亲的，议论纷纷。曹丕问邴原怎么办？邴原出乎意外地说给父亲服用。其实这是一种伦理学上的两难选择。邴原的选择无疑是一种最为典型的舍忠取孝模式。

再如，嵇绍的父亲嵇康被司马氏集团杀害，嵇绍不为父亲报仇，反仕司马氏，最后虽然为朝廷而死，但是却受到许多儒家士人的诟病。顾炎武在《日知录》这样评价他："绍之于晋，非其君也，忘其父而事其非君，当其未死，三十余年之间，为无父之人亦已久矣，而荡阴之死，何足以赎其罪乎！"（《日知录·正始》卷十三）顾炎武说他是"无父之人"，可见儒家对嵇绍这种舍孝求忠之人的批评是严厉的。

儒家重孝轻忠、舍忠取孝的极端形式就是"报仇"情结的出现。例如，春秋时期楚国大臣伍子胥。他为了替父亲报仇，逃到吴国，为吴王阖闾重用，后来他率兵攻打楚国。此时杀死他父亲的楚平王已经去世，伍子胥就掘开楚平王的坟墓，"出其尸，鞭之三百"（《史记·伍子胥列传》），以报父仇。事实上，为父报仇一直是为传统儒家所肯定，甚至某种程度上还是赞许的。《公羊传·隐公十一年》说："不复仇，非子也。"《公羊传·定公四年》也说："父不受诛，子复仇，可也。父受诛，子复仇，推刃之道也。"在儒家看来，孝是家庭伦理的第一美德。《晋书·孝友传》称赞"孝"说："大矣哉，孝之为德也！分浑元而立体，道贯三灵；资品汇以顺名，功苞万象。用之于国，动天地而降休征；行之于家，感鬼神而昭景福。"所以，儒家重孝轻忠的模式认为，杀父之仇不共戴天，应当报仇雪恨，不然为人所不齿。《大戴礼记·曾子制言上》说："父母之仇，不与同生，兄弟之仇，不与聚国，朋友之仇，不与聚乡，族人之仇，不与聚邻。"当然，为父母报仇是儒家舍忠取孝与重孝轻忠一种极端的形式，这种血缘复仇的现象是现代社会应当摒弃的。

第二，舍孝全忠、重忠轻孝。重忠轻孝是指忠孝发生冲突时选择忠道而放弃孝道。当然，这与我们现代社会讲的为了集体而牺牲个体，为了国家而牺牲家庭具有本质的不同。现代社会国家和家庭的根本利益是一致的，为国家服务也就是为家庭服务。在传统社会中，家庭和国家的利益具有本质的不同，两者的根本利益是不一致的。所以，当面对两者的冲突和矛盾时，忠孝的行为主体要作出理性的抉择。当然，在儒家看来，重忠轻孝的选择模式不是随意的，也不是盲目的，而是指在忠孝发生冲突时行为主体又只能在忠道与孝道两者之间选择一种的情况下作出的一种伦理选择。

有的研究者认为，重忠轻孝模式主要发生在君主专制政权建立之后。如朱凤祥认为："自从君主专制政权建立之后，'忠君'作为一种既定观点，是容不得个人向君主讨价还价的，它是臣民必须遵守的政治准则，是无条件的超越一切的神圣义务。唐宋时期特别是理学兴起以后，这种观念愈演愈烈，以至发展到'君虽不君，臣不可以不臣'和'君要臣死，臣不得不死'的地步。"[①] 这个论断从君主的立场来说是成立的，因为忠君作为政治道德要求，自然对统治者来说是必须强调的。李世民也认为，君可以不君，但是臣不可以不臣，他强调"忠君"应当是臣子单方面的"无条件的超越一切的神圣义务"。

但是，对于儒家来说情况未必就是这样。儒家认为，忠是"道统"支配下的忠，不是"君要臣死，臣不得不死"的愚忠，更不是一种无条件的忠。[②] 因为儒家"道统"视野下的忠君与君主专制权力视野下的要求臣民无条件的忠并不是一致的，有时候甚至是矛盾的。如果儒家的

---

① 朱凤祥：《传统中国"忠""孝"矛盾的理论基因和实践表征》，《云南民族大学学报》（哲学社会科学版）2007 年第 3 期。

② 参见本章第一节第二小节"忠德客体"。

忠君理论和君主"治统"权力视野下的忠君是一致的，那么，儒家应该和君主专制是一致的，那么，这样以来，传统社会中广大儒家士大夫对君主的批判应当成为不可能。事实上，广大儒家士大夫对君主的批判是存在的，所以儒家才说"汤武革命，顺乎天而应乎人"，才肯定诛桀纣如"诛一夫"的合理性。我们不能抹杀历史事实，而应当根据历史实践情况，辩证地、实事求是地分析。儒家忠孝的冲突也正是在这种历史语境中发生的。

舍孝全忠、重忠轻孝作为儒家忠孝冲突下的一种选择模式是存在的。无论是先秦时期，还是秦始皇确立皇帝制度之后的社会都是如此。从历史上看，君主专制越强化越残暴的时候，忠的观点和意识就越淡薄；相反，越是君主仁道的时候，忠德观点和意识就越浓厚。

重忠轻孝往往发生在君主专制较为温和的时代，或者是在外族入侵，国家面临危机的时期。当然，儒家的"重忠"一是对王权的承认，二是表示对国家和民族的尽忠。罗哲海说："'忠'乃是国家所能要求人民的基本政治伦理。"① 西汉贾谊认为重忠轻孝具有合理性。他说："人臣者主耳忘身，国耳忘家，公耳忘私，利不苟就，害不苟去，唯义所在。……故父兄之臣诚死宗庙，法度之臣诚死社稷，辅翼之臣诚死君上，守圉扞敌之臣诚死城郭封疆。……顾行而忘利，守节而仗义，故可以托不御之权，可以寄六尺之孤。"（《汉书·贾谊传》）这是要求人臣为国尽忠，公而忘私，国而忘家，尽大忠而弃小家。

儒家认为，人臣作为公职人员在忠与孝只能择其一的情况下，应当尽忠弃孝。荀悦说："在职而不尽忠直之道，罪也。"（《申鉴·杂言上》）在中国传统社会中，当王权政治颓败、政治昏暗时往往会出现大

---

① ［德］罗哲海：《轴心时期的儒家伦理》，陈咏明、翟德瑜译，大象出版社2009年版，第99—100页。

批不顾自家性命和家庭为民请命的忠臣。商代末期的比干就是一例。他因为苦谏而遭剖心之刑。春秋战国时期，当一个国家溃败时也会涌现大量的尽忠报国或者尽忠报主的忠臣。如程婴用自己的儿子替代国君的儿子。

最典型恐怕要算是西汉政治家晁错了。他为了消除异姓诸侯王对中央的威胁，提出削藩政策以便加强中央集权，结果激起诸侯王的兵变。他的父亲痛惜自己的儿子舍孝尽忠，于是服药自杀，晁错自己最后被腰斩于东市。《史记·袁盎晁错列传》记载说："错所更令三十章，诸侯皆喧哗疾晁错。错父闻之，从颍川来，谓错曰：'上初即位，公为政用事，侵削诸侯，别疏人骨肉，人口议多怨公者，何也？'晁错曰：'固也。不如此，天子不尊，宗庙不安。'错父曰：'刘氏安矣，而晁氏危矣，吾去公归矣！'遂饮药死，曰：'吾不忍见祸及吾身。'死十余日，吴楚七国果反，以诛错为名。及窦婴、袁盎进说，上令晁错衣朝衣斩东市。"（《史记·袁盎晁错列传》）晁错提出削藩政策，是为了国家，但是却顾不上自己和家人的安全，所以他自己的父亲亲口说，"刘氏安矣，而晁氏危矣"。这是最为典型的重忠轻孝的案例。

又如，东汉后期袁绍上书说："臣出身为国，破家立事"，"诚以忠孝之节，道不两立，顾私怀己，不能全功。斯亦愚臣破家殉国。"（《后汉书·袁绍传》）袁绍说自己，"破家立事""破家殉国"虽有夸大的成分，但是反映了其重忠轻孝的决心。

重忠轻孝是儒家忠孝冲突一个重要的伦理选择，其最基本的原则是"不以家事废王事"（《后汉书·丁鸿传》）。明末夏完淳密谋抗清事败被捕，生死度外，殉国时年仅十七岁。他曾作诗曰："人生孰无死，贵得死所耳。父得为忠臣，子得为孝子，含笑归太虚，了我分内事。"（《明史·夏完淳传》）《唐会要》卷七十九《谥法上》对忠德行为做了详细地概括："危身奉上曰忠；危身惠上曰忠；让贤尽诚曰忠；危身赠国曰忠；虑国忘家曰忠；盛衰纯固曰忠；临患不反曰忠；安居不念曰忠；廉方公正曰忠。"这也是在忠孝的比较中概括出来的。

事实上，无论是儒家忠孝一体、忠孝一致、忠孝两全，还是重孝轻忠或者是重忠轻孝都体现了儒家忠孝的行为实践方式。关键是在什么情况下实现忠孝一体或解决忠孝冲突。这都体现了儒家的忠德实践智慧。通常情况下，儒家会采用"经"与"权"的方法来处理，用"中庸"和"仁道"的原则来指导。同时，忠孝在何种情况下进行忠与孝的理性选择，还要看具体的道德语境，视具体情况而具体分析。

总之，忠孝行为的选择其实是行为主体在儒家"礼"制度下的一种身份认同，君臣关系中的忠与孝的选择就是如此。因为父子关系是天然的，"父子天性，爱由自然"（《晋书·庾纯传》），所以，子尽孝在传统社会中具有天然的合理性。但是君臣关系不是一种天然的关系，"君臣之交，出自义合"（《晋书·庾纯传》）。尽管君王单方面反复强调"普天王臣"、"家天下"的观点，但是君与臣只是相对的忠德的个体，而并非绝对的支配隶属关系。君臣关系说到底是一种"义合"的关系。《白虎通义》说："臣之事君以义合也。"（《白虎通义·文质》）同时，因为君臣关系不是天然的，所以需要通过一定的"礼仪"程序来完成。[①] 臣尽忠源自臣的"名"所蕴含的"分"，但往往不是君主的"命令"。所以，臣对君的尽忠包含了臣作为忠德主体的主观因素，我们不能仅仅把臣对君的尽忠看成是皇帝制度压制下的产物。如果那样忠德就是一种外在的行为，而非内在的主体道德行为。由此可见，儒家忠孝的统一和冲突是儒家理性道德精神的实践方式和道德自觉。这大概也是儒家理性主义伦理精神在忠孝道德实践领域中的一种反映。

---

① 参见甘怀真：《皇权、礼仪与经典诠释：中国古代政治史研究》，华东师范大学出版社 2008 年版，第 151—224 页。

第四节　忠德与五常

五常即仁、义、礼、智、信，是儒家伦理基本的道德规范。最早提出"五常"说的应该是《尚书·泰誓》。《尚书·泰誓下》说："今商王受，狎侮五常。"这是说商纣王亵渎五常，不讲仁德，结怨于民。孔颖达注疏说："'五常'即五典，谓父义、母慈、兄友、弟恭、子孝，五者人之常行，法天明道为之。"[①] 这里的"五常"：义、慈、友、恭、孝与后来讲的仁、义、礼、智、信是不同的。这里的"五常"还只是停留在家庭伦理范围之内。

到了春秋战国时期，五常逐渐由家庭伦理演变为社会伦理。孔子说："君子义以为质，礼以行之，孙以出之，信以成之。"（《论语·卫灵公》）这里出现了"义"、"礼"、"孙（逊）"、"信"，比起《尚书·泰誓下》中的"五常"中的"父义"又多出了"礼"和"信"范畴。到了孟子那里就出现了"四端"：仁、义、礼、智。他说："恻隐之心，仁也；羞恶之心，义也；恭敬之心，礼也；是非之心，智也。仁、义、礼、智，非由外铄我也，我固有之。"（《孟子·告子上》）孟子认为，仁、义、礼、智"四端"，具有人的内在本质，是人性所固有的。这里的"四端"除了"信"之外，便基本上具备了"五常"的雏形。

到了汉代董仲舒手中，他加上了"信"，"五常"的形态就基本定型。董仲舒在回答汉武帝的对策中详细地论述了"五常"。他说："故汉得天下以来，常欲善治而至今不可善治者，失之于当更化而不更化也。……《诗》云：'宜民宜人，受禄于天。'为政而宜于民者，固当受禄于天。夫仁、谊、礼、知、信五常之道，王者所当修饬也；五者修

---

① 李学勤：《十三经注疏·尚书正义》（标点本），北京大学出版社1999年版，第279页。

饬，故受天之祐，而享鬼神之灵，德施于方外，延及群生也。"（《汉书·董仲舒传》卷五十六）董仲舒认为，汉代之所以能得天下，是因为重视道德，体恤民众，实行了"善治"。为王者如果实行仁、义、礼、智、信"五常"之道，不仅社会和谐，而且还会受到上天和神灵的佑护。这里董仲舒论述了"五常"的道德意义和政治价值。董仲舒在论述"五常"之道德意义和政治价值的时候，借用了鬼神观，这是他的理论论证的思维习惯。这与他的"天人感应学说"相联系。不仅如此，有时候，董仲舒还借用"五行"来论证"五常之道"。他说："东方者木，农之本。司农尚仁，进经术之士，道之以帝王之路，将顺其美，匡捄其恶。……南方者火也，本朝。司马尚智，进贤圣之士，上知天文。……中央者土，君官也。司营尚信，卑身贱体，夙兴夜寐，称述往古，以厉主意。……西方者金，大理司徒也。司徒尚义，臣死君而众人死父。……北方者水，执法司寇也，司寇尚礼。"（《春秋繁露·五行相生》）这里他是把"五常"与"五行"联系起来，目的是为了阐释"五常"的永恒性，这样就使"五常"更加具有合理性。可以说，"五常"从《尚书》中的家庭道德到春秋战国时社会道德最后到封建社会成为底线道德，有一个逐渐发展的过程，直至董仲舒才最后将其完善。

那么，什么是"五常"呢？大致说来有两种含义：一是"五常"指五行，即金、木、水、火、土，也就是指自然界的五种物质。如《庄子·天运》中所说："天有六极五常，帝王顺之则治，逆之则凶。"二是"五常"指五种德性。如前引董仲舒说的"夫仁、义、礼、智、信，五常之道，王者所当修饬。"《白虎通义》对"五常"的解释最具有代表性。《白虎通义》说："五性者何？谓仁义礼智信也。仁者，不忍也，施生爱人也。义者，宜也，断决得中也。礼者，履也，履道成文也。智者，知也。独见前闻，不惑于事，见微者也。信者，诚也，专一不移也。故人生而应八卦之体，得五气以为常，仁义礼智信是也。"
（《白虎通义·性情》卷八）这里的仁、义、礼、智、信就是指人的五
种德性。周敦颐在《通书》中也说："德：爱曰仁，宜曰义，理曰礼，
通曰智，守曰信。"这也是指仁、义、礼、智、信的五种德性。

我们说的"五常"自然不是指自然界的五种物质，而是指儒家看
来具有永恒价值的五种道德规范：仁、义、礼、智、信。儒家常常把
"三纲"与"五常"联系在一起，认为"三纲五常"具有超越时代性、
地域性，是一种永恒的存在。朱熹说："三纲五常亘古至今不可易。"
（《朱子语类》卷二十四）陈傅良也说："自古及今，天地无不位之理，
万物无不育之理，则三纲五常亦无绝灭之理。"（陈傅良《止斋集》卷
二十八）明代大儒薛瑄认为，三纲五常之道具有外在的超越性，他说：
"三纲五常之道，根于天命而具于人心，历万世如一日，循之则为顺天
理而始，悖之则为逆天理而乱。"（《读书录》）儒家既然认为三纲五常
"根于天命而具于人心，历万世如一日"，所以，要求人们"三纲五常，
日用而不可须臾舍，犹布帛、菽粟不可一日而无也，舍此他求，则非所
以为道矣。"（《读书录》卷六）

那么，五常与忠德又是什么关系呢？笔者认为，总体说来，"仁、
义、礼、智、信"五常分有了忠的德性。换句话说，忠德渗透在五常
之中，体现在道德主体施于道德客体的伦理实践中。同时，忠又为
"仁、义、礼、智、信"五常保驾护航，是五常成功完成道德行为的一
种内在的德性精神和原则。忠与五常是相互影响，相互区别又相互联
系的。

一、忠与仁

"仁"是儒家学说的核心概念之一。清代著名学者阮元认为，"夏
商之前无仁字。《虞书》'克明俊德'即与《孟子》仁字无异，故仁字

不见于《尚书》虞夏周书、《诗》雅颂、《易》卦爻辞中。"(《挈经室一集》卷九)"仁"字最早出现在《尚书·金腾》"予仁若考"中。这里的"仁",俞樾认为当作"佞",指口才好,表示一种能力。这与后来的"仁"作为一种德性相区别。许慎在《说文解字》中说:"仁,亲也。从人二。"段玉裁注释说:"独则无偶,偶则相亲,故字从人二。"可知,"仁"原意是指人与人之间的一种亲密关系。

《诗经》中有两处说到"仁":一是《郑风·叔于田》,"不如叔也,洵美且仁";二是《齐风·卢令》,"卢令令,其人美且仁"。这里的"仁"与"美"都表示一种美,只是"美"指外在的形体美;"仁"指内在的心灵美。

《周礼·地官司徒》将"知、仁、圣、义、忠、和"称为"六德",而"仁"代表一种美德。"仁"使用次数较多的是《左传》,凡33处,《国语》次之,凡24处,《诗经》2次,《尚书》5次出现"仁"。在孔子系统总结论述"仁"之前,"仁"是众多的德目之一,与圣、义、礼、勇的德目是平等的。如《国语·周语中》说:"夫仁、礼、勇,皆民之为也。以义死用谓之勇,奉义顺则谓之礼,畜义丰功谓之仁。"这里仁、礼、勇是并列的德目。又如《国语·周语中》说:"礼以观忠、信、仁、义也。"这里忠、信、仁、义也是平等的德目,是在"礼"的范围之内。再如《左传·庄公二十二年》说:"弗纳于淫,仁也。"《左传·僖公三十三年》说:"出门如宾,承事如祭,仁之则也。"

总之,在孔子之前,"仁"的含义是零碎的,不成体系的,也不是统领一切的"总德",它与其他的德目处于平等的地位。

孔子在面对礼崩乐坏的春秋末期,为了重振社会秩序,在前人留下来的大量的文献基础上,总结过去,面对现实,创立了以仁为核心的儒家学说。在孔子创立的儒学中,仁是最为核心的范畴,是儒学最高的范畴，具有广泛的内涵。仅《论语》一书出现"仁"字，达 109 处。①

孔子讲的"仁"的具体内容是什么呢？不同的学者有不同的看法。王钧林在《中国儒学史》中认为，孔子的仁学有以下几个方面的内容：一指血缘关系范围的"爱亲"；二是指"四海之内皆兄弟"的"爱人"；三是泽及禽兽草木的"爱物"；四是指推己及人的仁爱方法。② 概括起来，就是"亲亲"、"仁民""爱物"及其推己及人的方法即为"仁"。

韦政通在《中国哲学辞典》中认为，仁的含义可以分为三类：一是伦理的；二是政治的；三是宇宙论的。伦理的含义包括：心之德；爱；博爱；爱得分；敬；孝；不背本；义之本；以德报怨；温润而泽；恩；恕；不淫色；不杀；人心；人性；性心合；立人之道；吸引之力；仁有差等；等等。政治的含义包括：让国；利国。宇宙论的含义包括：与万物一体；生。并且认为仁涵众德，具有伦理、政治、宇宙论的功能。③

韦政通先生将"仁"概括为伦理的、政治的、宇宙论的三种类别，这是合理的。不过，关于这三类之中仁的具体含义，有的就显得重叠和繁琐。

葛荣晋教授认为，"仁"这个概念，在不同的历史时期的不同思想家那里具有各种各样的界说，但是却有一个共同的本质的规定：崇尚仁道，追求博爱。同时，他还认为，"仁"如同其他范畴一样是一个动态的概念，在不同的历史时期，其内涵和外延是随时而变的。他说，在儒学发展史上，仁有四次大的理论变化和突破。第一次是以孔子、孟子、

----

① 参见杨伯峻：《论语译注》，中华书局 1980 年版，第 221 页。

② 王钧林：《中国儒学史》（先秦卷），广东教育出版社 1998 年版，第 130—138 页。

③ 韦政通：《中国哲学辞典》，王冰校勘，吉林出版集团有限责任公司 2009 年版，第 159—164 页。

韩愈为代表，提出以爱释仁的伦理观念；第二次是以程（二程）、朱（朱熹）、陆（陆九渊）、王（王阳明）为代表，提出以"生"释仁的宇宙观；第三次是以谭嗣同为代表，提出以"通"释仁的社会观；第四次是以毛泽东为代表，以阶级观点释仁，将仁与马克思主义结合，并赋予仁学以现代社会意义。①

王博教授认为，"从《论语》和儒学史共同构成的观察视角来看，仁的最基本的内涵就是爱，更确切地说是爱人"。② 作者从情感、关系、秩序等角度对此观点进行了论述。

以上诸位研究者的分析从不同的角度和视野对"仁"的内涵进行了分析。这对我们理解和把握儒学的"仁"的伦理内涵是有益的。

我们认为，要想真正理解"仁"，应当把"仁"的内涵分为广义和狭义的层面。广义的"仁"代表儒学这个学派，包括亲亲、仁爱、及物等的内容，是统摄一切的理论体系。正如著名学者陈来教授所说："仁是人之全德，就是说，仁不是某一个方面的德性，仁代表整体品质德性。"③ 这个"仁"，也就是宋代邵雍讲的"全人"。（《宋元学案·百源学案》）狭义的仁，这是一种道德规范，与儒家其他的德目如礼、义、信、智、廉、耻、孝、诚等是处于平等的地位，但是彼此之间又相互联系。陈来教授说："狭义的仁与义礼智信相分别，广义的仁则包含义礼智信。"④

分析了仁的广义与狭义的层面，再来比较它与忠的联系与区别。

第一，从广义的仁与忠的比较来看，仁包括了忠。忠作为一种德性和实践理性精神，也有广义和狭义之分。广义的忠具有"全德"的性

---

① 葛荣晋：《中国哲学范畴通论》，首都师范大学出版社 2001 年版，第 727 页。
② 王博：《中国儒学史》（先秦卷），北京大学出版社 2011 年版，第 70 页。
③ 陈来：《孔夫子与现代世界》，北京大学出版社 2001 年版，第 195 页。
④ 陈来：《孔夫子与现代世界》，北京大学出版社 2001 年版，第 195 页。

质，它包括做人之忠和为政之忠等方面。在这个层次上，它与作为广义上的仁在某种程度上存在"重叠共识"。这仅仅是从全德的视野来说的。但是在地位上，它比仁要低；在广度上比仁要狭窄，因为广义的仁可以说是无所不包。儒家认为，广义的仁近乎一种人化的文化体系，代表了人的第二天性的内在本质和外在的超越，是一种系统化体系化的学说。从这个角度上看，忠虽然作为全德，但是宽度却没有仁广泛。至少忠不是一种称为儒家核心体系的学说，它只是儒家仁学研究的一个重要的范畴。

第二，从狭义的仁与忠的比较来看，忠的范围要比仁广泛。在这种情况下，仁只是"五常"之一，是一种"爱"的道德规范，与义、礼、智、信是平等的道德范畴。忠则是代表一种全德，它的范围就比仁要广泛。这时，仁是分享了忠的德性。但是，两者不是并列的关系，而是仁的范围要小于忠的范围。

狭义的仁只是代表一种爱。在实践中这个仁的行为，如果缺少了忠的德性，其道德行为的合理性就会大打折扣，仁爱的效度也会被削弱。

孔子曾经打了个很有名的比喻。他说，爱父母，孝敬父母，这应当是人人都有的道德感情，这种纯粹的自然的爱与敬算是一种纯粹的仁的行为。但是，这种纯粹的爱父母，奉养父母的行为，动物也有。区别人与动物对孝敬父母的关键是孝行的主体是否用自己的心，忠心诚意地去做，也就是说是否加入"忠"的尽心尽力的道德内涵是人与动物相区别的关键所在。所以，他说："今之孝者，是谓能养。至于犬马，皆能有养。不敬，何以别乎？"（《论语·为政》）

因此，仁爱的行为如果缺少忠德的内涵，就会影响仁爱行为的强度和效度。甚至严重的堕落到与动物的自然本能的行为毫无区别的地步。在大千世界中，纯粹的自然的仁爱的行为，不仅仅只有人类有，动物也有。人与动物行为的区别是，人的行为是出于伦理的意志和自觉，而动物的行为是出于其自然的本能，缺少主体意志和自觉。忠德的德性内涵如尽心尽力只有渗透在仁爱的实践行动之中，才能使得人的行为成其为人的行为，才能使得仁爱的行为主体彰显为人的伦理行为，才能体现出人的道德行为的高尚。

所以说，儒家仁的学说十分重视忠的价值，就是因为忠与仁这两者的关系十分密切，但是又互相区别，互相联系，互相影响。

二、忠与义

义，繁体字为"義"，是会意字。早在甲骨文中就已经出现。由"羊"、"我"两部分构成。《说文解字》说："义，己之威仪也，从我从羊。"《释名》说："义，宜也，制裁事物使各宜也。"后来的义，指人的德行、言语、行为举止等符合善的道德标准，能够达到一种恰到好处的程度。儒家常常把义与忠合用，用忠义来指人的德性和德行及其道德规范。

韦政通先生认为："在后来的社会，义代表了善行、善事和善人。如义士、义侠、义姑、义夫、义妇、义井、义庄、义舍、义学、义浆、义冢、义田、义樽、义役等。义被如此广泛使用，足以说明一点：它已不只是少数哲人们所提倡的一个道德观，而是历代社会所共许的生活准则。"①

我们认为，"五常"之一的义，指的是一种符合善和中道的行为准则和行为。《国语·周语》说："义，所以制断事宜也。"《论语》说："君子义以为上。"（《论语·阳货》）"见义不为，无勇也。"（《论语·为政》）"君子义以为质。"（《论语·卫灵公》）《孟子》说："义，人

---

① 韦政通：《中国哲学辞典》，王冰校勘，吉林出版集团有限责任公司 2009 年版，第 65 页。

之正路也。"(《孟子·离娄上》)又说:"羞恶之心,义也。"(《孟子·告子上》)《中庸》说:"义者,宜也,尊贤为大。"韩愈说:"博爱之谓仁,行而宜之之谓义。"(《原道》)这些都含有好、善、仁的意思。朱舜水概括说:"义者万物自然之则,人情天理之公。譬之水然,或遇方而成珪,或因圆而成璧。若举事以求合乎义,则土之型,金之范矣,非义也。因时制宜,而不失范型之意,是即所谓义矣。羞恶之心,为义之端。傥未尝慎之于始,而不胜愤忿之心,或可谓之勇尔,不可谓之义也。"(《朱舜水集·杂著·义》卷十七)义,也就是善的行为,这种善的行为就是符合中庸的标准,是"因时制宜",是个动态的过程。肖群忠教授认为:"宜,就是善、正确或恰当,指对一切事物的制断合于节度,处理一切事物合宜,这都被称为'义'。"①

义,除了与仁连用,构成仁义,也常常与忠连用,构成忠义。忠是一种尽心尽力的德性,没有具体的行为对象。义既指一种善的中道的行为标准,又指一种行为。所以,忠义正好完整地构成了一种德性行为所需要的全部道德智慧。

那么,忠与义的联系和区别是什么呢?

第一,忠与义的联系。首先,两者都是儒家重要的道德规范和行为。忠与义都含有好和善的意思。只是忠含有的善是指一种广泛的含义,没有具体所指。义含有的善是指一种具体的善和具体的道德行为。

《尚书·洪范》所说:"无偏无陂,遵王之义;无有作好,遵王之道;无有作恶,遵王之路。"无偏,无个人私下的好与恶,而是遵循社会公义,这本身是一种义的行为,也是一种善的行为,自然也是一种忠的行为。义因为代表一种善的行为,具有公的内涵,所以,中国传统社会经常发生义利之辨。义利之辨也就是公私之辨。同时,公义,也可以

---

① 肖群忠:《中国道德智慧十五讲》,北京大学出版社 2008 年版,第 243 页。

说是公忠，两者都具有公的意思。

其次，义与忠都被统摄于"仁"或"理"的范围之中。孔子之前是仁的酝酿，发展时期，到了孔子那里仁才形成一个系统的学说体系，并成为一个范围广泛的道德学说。它包括了忠、义、孝、耻等诸多范畴。

《论语·阳货》中记载了子张问仁于孔子。孔子说："能行五者于天下，为仁矣。请问之，曰：恭、宽、信、敏、惠。"这里仁是众德之首又统摄其他诸德。在儒家思想中，仁是与物同体的，是人化的自然和社会的一种存在。程颢《识仁》中说："仁者浑然与物同体，义、礼、智、信皆仁也。"潘平格在《求仁录辑要》卷一中也说："仁也者，浑然天地万物一体。"《尸子·处道》也说："德者，天地万物得也；义者，天地万物宜也；礼者，天地万物体也。使天地万物皆得其宜，当其体者，谓之大仁。"因为仁是"浑然天地万物一体"，所以，忠与义是在仁的范围之内，而不是超越仁。

宋明理学时代，"理"取代"仁"而成为一个无所不包的形而上学的体系。"理"包括人的内在德性、社会秩序和自然法则，具有普遍性和先验性的特点。

朱熹所说："天理这只是仁义礼智之总名，仁义礼智便是天理之件数。"（《朱子语类》卷十三）又说："未有这事，先有这理。如未有君臣，已先有君臣之理；未有父子，已先有父子之理。不成元无此理，直待有君臣父子，却旋将道理入在里面！"（《朱子语类》卷九十五）这里朱熹认为，理具有先验性、普遍性和超越性。他认为，理先于人类社会而存在，后又为人类社会所填充。他说："未有天地之先，毕竟也只是理，有此理，便有此天地。若无此理，便亦无天地，无人，无物，都无该载了。"（《朱子语类》卷一）陆九渊也认为："此理本天所以与我，非由我外铄。"（《陆九渊集·与曾宅之书》）陆九渊从心学的立场出发，认为理是人内心本来就存在的本质，是人心所固有的德性，而不是外来的力量使然。王夫之说："万事万理之理，无非吾心之所固有，特不能尽吾心之知以知之，尽吾行之行以行之。"（《船山全书·四书训义》卷八）

无论是理学家认为理是外在的客观世界还是人类本性所固有的德性，都不能否定理的普遍性和超验性及先验性。俗世中的人因为受到"欲望"的支配，而失去人本性固有的天理，所以，理学家频繁地强调"存天理，灭人欲"。程颢说："人心莫不有知，惟蔽于人欲，而亡天理也。"（《河南程氏遗书》卷十一）朱熹说："学者须是革尽人欲，复尽天理，方始是学。"（《朱子语类》卷十三）王阳明也说："必欲此心纯乎天理，而无一毫人欲之私，此作圣之功也。"（《王阳明全集·答陆原静》）在理学家看来，忠与义的行为都是在为"存天理，灭人欲"效力，此两者都是在"理"的统摄下行动。

因此，忠与义在仁或理的视野中两者是并列的道德德目，在道德谱系中两者是平等的。

第二，忠与义的不同。首先，忠的范畴比义的范畴广。忠具有全德的性质，而义则不具备，因为义更多是指是非善恶的标准和人们行为的道德价值判断。如孟子说的"义，人之正路也"（《孟子·离娄上》），同时，义具有行为外在性的特点，而忠具有内在性。孟子说："夫义，路也；礼门也。惟君子能由是路，出入是门也。"（《孟子·万章下》）

义，主要是强调实践行动。孟子说："人皆有所不忍，达之于其所忍，仁也。人皆有所不为，达之于其所为，义也。"（《孟子·尽心下》）这里"达之于其所为，义也"，强调是具体的行为。离开了具体的实践行为，义就很难表现为义。因此，义是忠德的具体的实践形态。孟子说："人能充无受尔汝之实，无所往而不为义也。"（《孟子·尽心下》）还说："行一不义，杀一不辜而得天下，皆不为也。"（《孟子·公孙丑上》）这个义必须体现出行为的正当性，否则就是不义。所以，孟子说："非礼之礼，非义之义，大人弗为。"（《孟子·离娄下》）还说："大人者，言不必信，行不必果，惟义所在。"（《孟子·离娄下》）

忠不仅仅体现在行动上，也体现在德性上。虽然忠与义都可以表现为公正、正义、善，具有内在的一致性。但是在具体的实践行动中，忠不仅体现为内在的德性，表示尽心尽力，还体现为内在的德性，如忠行。而义则一般不表现为内在的德性，它常常表现在具体的实践行为中。

其次，在传统社会中，义的外在性特点能够在社会角色伦理中体现得十分充分，而这种体现其实是分享了忠的德性内涵，体现的是一种忠德的实践行为。最典型的是在君臣关系中的体现。义，用于君德方面，主张"君义"。《左传·隐公三年》中记载说，鲁国国君因为孟孝伯之死而在立嗣问题上产生分歧，而对"义"的把握成为选立太子的重要因素。《左传》说："大子死，有母弟则立之，无则长立。年钧择贤，义钧则卜，古之道也。"（《左传·襄公三十一年》）义，用于臣德方面，含有公正无私的内涵。《左传》说："近不失亲，远不失举，可谓义矣。"（《左传·昭公二十八年》）这是孔子评价魏献子的德性的话。但是晋国的韩宣死后，魏献子执掌国政，他任人唯贤，新任命了十位大夫，孔子评价他"近不失亲，远不失举，可谓义矣"。

君臣关系的缔结不是天然的，而是一种"义合"，《白虎通义》明确提出了"君臣义合"，说："臣之事君以义合也。得亲供养，故质己之诚，副己之意，故有贽也。"（《白虎通义·文质》）《晋书》也明确说："臣闻父子天性，爱由自然，君臣之交，出自义合。"（《晋书·庾纯传》）这也就是说"义"是君臣关系的纽带，君臣无义，则君臣关系解体。朱熹直接说："君臣义合，不合则去。"（《孟子集注·万章下》）

如何体现君臣的"义"，其实这种"义"也就是忠。君臣义合，也就是要求臣忠，君也要忠。这个时候义的体现也就是忠德的体现，这是对忠的德性内涵的分有。

最后，义在家庭伦理中的体现，也是对忠的分享。传统家庭伦理主要包括父子、兄弟、夫妇等。对父母来说，父母要做到"父义母慈"（《左传·文公十八年》），母亲还要做到"母义子爱"（《左传·文公六年》）。在兄弟关系中，弟弟要做到"从兄"。孟子说："仁之实，事亲是也；义之实，从兄是也。"（《孟子·离娄上》）还说："亲亲，仁也；敬长，义也。"（《孟子·尽心上》）也就是晚辈尊敬长辈是一种"义"，长辈对晚辈也应当是"义"。《礼记·祭义》说："敬长，为其近与兄也。"也就是说，除了"母义""父义"之外，对晚辈来说，也应当"敬长""从兄"。朱熹说："仁主于爱，而爱莫切于事亲；义主于敬，而敬莫先于从兄。故仁义之道，其用至广，而其实不越于事亲从兄之间。盖良心之发，最为切近而精实者。"（《孟子集注·离娄上》）义在夫妻关系中，指的是"夫和而义，妻柔而正。"（《左传·昭公二十六年》）如果夫妻之间缺少了义，则意味着夫妻关系的破裂。《唐律疏义》明确规定："夫妻义合，义绝则离。"（《唐律疏义·户婚律》义绝离之条）

这种父子、兄弟还有夫妻关系的"义"，也是忠的一种体现。所以，义合，也是忠的一种体现。

由此可见，义是指具体的角色伦理中的实践行为，而忠表达的范围比义要广泛，它除了具体角色伦理中规定的君臣、父子、夫妇、兄弟之间要忠诚之外，还体现在道德行为主体的内心的尽心尽力的意志和意识以及忠德修养。在这个层面上，义是忠的范畴之内的义。所以，忠义往往并连在一起使用。如果说忠表示一种全德，那么义就是对忠德一种具体呈现和实践。

三、忠与礼

礼，起源于宗教祭祀活动。《说文解字》说："礼，履也，所以事神致福也。"王国维认为："奉神人之事通谓之礼。"（《观堂集林·释礼》）钱穆先生认为："礼本是指宗教上一种祭神的仪文"，"包括'宗教的、政治的、伦理的'三部门的意义，其愈后起的部门则愈占重要。"①

礼的内涵，有广义和狭义之分。广义的礼指一切典章制度和社会规范以及相应的仪式节文，包括制度、法令、风俗、礼节、习惯等。《礼记·丧服四制》说："凡礼之大体，体天地，法四时，则阴阳，顺人情，故谓之礼。"这是指广义的礼，包含了自然之礼、道德之礼和纲常之礼。在中国传统伦理思想中，对礼做过充分论述的有荀子和李觏。荀子说："礼者，法之大分，类之纲纪也，故学至乎《礼》而止矣。夫是之谓道德之极。"（《荀子·劝学》）这说的是广义的礼。李觏说："饮食、衣服、宫室、器皿、夫妇、父子、长幼、君臣、上下、师友、宾客、死丧、祭祀，礼之本也。曰乐、曰政、曰刑，礼之支也。……曰仁、曰义、曰智、曰信，礼之别名也。是七者，盖皆礼矣。"（《李觏集·礼论第一》卷二）李觏把礼的类别作了细分。

狭义的礼，是五常之一，主要是指道德范围内的礼仪、礼节和礼貌等。《礼记·冠义》说："礼仪之始，在于正容体、齐颜色、顺辞令。"孟子说："辞让之心，礼之端也。"（《孟子·公孙丑上》）程颐说："上下之分，尊卑之义，理之当也，礼之本也。"（《周易程氏传》卷一）这些是指一种狭义的礼，是指处理人际关系中的礼节和礼仪，等等。

无论是广义的礼还是狭义的礼，在中国传统伦理思想中都具有重要

---

① 钱穆：《中国文化史导论》，商务印书馆1994年版，第72页。

的地位。所以，有的时候人们又把儒学称之"礼教"。

那么，作为五常之一的礼与忠有什么区别？我们认为，无论是广义的礼还是狭义的礼都具有客观性和强制性的特点，但是忠则主要具有主体性和自主性的特点。换句话说，礼是一种客观的存在，外在于人，依据于典章、文字或法律条文。而忠则不能离开人的主体性而存在。

在中国传统社会中，礼具有客观性强制性的特点，它无论在协调人际关系、宗教祭祀、典章制度方面都有具体的规定，是一种客观的存在。一个人如果在既定的礼仪制度中违反了具体的礼节，轻则受到人们的耻笑，重则会受到惩罚。

古代社会重视礼，针对国家官职的设立，具有制度伦理的重要意义的则是《周礼》；针对具体个体行为的有《仪礼》；对"礼"作义理阐发和解释的有《礼记》。

对国家来说，礼具有"经国家，定社稷，序民人，利后嗣"（《左传·隐公十一年》）的作用。也就是说，礼具有治国安邦的作用，是治国平天下重要的工具。《左传·昭公二十年》说："礼所以守其国，行其政令，无失其民者也。"缺少了礼，国家就会陷入混乱，社会道德秩序就会失范。荀子说："故人无礼则不生，事无礼则不成，国家无礼则不宁。"（《荀子·修身》）因此，儒家反复强调要依据礼来治理国家，协调人际关系。孔子说："道之以政，齐之以刑，民免而无耻。道之以德，齐之以礼，有耻且格。"（《论语·为政》）孔子认为，政令和刑罚的作用只是强调镇压，是一种强硬的措施，被统治者未必心服，只有实行德与礼并用的方式才能彻底治理好社会。贾谊在《新书》详细地阐释了礼在治国安邦中的价值。他说："道德仁义，非礼不成，教训正俗，非礼不备，分争辩讼，非礼不决。君臣、上下、父子、兄弟，非礼不定。宦学事师，非礼不亲。班朝治军、莅官行法，非礼威严不行。祷祠、祭祀、供给鬼神，非礼不诚不庄。"（《新书·礼》）因此，国家的安宁、制度合理性的确证、个体在社会中的职业和角色定位等不能缺少礼。礼是君君、臣臣、父父、子子、夫妇等角色定位合法性的来源。

儒家主张"正名"，认为名不正，则言不顺。那么，名如何正？这需要通过一定的礼仪程序来确定。例如，君臣关系的确定就需要依据一定的礼仪来确定。一个人要想从一般的平民成为为国家效力的人臣，不是自然形成的，而要实行"策名委质"的仪式。服虔注释《左传》时就说明了君臣关系确立的"策名委质"的仪式程序。他说："古者始仕，必先书其名于策，委死之质于君，然后为臣，示必死于节其君也。"① 称臣的仪式大致是为臣的向君主奉献呈递表策，然后臣的名字经君主的认定登记在"名籍"之中。这也是人们常说的"奉表称臣"。《宋书》说："一奉表疏，便为彼臣，以臣伐君，于义不可。"（《宋书·袁顗传》）经过这种"奉表称臣"的仪式而缔结的"君臣关系"才是合法的君臣关系。这个时候，臣应当向君主尽忠。如果"以臣伐君"那么就是臣违背礼法，"于义不可"。

因此，礼确定的国家和社会的名分制度包括君臣关系在内是客观的，个体无法改变。忠则更多是强调在"礼"这种名分制度中尽心尽力，尽职尽责。

由此可见，礼无论是确定国家秩序还是确定社会角色和身份都是十分重要的。所以《礼记·礼运》说："治国不以礼，犹无耜而耕也。"

对社会来说，礼能够协调人际关系，确定社会角色和身份。荀子说："礼者，贵贱有等，长幼有差，贫富轻重皆有称者也。"（《荀子·富国》）同时，每个社会角色都有相应的礼仪。荀子说："衣服有制，宫室有度，人徒有数，丧祭械用皆有等宜。"（《荀子·王制》）例如，

---

① 转引自甘怀真：《皇权、礼仪与经典诠释：中国古代政治史研究》，华东师范大学出版社 2008 年版，第 173 页。

拿宫室来说，不同政治身份的人住的宫室有不同的规格标准，这是礼规定的，不能随便改变。"天子之堂九尺，诸侯七尺，大夫五尺，士三尺。"（《礼记·礼器》）再如棺椁的规格也是如此。"天子棺椁九重"，"公侯五重"，"大夫有大棺三重"，"士无大棺二重"（《白虎通义·崩薨》）。

又例如，夫妻关系是传统社会五伦之一，但是夫妻关系不是随便可以缔结的，而是要经过礼的程序，需要经过纳采、问名、纳吉、纳征、请期、亲迎这"六礼"才能具有合法性。那种"不待父母之命、媒妁之言，钻穴隙相窥，逾墙相从"的行为，"则父母国人皆贱之"（《孟子·滕文公下》）。他们的夫妻关系是很难被社会承认的。所以，《礼记·昏义》说："昏礼者，将合二姓之好，上以事宗庙，而下以继后世也，故君子重之。是以昏礼纳采，问名，纳吉，纳征，请期，皆主人筵几于庙，而拜迎于门外，入，揖让而升，听命于庙，所以敬慎重正昏礼也。"

因此，礼是社会秩序的保证，礼崩乐坏，天下就会大乱。春秋战国时期就是如此。所以，孔子为了实现"君君、臣臣、父父、子子"的有序社会才提出"正名"的思想。

司马光认为，普天之下为什么能够受制于皇帝一人呢？那是因为有礼的缘故。他说："天子之职莫大于礼，礼莫大于分，分莫大于名。何谓礼？纪纲是也；何谓分？君臣是也；何谓名？公、侯、卿、大夫是也。夫以四海之广，兆民之众，受制于一人，虽有绝伦之力，高世之智，莫敢不奔走而服役者，岂非以礼为之纪纲哉！"（《资治通鉴·周纪一》卷一）如果没有礼，就算一个人有"绝伦之力"，"高世之智"，也不可能保证社会秩序的长治久安。因为有礼，所以才能实现社会"上下想报而国家治安"。司马光说："是故，天子统三公，三公率诸侯，诸侯制卿大夫，卿大夫治士庶人。贵以临贱，贱以承贵。上之使下，犹心腹之运手足，根本之制支叶；下之事上，犹手足之卫心腹，支叶之庇本根。然后能上下相保而国家治安。故曰：天子之职莫大于礼也。"（《资治通鉴·周纪一》卷一）尽管这里司马光论述礼的作用是充满了"贵以临贱"的不平等性，具有为统治者代言说教的迂腐味，但是却说明了礼对统治者治理国家和社会的重要作用。

对于个体来说，礼是一个人安身立命之本。孔子说："不学礼，无以立。"（《论语·季氏》）还说："不知礼，无以立也。"（《论语·尧曰》）一个人是不是社会意义上的人就是看其是否讲礼、是否具备礼的修养。"礼，人之干也。无礼，无以立。"（《左传·昭公七年》）一个人想要在社会上立身处世，就必须懂得礼，需要不断加强礼的学习。《周礼》把礼分为五大类别：吉礼、凶礼、军礼、宾礼、嘉礼，而且对每种礼都做了详细规定，以便使人更好地学习和践行。一个人不懂得礼，就与动物没有什么区别。《礼记·曲礼上》说："今人而无礼，虽能言，不亦禽兽之心乎？""无礼而非人类矣。"（石成金《传家宝·人事通》二集卷二）只有懂得礼的人才算是真正社会意义上的文明人。荀子说："宜于时通，利以处穷，礼信是也。凡用血气、志意、知虑，由礼则治通，不由礼则勃乱提僈；食饮、衣服、居处、动静，由礼则和节，不由礼则触陷生疾；容貌、态度、进退、趋行，由礼则雅，不由礼则夷固僻违、庸众而野。故人无礼则不生，事无礼则不成，国家无礼则不宁。"（《荀子·修身》）《诗经·相鼠》还讽刺那些无礼的人，认为"人而无仪，不死何为？""人而无礼！胡不遄死？"这些都表明，一个人如果不懂得礼，就无法在社会上立足。

总之，无论是对国家、社会，还是个人，礼都是不可或缺的。但是这种礼不是以某个人的意志为转移的，它是客观的，而且具有强制性。但是，忠则不具有礼的这种客观性、制度性、秩序性和强制性的特点。忠相对于礼来说，更加强调主动性、能动性和自主性。一个人是否忠，首先是从自我的内心出发，而不是从外在的礼仪出发。

同时，忠行只能是在礼仪制度规定下行动，不能忽视礼的客观存在的规定。否则，就很难达到忠行的预期效果。礼为忠的实践做了具体的规定。一个人只有在礼规定的范围内行忠，才是忠，才能被社会承认。一句话，越是在礼的范围中尽忠，就越显得忠。

著名思想家牟宗三先生说："尽心尽性就要在礼乐的礼制中尽，而尽伦尽制亦就算尽了仁义内在之心性。"①《中庸》讲的"尽己之性"、"尽人之性"、"尽物之性"等的实现，也只能在礼制之中才能成为现实。

在这种情况下，礼和忠又是相通的。只有礼的客观性，而如果没有忠的内化和外在的实践行动，礼的目的就无法兑现。只有尽心尽性的忠行而没有礼的规定，忠行就会失去制度保障。

表面看来，礼和忠是完全对立的，因为礼具有客观性，注重秩序、典章制度、风俗习惯和礼仪节度；而忠具有主观性。但是从另外一个角度来看，两者之间具有内在的统一性。如果把内在主体性的忠看得过高，而无视礼的存在，那么，忠就不知道如何实现。如果把礼看得过高，而无视忠的内在性，则礼就会流于形式，更显得虚伪和欺诈。正是因为有礼的规定性，又有忠的内在主体性，所以，尽忠才是可能的，也才是现实的。牟宗三说："就在此'尽'字上，遂得延续民族，发扬文化，表现精神。你可以在此尽情尽理，尽才尽性；而且容纳任何人的尽，容许任何人尽量地尽。（荀子曰：王者尽制者，圣人尽伦者也。孟子云：尽心知性知天。）在此'尽'上，各个个体取得了反省的自觉，表现了'主体自由'，而成就其为'独体'。"②

---

① 牟宗三：《历史哲学》，广西师范大学出版社 2007 年版，第 151 页。
② 转引自方朝晖：《文明的毁灭与新生：儒学与中国现代性研究》，中国人民大学出版社 2011 年版，第 92 页。

四、忠与智

智，指智慧、聪明。《现代汉语词典》智慧，认为是"指人认识、理解客观事物并运用、经验等解决问题的能力，包括记忆、观察、想象、思考、判断等"。① 在中古伦理思想史上，智和知往往是相通的，并且是"三达德"之一，也是"五常"之一。《礼记·中庸》说："知、仁、勇三者，天下之达德也。"韦政通先生认为，智和知有时候是有细微的区别的。韦政通先生认为，认知的能力，叫作知；认知能力和外物相遇，所得的知识叫作智。② 他例举了荀子的一段话来证明。荀子说："所以知之在人者，谓之知；知有所合，谓之智。"

我们认为，一方面把"知"当作认知的层面来看待，这个时候"知"与"智"是相区别的；另一方面，作为德性层面，知与智是相同的，尤其是作为"五常"之一的"智"。我们不把"知"和"智"作严格地区别，认为两者是相通的。《释名·释言语》："智，知也，无所不知也。"孔子说："里仁为美，择不处仁，焉得知。"（《论语·里仁》）这里的"知"朱熹注释为，"为是非之本心"。孟子说："是非之心，智也。"（《孟子·告子上》）董仲舒也说："不仁而有勇力材能，则狂而操利兵也；不智而辩慧狷给，则迷而乘良马也。故不仁不智而有材能，将以其材能，以辅其邪狂之心，而赞其僻违之行，适足以大其非，而甚其恶耳。"（《春秋繁露·必仁且智》）董仲舒认为，不仁而只有勇气，就会没有约束地动用武力，不聪明却会诡辩而且急躁的，就如同骑着马在迷失方向的道路上奔驰。不仁不智却独有能力的人只会增加其邪狂之心，帮助这样的人只会增加这样的人的罪恶。因此，智德是忠

① 《现代言语词典》，商务印书馆1983年版，第1492页。
② 韦政通：《中国哲学辞典》，王冰校勘，吉林出版集团有限责任公司2009年版，第412页。

德行为实践不可缺少的德性。

那么，什么是智德呢？智作为德性，是一种道德理性能力，他不仅仅是一种道德认知能力，也是一种选择判断能力。[1] 董仲舒说："何谓智？先言而后当。凡人欲舍行为，皆以其智先规而后为之。其规是者，其所为得，其所事当，其行遂，其名荣，其身故利而无患，福及子孙，德加万民。……故曰：莫急于智。"（《春秋繁露·必仁且智》）董仲舒认为，智就是要"先言而后当"，也就是说要先有理性认知、分析、判断，然后才去行动。这样才能"所为得"，"所事当"，"福及子孙，德加万民"。又说："智者见祸福远，其知利害蚤，物动而知其化，事兴而知其归，见始而知其终，言之而无敢哗，立之而不可废，取之而不可舍，前后不相悖，终始有类，思之而有复，及之而不可厌，其言寡而足，约而喻，简而达，省而具，少而不可益，多而不可损，其动中伦，其言当务，如是者，谓之智。"（《春秋繁露·必仁且智》）智慧的人能够分析福祸、利害，懂得事物的变化，知道事物的发展规律、方向和结果，在事物开始时就能够分析其结果，因为智慧的人具有理性的分析判断能力，而且这样的人不会哗众取宠，一心关注事物的发展，从事物开始到事物结束都会有条不紊地对待，做到做任何事都是有始有终，而且会持之以恒，不会厌弃。这样的人才是具有智德的人。所以说，智德具有明是非、辨善恶、识利害、通变化、贵知己、善识人、明本末等作用。

那么，这样的睿智的德性也就是忠德实践所需要的。一种忠德行为要达到一种完满的状态，必须要有智德的参与。所以，真正的忠德又必须包含智德。智德不是全德，作为五常之一，它在忠德实践中有两点重要的价值。

---

[1] 肖群忠：《中国道德智慧十五讲》，北京大学出版社 2008 年版，第 284 页。

第一，智德有助于忠德主体明辨是非，去恶行善。忠德的实践如果缺少了智慧，那就会影响忠德的效度，严重的会损害忠德的信度，会产生相反的效果。孟子说："是非之心，智也。"（《孟子·告子上》）还说："是非之心，智之端也。"（《孟子·公孙丑上》）分辨是非是人之行忠重要的因素，一个不知道如何辨认是非凶恶的人，某种程度上无异于在纵恶。所以，孟子才说："无是非之心，非人也。"（《孟子·公孙丑上》）

荀子也认为："是是非非谓之知，非是，是非谓之愚。"（《荀子·修身》）能够正确辨别是非的是智，不知是非，黑白不分，不明白事理的就是愚。朱熹说："智便是分别是非之理"，"智为是非之本。"（《朱子语类》卷二十）陈淳说："智是心中一个知觉处，知得是是非非恁地确定是智。"（《北溪字义·仁义礼智信》）

例如，孔子曾经对曾参说："小棰则待过，大杖则逃走。"（《孔子家语·六本》）曾参在瓜地里除草，误伤瓜苗。他父亲一气之下拿起棍子把他打得不省人事，等了很久他才醒过来。孔子听说了这件事，很生气，认为曾参并没有智慧地处理这件事。所以，才说"小棰则待过，大杖则逃走"。大棍打来，必须逃避，不然就有可能使一时盛怒的父亲失手打伤自己，这样自己吃亏，也会让父亲陷入不义，因为其实父亲并不想打伤自己的孩子。所以，"小棰则待"，"大杖则逃"的原则是一种智慧地处理盛怒之下谨防父亲打伤自己的方式。孔子虽然讲的是孝子行孝的方法，但是也是适合忠德的行为。有的人尽忠是尽私忠，不是公忠，如果不是智慧地理性地辨认是非善恶，而是一味地愚忠，自然违反忠德精神。

一个人只有具备智慧，其忠德才能很好地发挥，才不会一味地不分好坏地愚忠。所以，二程说："智明而后能择。"（《河南程氏遗书》卷一）忠德的行为是正确的行为，是善的行为，是仁义的行为。王符说："德义之所成者，智也。"（《潜夫论·赞学》）忠德的实践如果不是智慧的理性的选择，公私不分，邪恶不分，善恶不分，这就是伪忠和奸忠。王阳明说："非其心之智焉，则又无以察其公私之异，识其邪正之归，辨其善恶之分。"（《王阳明全集·外集·人君之心惟在所养》）

因此，智德有助于忠德行为达到善的效果，缺少智德，忠德实践的效果就会大打折扣。所以王阳明说："养之以善，则进于高明，而心日以智；养之以恶，则流于污下，而心日以愚。"（《王阳明全集·外集·人君之心惟在所养》）

第二，智德有助于忠德主体处理好忠德行为中的矛盾。忠德主体在忠德实践中往往会遇见"进退维谷"的两难选择。处在忠德实践的十字路口中，忠德主体往往陷入矛盾之中。但是，忠德主体如果具备智德，很多的问题往往就能游刃有余。

经和权的问题是智德经常面对的问题，也是智德经常思考的范畴。经，是常道、原则和规范；权，是变通。朱熹说："经是万世常行之道，权是不得已而用之，须是合义也。"（《朱子语类》卷三十七）例如，"男女授受不亲"是经，"嫂溺，援之以手"（《孟子·离娄上》），是权。嫂子掉进河里，如果依照"男女授受不亲"的原则是不能援手相救的，因为救出了嫂子违反了这个原则。但是，不救就会一是使自己陷入不义，见死不救就是不义；二是人人都有恻隐之心，不救，见者的良心也不安。所以，必须援手相救。这虽然违反了"男女授受不亲"的原则，但是这是一种"忠义"之举，所以，援手相救是正义的，是"合义"的，自然，是一种忠德的行为。这种选择模式，是经和权的问题，更是一种智德的问题。

又例如伊尹。伊尹为臣，但是伊尹放逐太甲到桐宫，依据君臣之忠义原则，这是以下犯上，是不忠的表现。可是不这样做，太甲就可能会使国家走向绝境。因为"帝太甲既立三年，不明，暴虐，不遵汤法，乱德"（《史记·殷本纪》），等他对自己的行为有所悔悟了，才被伊尹迎辉"授之政"。这些是伊尹的智慧选择的结果。但是，这不能说伊尹不忠于君。所以孟子说："有伊尹之志则可，无伊尹之志则篡也。"（《孟子·尽心上》）朱熹也说："如汤放桀，武王伐纣，伊尹放太甲，此是权也。"（《朱子语类》卷三十七）

再例如周公。周成王年幼，周公摄政，依据传统的礼制，这是臣谋君事，是不忠。但是周公不这样做，西周的政局就无法稳定。周公摄政是暂时的，是权。但是符合大义，因而是忠的行为。

唐代的冯用之作了一篇《权论》。他说："夫权者，适一时之变，非悠久之用。……圣人知道德有不可为之时，礼义有不可施之时，刑名有不可威之时，由是济之以权也。"（《全唐文·权论》卷四百零四）权变是"一时之变"，不得已而为之。但是权变也离不开"善"和"忠义"。不善、不忠不是权变，而是恶。朱熹对此作了充分的分析，他说："且如周公诛管、蔡与唐太宗杀建成、元吉，其推刃于同气者虽同，而所以杀之者则异。盖管、蔡与商之遗民谋危王室，此是得罪于天下，得罪于宗庙，盖不得不诛之也。若太宗则分明是争天下，故周公可以谓之权，而太宗不可谓之权。"（《朱子语类》卷三十七）同样是兄弟之间的厮杀，周公杀管叔、蔡叔，是权宜之计；唐太宗杀李建成、李元吉这不是权宜之计，而是为了争夺帝位。朱熹的分析是精辟的。经与权的判断标准不是随意的，是需要道义的支持。也就是说，权变也是一种道义，是一种临时的"经"。所以，程颐批评汉儒时说："汉儒以反经合道为权，故有权变权术之论，皆非也。权只是经也。"（《论语集注·子罕》）

经与权关系的合理处理和合理运用，本身就是智德不可分割的部分。在忠德实践过程中，忠孝不能两全、家国不能两全等情况随处可见，这种两难的忠德实践的合理处理不可能不需要智德的参与。

因此，智德有助于忠德主体处理忠德实践行为中遇见的冲突和矛盾，使忠德能更好地达到预期的效果。

第三，智德有助于忠德主体更好地认识自我和忠德客体。《论语》记载了樊迟问孔子关于仁的问题。孔子说："爱人。"樊迟问知，孔子说："知人。"（《论语·颜渊》）这就是说，智首先是要认识自己和他人。荀子说："知者知人。"（《荀子·子道》）《大戴礼记》也说："智莫难于知人。"（《大戴礼记·卫将军文子》）《淮南子》也说："所谓知者，知人也。"（《淮南子·泰族训》）

忠德主体如果在忠德实践中不能认识自我，不能估量自己的能力，不能充分分析和判断忠德实践的各种因素，如忠的对象、忠的条件、忠的效果等因素，而是盲目地、冲动地、非理性地去行忠，那么可能不仅不能达到忠的效果，实现忠的愿望，甚至可能产生"好心办坏事"的后果。愚忠就是典型的"不知人"，所以，愚忠的人往往被视为"不智慧"的人。

能够"知人"，本身就是忠的体现。《左传·文公三年》："子桑之忠也，其知人也，能举善也。"《论语》中记载子夏赞美舜、汤之忠德，是因为他们"知人"，是智慧的。子夏说："富哉言乎！舜有天下，选于众，举皋陶，不仁者远矣。汤有天下，选于众，举伊尹，不仁者远矣。"（《论语·颜渊》）

那么，怎样"知人"？这就要做到辨识人之诚伪、善恶、贤肖等。儒家认为，知人最重要的是"知贤"。《大戴礼记》说："知者莫大于知贤。"（《大戴礼记·主言》）知人，就要明贤，明人之是非。同时，还要善于处理忠德中的人和事。曾国藩说："处人处事之所以不当者，以其知之不明也。若巨细周知，表里洞彻，则处之自有方术矣。"（《曾文正公文集·求阙斋日记·类钞》卷上）

举例子来说。诸葛亮北伐时命令马谡守街亭。马谡不知道变通，不懂得灵活运用，只是按照书本上的部队"置之死地而后生"，起到以一当十的效果，本来应当把军营扎在山下的，他却把军营扎在山上，"舍水上山，举措烦扰"（《三国志·蜀书·王平传》），结果司马懿大军一到，将其团团围住断水断粮，马谡自然战败。马谡这样做就是"不智"，但是就马谡本人来说，他对国家是忠诚的，也是想为蜀国早日取得北伐的胜利，为了尽心做好这件事，他还在诸葛亮面前立下了"军令状"。因为街亭失守，导致北伐失败，诸葛亮只好按军法挥泪斩马谡。（《三国志·蜀书·王平传》）

所以，如果不知人，不知贤，不具体问题具体分析，可能就很难达到忠德的实际效果。

由此可见，智德作为五常之一，在忠德实践中是不可缺少的。两者在实践中是相辅相成的，紧密联系在一起的。

五、忠与信

信是"五常"之一。在中国伦理思想史上，早期的"信"是可以用"允"来代替的。《尚书·舜典》有"惟明克允"这句话。《尔雅·释诂》认为："允，孚信也。"信与诚也可以互训。《说文解字》说："诚，信也。"段玉裁注释说："言必由衷之意。"所以，诚信往往合用。墨子认为："信，言合于意也。"（《墨子·经上》）意思是说，信是表里如一，言行一致，诚实无妄。

早期的"信"主要体现在宗教活动中。《左传·桓公六年》说："所谓道，忠于民而信于神也。上思利民，忠也；祝史正辞，信也。"

随着社会的发展，信在先秦政治活动中被经常提起。阎步克教授认为："我国古代'信'观念的发达始于政治盟约而非商业活动，这是一大特点。"① 这个论断是正确的。《左传》、《国语》就有很多关于这方

---

① 阎步克：《春秋战国时期"信"观点的演变及其社会原因》，《历史教学》1981年第6期。

面的文献。例如，"盟以底信"（《左传·昭公十三年》）；"弃信而坏其主，在国必乱，在家必亡"（《左传·文公四年》）；"世有盟誓，以相信也"（《左传昭公十六年》）；"盟，所以周信也"（《左传·襄公十二年》）；"夫为四邻之援，结诸侯之信，重之以婚姻，申之以盟誓，固国之艰急是为"（《国语·鲁语上》）等等。这些"信"都是用于政治活动的。

儒家创立之后，信不仅仅只用于宗教祭祀和政治活动之中了，而是成了一个人安身立命的德性，成为与仁、义、礼、智并用的"五常"之一。《论语》说："人而无信，不知其可也。"（《论语·为政》）还说："敬事而信"，"谨而信"（《论语·学而》），"上好信，则民莫敢不用情"（《论语·子路》）。这些都是从德性的角度说明"信"的重要性的。不过，信的体现更重要的是强调真实，强调言与行的一致，也就是说，信比较重视行动，而且也往往是通过行动体现出来的。所以，朱熹说："信是信实，表里如一。"（《朱子语类》卷四十五）还说："信是言行相顾之谓。"（《朱子语类》卷二十一）

那么，信与忠是什么关系？笔者认为主要有两点。

第一，从忠德实践的角度来分析，忠是一种全德，信则是表现为具体的德性，是对忠德的一种体现，所以，忠信往往是联系在一起的。

张锡勤先生认为："忠信二者密不可分，但忠是信的基础，信则是忠的表现，忠更为根本。"①《国语·周语下》说："言忠必及意，言信必及身。"又说："除暗以应外谓之忠，定身以行事谓之信。"（《国语·晋语二》）这些也表明忠具有全德性质，信则是比较重视具体的行为。《左传》说："信，国之宝也，民之所庇也。"（《左传·僖公二十五年》）还说："信，德之固也。"（《左传·文公元年》）这里的信体现为

① 张锡勤：《中国传统道德举要》，黑龙江大学出版社 2009 年版，第 199 页。

忠。"君抚小民以信"（《左传·桓公十三年》）；"以信召人"（《左传·襄公二十七年》）；"不信，民不从也"（《左传·昭公七年》）等，这些是从具体的行动中体现忠。

朱熹说："忠信只是一事。……忠是信之体，信是忠之发。"（《朱子语类》卷二十一）又说："未有忠而不信，未有信而不忠者"，"信非忠不能，忠则必信矣。"（《朱子语类》卷二十一）忠信从儒家伦理学的角度来说两者本质上是一致的，忠是体，信是用。没有信无所谓忠，没有忠无所谓信。所以，"信非忠不能，忠则必信"。但是，信与忠在忠德实践过程中还是有差别的。"有于己为忠，见于物为信。"（《朱子语类》卷二十一）忠是全德，信是外在的；忠是体，信是用。

陆九渊说："忠者何？不欺之谓也；信者何？不妄之谓也。人而不欺，何往而非忠；人而不妄，何往而非信。忠与信初非者二也。特由其不欺于忠而言之，则名为之以忠；由其不妄于外而言之，则名之以信。果且有忠而不信者乎？果且有信而不忠者乎？名虽不同，总其实而言之，不过良心之存，诚实无伪，斯可谓之忠信矣。"（《陆九渊集·主忠信》卷三十二）陆九渊从心学的角度出发，认为忠是人性内在的德性，是"不欺"，是一种"诚"，而信则表现在外在行为上是"不妄"。两者"实"则是相同的，而"名"则无异。也就是陆九渊说的，"特由其不欺于中而言之，则名之以忠；由其不妄于外言之，则名之以信。"（《陆九渊集·主忠信》卷三十二）

陈淳说："尽己是尽自家心里面，以所存主者而言，须是无一毫不尽方是忠"，而"以实是就言上说，有话只据此实物说，无便曰无，有便曰有。若以无为有，以有为无，便是不以实，不得谓之信。"（《北溪字义·忠信》卷上）还说："从内面发出，无一不是忠、发出外来，皆以实是信。"这是说，忠是内在的德性，信是忠的外在体现。陈淳还举例子来说明忠与信的区别。他说："如事君之忠，亦只是尽己之心事君；为人谋之忠，亦只是尽己之心以为人谋耳。如与朋友交往之信，亦只是以实而与朋友交；与国人交之心，亦只是以实而与国人交耳。"（《北溪字义·忠信》）

"言而有信"（《论语·学而》）；"言非信不成"（刘昼《刘子·履言》）；"信者，言之有实也"（《论语集注·学而》卷一）；"信有就言上说，是发言之实；有就事上说，是做事之实"（《北溪字义·忠信》）等，这都是把信与具体的行动联系起来。这也说明，在实践层面上，忠主要体现在内在的德性上，信则是更加强调忠德的具体行动。

无论是立身处世，还是从事政治活动都是信实践应用的领域。《吕氏春秋·贵信》说："君臣不信，则百姓诽谤，社稷不宁。处官不信，则少不畏长，贵贱相轻。赏罚不信，则民易犯法，不可使令。交友不信，则离散郁怨，不能相亲。百工不信，则器械苦伪，丹漆染色不贞。"（《吕氏春秋·离俗览·贵信》）这是说，无论是"君臣"、"处官"，还是"赏罚"、"交友"等都要做到"信"，而为君为臣、做官、赏罚、交友等都是具体的行为，信就是在这些具体的行为中表现出来的。

总之，信是外在的，重在忠德的实践层面，是对忠的体现，而忠则是内在的德性，是一种全德。所以，忠信就能组合成一个完整的道德行为。

第二，从道德范畴上讲，忠的范围要比信宽广。忠德包括内在的德性层面和外在的忠行层面，而信更多体现在外在的忠行的层面，内在的德性却很少被强调。所以，在这个角度上来说，忠行的层面也就是信的层面。《说文解字》说："尽心曰忠。""尽心曰忠"是说明忠德具宽广的内涵，只要是道德主体做到尽心就可以说是忠。所以，忠在道德实践中是具有"全德"的性质，而信则不具备"全德"的性质。信是分享了部分德性。从这个意义上说，忠是一般，信是特殊；忠是类别，信是个别。贾谊把忠和信定位德之"六美"之一。他说："德有六美。何谓六美？有道、有仁、有义、有忠、有信、有密，此六者德之美也。道者，德之本也；仁者，德之出也；义者，德之理也；忠者，德之厚也；信者，德之固也；密者，德之高也。"（《新书·道德说》）这里"信者，德之固也"的"固"是本来的意思，意思是信是德性本来就固有体现。

古代儒家在谈论信时，也往往把信和具体的行动和人联系起来。西晋的傅玄专门撰文论述了信的具体实践性的特点。他说："天地著信，而四时不悖；日月著信，而昏明有常；王者体信，而万国以安；诸侯秉信，而境内以和；君子履信，而厥身以立。古之圣君贤佐，将化世美俗，去信须臾，而能岸上治民者，未之有也。"（《傅子·义信》）傅玄是通过自然界的运行、政治实践和具体的圣君贤佐来论述信的外在实践的作用和价值。

从为政之忠方面来说。以君主为首的统治来说，要忠于民，以民为本。那么如何忠？首先在行动上要取信于民。"周幽以诡烽灭国，襄王以爪时致杀"（《傅子·义信》），是因为统治者失信于民。《贞观政要·诚信》说："上不信，则无以使下。"只有做到"诚信立"，才能使"下无二心"（《贞观政要·诚信》）。《论语·颜渊》中子贡曾经和孔子有过一段精彩的对话，是讨论政治领域中，最重要是忠德行为应该是什么。孔子认为，"信"是最重要的忠德德性。《论语·颜渊》说："子贡问政。子曰：'足食，足兵，民信之矣。'子贡曰：'必不得已而去，于斯三者何先？'曰：'去兵。'子贡曰：'必不得已而去，于斯二者何先？'曰：'去食。自古皆有死，民无信不立。'"所以说，在为政之忠方面，信是最为重要的政治道德和政治实践。

从为人之忠方面来说。孔子说："人而无信，不知其可也。"（《论语·为政》）交友之道中，信也是忠德的具体体现。《礼记》甚至认为，忠信是礼的根本。《礼记·礼器》说："忠信，礼之本也；义理，礼之文也；无本不立，无文不行。"《吕氏春秋·贵信》说："凡人主必信。信而又信，谁人不亲。"还说："言非信则百事不满。"在做人之忠方面，需要诚实，那种想通过欺骗来立身处世的人，必然会失去朋友，难以在社会上立足。不仅在政治上君臣之间需要信，父子、夫妇、兄弟和朋友之间也需要信。傅玄说："若君不信以御臣，臣不信以奉君，父不信以教子，子不信以事父，夫不信以遇妇，妇不信以承夫，则君臣相疑于朝，父子相疑于家，夫妇相疑于室矣。大小混然而怀奸心，上下纷然而竞相欺，人伦于是亡矣。"（《傅子·义信》）信缺失了，不仅君臣关系破裂了，就是天然的父子关系也会消亡。

要想维护和保持君臣、父子、夫妇、兄弟、朋友等关系，在行动上必须要做到"信"。所以，孔子说："始吾于人也，听其言而信其行；今吾于人也，听其言而观其行。"（《论语·公冶长》）因为信首先是体现在行动上，最先给人以深刻的印象。所以孔子对人的认识，也是先从"听其言而信其行"，上升到"听其言而观其行"的层面。他还说："狂而不直，侗而不愿，悾悾而不信，吾不知之矣。"（《论语·泰伯》）

信主要体现在行动层面上，但是如果信的行为不成功，也就是说不尽心，就很难达到信的程度。因此，信的行为要成功，就必须要尽心。这个尽心，也就是忠。孔子说的"听其言而观其行"大概也隐含了这个意思。美国著名汉学家郝大维说："信不仅仅是愿意或承诺恪守诺言"，而是要"拥有足够的能力。智慧和资本去履行和实现诺言"。[1]信是要做到言行一致，只有语言上的承诺，而没有在行动上尽心尽力去做就不是信，自然也不是忠。忠的行为可能不一定是成功的，主要看是

---

① ［美］郝大维、安乐哲：《通过孔子而思》，何金俐译，北京大学出版社 2005 年版，第 61 页。

不是尽心尽力而为，但是信的行为如果不成功，就很容易失信于人。所以，我们说忠的范围要比信的范围广。

当然，忠信通常是连用的，两者共同构成道德行为的实体。我们这样区别忠与信，也只是为了理论的说明，在实践中两者是很难区别开来的。

总之，忠与"五常"之间是有联系又有区别的。一个完整的忠德行为常常离不开"五常"的参与，而"五常"的实现必然也离不开忠德，在一定程度上"五常"分享了忠的德性。

第四章

忠德价值审视

现代文明的构建、社会秩序的重构和现代价值观的生成离开传统就无所适从。因为传统"它是现存的过去，但它又与任何新事物一样，是现在的一部分"。① 作为儒家传统重要组成部分的忠德曾经在传统社会中发挥了十分重要的作用。审视它在传统社会中的价值、作用及缺陷，有益于促进现代社会建设和发展。本章试图全面审视忠德在传统社会中的价值、作用、影响以及它在当代社会中的价值，在此基础上回答如何培养新型的适应当代社会的忠德，以更好地为建设社会主义和谐社会服务。

第一节　忠德历史影响

儒家忠德内容在传统社会中对做人、做事和社会稳定等方面有深远

---

① ［美］爱德华·希尔斯：《论传统》，傅铿、吕乐译，上海人民出版社 2009 年版，第 13 页。

的影响。在一定意义上说，忠德几乎是人们获得"寿、富、贵、安乐"（《新论·辨惑第十三》）的手段，也是剪除"兵、病、水、火"① 的重要武器。

一、忠德与做人

中国传统社会是伦理型的社会，一个人从摇篮到坟墓，都是在学做人。孔子自己也说："吾十有五而志于学，三十而立，四十而不惑，五十而知天命，六十而耳顺，七十而从心所欲，不逾矩。"（《论语·为政》）人出生时虽然具备生物学意义上的"人"的各种自然特征，但还不是社会意义或是伦理意义上的人。只有通过后天的学习，具备忠、孝、仁、义、礼、智、恭、宽、信、敏、惠等道德修养，才算是社会意义上的"人"。做人，也就是强调人自我道德修养。无疑忠德是做人修己的重要内容之一。传统社会关系网络中最基本也最广泛的关系是"五伦"关系：君臣、父子、夫妇、兄弟、朋友。一个人是否具忠德德性，在"五伦"中就能有充分的体现。这"五伦"关系概括起来主要是政治道德、家庭道德和社会道德。如果在这三个方面尽忠了，那么这个人也就是忠德之人了。

第一，在政治道德方面，忠德有利于稳定君臣关系和促进民本思想的实现。传统社会的结构没有现代社会复杂，在政治道德方面做人，主要体现为"学而优则仕"。如何成为一名官员，如何做一名优秀的官员，如何处理君臣关系是一个人做人的重要方面。一个人只有首先具备忠德修养，然后才能处理好各种关系。按照儒家忠德的看法，一个人要得君行道，首先要读圣贤书，树立忠德意识和修养，其次才是践履忠德。

---

① 王明：《太平经合校》，中华书局 1960 年版，第 3 页。

近年来出土的《郭店楚墓竹简·六德》中提出了君、臣、父、子、夫、妇等"六位"，也就是六种社会角色，相对于这"六位"的分别是圣、智、仁、义、忠、信等"六德"，并说，"义者，君德也"，"忠者，臣德也"，"智也者，夫德也"，"信也者，妇德也"，"圣也者，父德也"，"仁者，子德也"。① 忠是为臣重要的道德，而忠臣是不会背叛君王。"忠不畔上，勇不畏死。"（《韩诗外传》卷九）说的就是这个道理。

儒家忠德认为，为臣者要做到尽心尽力、为君分扰。在其位要谋其政，君主有错为臣要及时进谏。荀子认为要"以礼待君，忠顺而不懈"（《荀子·君道》），并且认为为臣要做到谏、争、辅、拂，要做忠臣，不做奸臣、伪臣。"主暴不谏，非忠也。畏死不言，非勇也。见过即谏，不用即死，忠之至矣。"（《韩诗外传》卷四）忠臣看见君王有过错，一定要进谏，否则就是不忠。儒家认为，"生以身谏，死以尸谏"（《韩诗外传》卷七）是忠臣的职责所在。如果君主有过错了，忠臣就应当代君受过。韩婴说："故善则称君，过则称己，臣下之义也。假使禹为君，舜为臣，亦如此而已矣。"（《韩诗外传》卷三）唐代赵蕤引用司马迁的话说："吏不志谏，非吾吏也。"他甚至认同应当杀掉那些不进谏、尸位素餐官员的观点，"尸禄保位，无能往来，可斩也。"（《长短经·臣行第十》卷二）

忠臣不仅要对君王进谏，而且要在自己的职位中，做出自己的成绩。以民为本是臣子忠君的重要内容，因为在传统社会中，国家的强大一个重要的因素是有大量人口的存在。人口多，则国家强大。人口众多的国家，就会为国家提供充足的军队兵源，也能为政府提供充足的劳动力。在这个意义上说重视民本，也是忠君的一种重要体现。古代是农业

---

① 李零：《郭店楚简校读记》（增订本），中国人民大学出版社 2007 年版，第171页。

社会，为官的重要内容是重视农业生产和提高广大百姓的生活水平。一般说来，忠臣往往也会爱民、敬民、惜民。唐代大臣魏征说："视人如伤，恤其勤劳，爱之如子。"（《贞观政要·慎终》）不重视民众，也就是对君主的不忠。武则天也说："为臣不能慈惠于百姓，而曰忠正于其君者，斯非至忠也。"（《臣轨·至忠章》）那种视民众如"土芥"的行为，就是最大的不忠。《左传》说："以民为土芥，是其祸也。"（《左传·哀公二年》）

东汉荀悦说："下有忧民，则上不尽乐；下有饥民，则上不备膳；下有寒民，则上不具服。徒跣而重旒，非礼也。故足寒伤心，民寒伤国。"（《申鉴·政体》）这里的"上"不仅仅指皇帝，而应当指所有的统治者包括在位王公大臣，都应当"以民为重，爱民如子"，在思想观念上，要有忠于民众的意识，要有爱民、敬民的忠德意识，在行动上，无论是君主还是王公大臣都要做到安民、救民、富民、利民。

总之，忠臣要"遇君则修臣下之义；出乡则修长幼之义；遇长老则修弟子之义；遇等夷则修朋友之义；遇少而贱者则修告道宽裕之义。……如是则老者安之，少者怀之，朋友信之。"（《韩诗外传》卷六）因此，忠德对稳定君臣关系，促进儒家民本思想的实现有重要的作用。

第二，在家庭道德方面，忠德有利于稳定父子、夫妇、兄弟等家庭关系。通常情况下，许多研究者只是把"忠"作为政治道德来看，这只是从忠德狭义的角度来分析。但如果从广义的角度来看，忠不仅仅是政治道德，而且具有全德性质，它也可以体现在家庭道德方面。

每个家庭成员都有忠于自己的家庭道德责任。"出入相友，守望相助，疾病相扶持。"（《孟子·滕文公上》），这是家庭忠德的总体原则。具体说就是："父慈而教，子孝而箴；兄爱而友，弟敬而顺；夫和而义，妻柔而正；姑慈而从，妇听而婉。"（《左传·昭公二十六年》）这就要求不同的家庭角色都要承担相应的家庭道德责任和义务。

父亲是家庭的主心骨，是家庭的物质来源和精神支柱。荀子说："君者，国之隆也；父者，家之隆也。"（《荀子·致士》）为父要慈，这是儒家对父亲这个角色的基本要求。同时，还要教育子女做人做事，否则，"养子不教父之过"。

作为丈夫和儿子也要忠于自己的职责，要忠于家庭，要给家庭带来荣耀。"有禄于国，有位于廷。"（《韩诗外传》卷十）这是其中一个方面。另一个方面要爱护家庭成员，要"禄富其家，爵荣其亲"（《列子·说符》）。做丈夫的如果没有志气，没有上进心，没有尽到自己的责任，妻子就有权离开他。《晏子春秋》记载了这样一件事："晏子为齐相，出，其御之妻从门间而窥，其夫为相御，拥大盖，策驷马，意气扬扬，甚自得也。既而归，其妻请去。夫问其故，妻曰：'晏子长满六尺，身相齐国，名显诸侯。今者妾观其出，志念深矣，常有以自下者。今子长八尺，乃为人仆御；然子之意，自以为足，妾是以求去也。'"（《晏子春秋·内篇杂上》卷五）晏子的车夫身长八尺，胸无大志，为晏子驾车就感到心满意足，洋洋得意。车夫的妻子觉得他没有志气，甘居人下，自愿做奴仆，觉得他没有上进心，要求离开他。

《孟子·离娄下》也记载了一位齐人，有一妻一妾，其人每次外出"必餍酒肉而后反"，骗其妻妾说是"与饮食者，尽富贵也"。妻子不信，有一次跟踪后发现丈夫是在向扫墓的人讨剩菜剩饭，吃不饱，再向四周的人乞讨。这一妻一妾感觉自己的丈夫没有出息，不能尽到做丈夫的责任，两个人伤心之极，"泣于中庭"。

再例如苏秦。《战国策·秦策一》记载，苏秦游说秦国失败，他"形容枯槁，面目犁黑"，"归至家，妻不下纴，嫂不为炊，父母不与言"。这种"妻不以我为夫，嫂不以我为叔，父母不以我为子"的惨状是因为他没有给家里带来荣耀，没有尽到丈夫、小叔子和儿子的责任。

等到他拜相封侯成功路过家乡，情况大不一样。"父母闻之，清宫除道，张乐设饮，郊迎三十里；妻侧目而视，倾耳而听；嫂蛇行匍伏，四拜自跪而谢。"（《战国策·秦策一》卷三）前后相悬殊如此明显，从一个侧面也说明了一个人要承担自己的家庭责任，为家庭尽心的重要性。

对于女性而言，儒家认为"未嫁从父，既嫁从夫，夫死从子"，强调要讲究"妇德、妇言、妇容、妇功"。为女要孝，为妻要顺，为母要慈。同时，兄弟之间要讲究孝悌。"兄爱而友，弟敬而顺"（《左传·昭公二十六年》），彼此之间要相谦让。

以上这些都是要求家庭关系内各个成员要尽心，忠于自己的角色。儒家忠德对于稳定家庭关系，促进家庭和谐具有重要的作用，所以，"修身齐家"是儒家伦理十分重视的"八条目"之一。

第三，在社会道德方面，忠德有利于促进朋友关系的稳定和谐。朋友是"五伦"之一，是传统社会重要的社会关系。朋友有益于提高自己的德性，增加自己的见识，甚至在最危难的时候能够及时给予自己帮助。古人说："千金易得，知己难求。"曾子说："以友辅仁。"（《论语·颜渊》）说的就是这个道理。《孝经》中说："士有诤友，则身不离于令名。"（《孝经·谏诤章》）一个人一生有直言规劝的朋友，一生受用，不会使自己身败名裂。

王通在《中论·贵验》中也说："居而得贤友，福之次也。"在生活中如果能结交一位贤德的朋友，那是一种幸福。明末清初大儒唐甄也说："学贵得师，亦贵得友。师也者，犹行路之有导也；友也者，犹陟险之有助也。得师得友，可以为学矣。"（《潜书·讲学》）朋友如此重要，所以，对朋友要忠，要诚心诚意交友，这是忠德的体现。

儒家认为尽忠重信、以忠义交友是做人的基本准则。曾子说："为人谋而不忠乎？与朋友交而不信乎？"（《论语·学而》）欧阳修也说："所守者道义，所行者忠信，所惜者名节。以之修身，则同道而相益，以之事国，则同心而共济。始终如一，此君子之朋也。"（《欧阳修全集·居士卷·朋党论》卷十七）朱熹也说："友直，则闻其过。友谅，则进于诚。友多闻，则进于明。"（《论语集注·卫灵公》）朋友在困难的时候，要尽心帮忙。朋友不对，要及时进行劝谏。王阳明说："责善，朋友之道，然须忠告而善道之。"（《王阳明全集·教条示龙物诸生·责善》卷二十六）交友要交心，而不是以"利"交友。荀子说："非我而当者，吾师也；是我而当者，吾友也；谄谀我者，吾贼也。"（《荀子·修身》）那种以"利"交友，谄谀之人必然不是真正交友之道。《世说新语·忿狷》说："势利之交，古人羞之。"柳宗元说："为人友者，不以道而以利，举世无友。"（《柳宗元集·师友箴》卷十九）

对朋友要忠心，以道辅友，以义交友，因此，交朋友要谨慎。荀子说："匹夫不可以不慎取友。"（《荀子·大略》）与贤德之人交友则可以提高自己，与恶人交友就会心生邪情。颜之推说："与善人居，如入芝兰之室，久而自芳也；与恶人居，如入鲍鱼之肆，久而自臭也。……君子必慎交游焉。"（《颜氏家训·慕贤》）所以，儒家认为一个人只有不断提高自己的忠德修养，才能处理好朋友关系，才能保持长久的朋友之谊，才能彼此提高。一个人对朋友不忠，交友不慎，言而无信，就很难在社会上立足，更不用说结交天下贤德的朋友了。

事实上，一个忠德的人在传统社会中，无论是对稳定政治道德上的君臣关系，还是稳定家庭道德上的父子、夫妇、兄弟等关系，抑或是促进朋友关系的和谐都有重要作用。他们各自以对方为重，把自己的角色义务内化为自己的德性，形成尽心尽力的忠德人格。他们"屈己让人"，"贵人而贱己"，"尽心而为人"。

总之，中国传统社会以伦理为本位，忠德在维护伦理秩序中发挥着重要作用，同时，忠德之人又能在这种伦理秩序中彰显自己的忠德德性。

二、忠德与做事

忠德不仅是道德品性和人格修养，它也为人们做事成功提供了精神保障。一个具有忠德的人面对困难不会轻易放弃，会尽心尽力去做，有条件去做，没有条件创造条件也会去做。《忠经》说："君子尽忠，则尽其心；小人尽忠，则尽其力。尽力者则止其身，尽心者则洪于远。"（《忠经·尽忠章》）真正尽忠的人不仅仅尽其体力，更会尽其智力。《忠经》说："天下尽忠，淳化行也。"普天之下人人都尽忠，那么善的世界就会出现，"四海之内，有太平焉。"（《忠经·尽忠章》）传统儒家忠德精神，就其道德意义而言，在现实中，它应当是一种真诚地出于道德理念的献身精神，是一种出于社会责任感的奋斗精神，是一种真诚地为了社会和人类进步而奉献自身的精神。① 那么，忠德在具体的实践中有什么价值呢？

第一，忠德促进人们为广大民众的利益而做事。儒家忠德从来就没有离开实践。忠德有利于忠德主体为民为国而行忠。什么是民呢？所谓民，在中国古代各个不同时期其内涵不一样。一般说民是指与君、臣相对的处于社会等级最下层的广大庶民。② 我们认为，所谓民主要指被统治者，士、农、工、商是其主要代表。儒家认为，民是社会稳定的基础，也是创造国家财富的基础。《国语·周语上》说："夫民之大事在农，上帝之粢盛于是乎出，民之蕃庶于是乎生，事之供给于是乎在，和协辑睦于是乎兴，财用蕃殖于是乎始，敦庞纯固于是乎成。"这是说统治者所需要的一切物质资料都来于民，所以，民富则国富。孔子说："百姓足，君孰与不足？百姓不足，君孰与足？"（《论语·颜渊》）

① 参见李庆：《中国文化中人的观点》，学林出版社 1996 年版，第 505 页。
② 周桂钿：《中国传统政治哲学》，河北人民出版社 2007 年版，第 297 页。

民还是一个国家强大的保证。古代判断一个国家是否强大，人口多是一个重要的标准。人口多，国家的军队兵源充足，国防力量就强，国家就强大。如果国家贫穷，很多人因饥饿而死，那么国家就不可能强大。三国陆逊说："国以民为本，强由民力，财由民出。夫民殷国弱，民瘠国强者，未之有也。"（《三国志·吴书·陆逊传》）民众富强就代表国家富强。贾谊也说："古之人曰：一夫不耕，天下必受其饥者；一妇不织，天下必受其寒者。"（《新书·论积贮疏》）因此，教民、富民、安民就成为儒家尽忠做事的重要目的。

孔子曾经称赞管仲是仁义之人，虽然管仲这个人有攀比之心，在个人道德修养上也并不是很出色。孔子说："管仲之器小哉！"又说："管氏有三归"，还说："邦君树塞门，管氏亦树塞门。邦君为两君之好，有反坫，管氏亦有反坫。管氏而知礼，孰不知礼？"（《论语·八佾》）在孔子的眼中，管仲这个人的个人道德修养是欠缺的，他气量狭小，又收取大量市租，而且还不懂得礼节。但是，因为他帮助齐桓公称霸诸侯，为当时民众带来了实惠，所以，孔子对管仲还是称赞的。当子贡说："管仲非仁者与？桓公杀公子纠，不能死，又相之。"（《论语·宪问》）他认为主死臣活，怀疑管仲是不忠不仁。孔子却明确说："管仲相桓公，霸诸侯，一匡天下，民到于今受其赐。微管仲，吾其被发左衽矣。岂若匹夫匹妇之为谅也，自经于沟渎而莫之知也。"（《论语·宪问》）孔子肯定了管仲的功绩，没有他，齐桓公想"霸诸侯，一匡天下"就不可能，民众也不会得到实惠。

孟子说："无恒产而有恒心，惟士为能。若民，则无恒产，因无恒心。"所以，"故明君制民之产，必使仰足以事父母，俯足以畜妻子，乐岁终身饱，凶年免于死亡。然后驱而之善，故民之从之也轻。"（《孟子·梁惠王上》）民众如果无恒产就无恒心，所以，明君要忠于民众，以民为重，制民之产，使其"仰足以事父母，俯足以畜妻子，乐岁终身饱，凶年免于死亡"，这才是明君所应该做的事。那种虐民的暴政就不具有合理性，更说不上是以民为贵、为民行忠了。

明成祖朱棣作为皇帝，也不得不接受儒家这种为民而行忠的观点。他说："朕惟事天以诚敬为本，爱民以实惠为先。《书》曰：'惟天惠民'，又曰：'安民则惠'，然天之视听皆因民，能爱人即以事天。"（《明太宗实录》卷二十七）"爱民"、"惠民"、"安民"都是忠于民，是以民为本的忠德体现。

第二，忠德促进人们为了国家的安全和社会的稳定而奋斗。国防巩固和国家安全能为民众的生活提供保障。因此，为国而忠是行忠的一个重要方面。

三国时期诸葛亮受刘备托孤之重，为了兴复汉室，扩大蜀汉国家的生存空间，他六次北伐，"鞠躬尽瘁，死而后已"。他对国家的尽忠，把一生的心血都用在蜀国的建立、稳定和发展上，无论是其"五月渡泸，深入不毛，并日而食"（《三国志·蜀书·诸葛亮传》），还是上表出师，进行北伐，其目的不是为了他个人的荣华富贵，而是为了兴复汉室。

岳飞"尽忠报国"、忠于国家、忠于民族，其目的也不是为了个人的锦衣玉食，而是为了"使宋朝再振，中国安强"（《鄂国金佗稡编·广德军金沙寺壁题记》卷一十九）。他曾慷慨陈词激励部下："以忠义报国，立功名，书竹帛，死且不朽。若降而为虏，溃而为盗，偷生苟活，身死名灭，岂计之得矣？建康，江左形胜之地，使胡虏盗据，何以立国？"（岳珂《鄂国金佗稡编》卷四《行实编年》卷一）

还有平定倭寇骚乱的戚继光，收复台湾的郑成功，虎门销烟的林则徐等民族英雄，他们的忠德行为都是为了国家统一和社会的稳定。

第三，忠德促使人们著书立说、弘扬文化。一些儒家士人无心仕途，醉心于某种学说，虽苦犹乐。他们凭着自己的兴趣和爱好，立志要"为往圣继绝学"，做思想文化上的传承者和开拓者。他们忠于自己的志向，枯灯残卷，秉烛夜读，这也是一种忠行。

例如，司马迁要继承父志，立志要"究天人之际，通古今之变，成一家之言"。虽然受宫刑，依然忍辱而生，发奋著书，终于写成一部巨著《史记》，成为"史家之绝唱，无韵之离骚"。只有那种具备忠德的人，才能在面对困难时，坚持到底，不动摇，不放弃。司马迁说："昔西伯拘羑里，演《周易》；孔子厄陈蔡，作《春秋》；屈原放逐，著《离骚》；左丘失明，厥有《国语》；孙子膑脚，而论《兵法》；不韦迁蜀，世传《吕览》；韩非囚秦，《说难》、《孤愤》；诗三百篇，大抵贤圣发愤之所为作也。"（《史记·太史公自序》）司马迁虽然在这里有夸饰和不符合历史事实之嫌，① 但他说明了一个事实：一个人如果忠于某种志向，忠于某种学说或者为了一个预定的目标，虽在困境之中也不会放弃，会尽心尽力去做。

再如，苏秦连横秦国失败之后，回到家中，勤蹦刺股，发奋苦读，这也是一种忠。他"乃夜发书，陈箧数十，得《太公阴符》之谋，伏而诵之，简练以为揣、摩。读书欲睡，引锥自刺其股，血流至足。"（《战国策·秦策一》）这种残忍的带有自残自虐的"引锥自刺其股"的读书行为，如果不是苏秦抱着一颗忠于自己信念的心，恐怕就很难做到。通过自己的努力，最终他实现了自己的社会价值。他"封为武安君，受相印。革车百乘，锦绣千纯，白璧百双，黄金万镒，以随其后，约从散横，以抑强秦。"（《战国策·秦策一》）司马迁、苏秦之忠行，是为了实现自己的学说和价值理念，这本身也是一种忠德德行体现。

第四，忠德有利于增强人们的社会责任感。儒家强调人的社会责

---

① 例如吕不韦迁蜀国时，《吕氏春秋》已经成书了；韩非子写《说难》、《孤愤》也是在入狱之前；等等。司马迁这里重在意义的表达，是一种真实愤懑之情的宣泄，可能是受当时汉代的一种文风的影响，也是内心痛苦的一种症候，因而在这种情况下不一定是强调实录。但是在《史记》中对上述作者的传记，司马迁是采用实录的精神，这与《太史公自序》精神是一致的。

任，看重人的担当精神和责任意识。孔子说："士志于道，而耻恶衣恶食者，未足与议也。"（《论语·里仁》）还说："修己以安人，修己以安百姓。"（《论语·宪问》）儒家还十分重视"知其不可而为之"的社会责任意识和忧患意识。孔子说："德之不修，学之不讲，闻义不能徙，不善不能改，是吾忧也。"（《论语·述而》）

孔子本人就是一个很好的具有社会责任意识的例子。在面对春秋末期礼崩乐坏的现实，他奔走呼号于各国宣传自己的学说，以便寻找可以利用自己学说的政治环境。他这样做不是为自己寻找升官发财的机会，而是尽到自己作为一个人的责任和义务。他说："君子谋道不谋食"，"君子忧道不忧贫"（《论语·卫灵公》）。孔子还提出"正名"学说，以规范社会角色中每个人的行为，使社会的发展有序化。他说："名不正，则言不顺；言不顺，则事不成；事不成，则礼乐不兴；礼乐不兴，则刑罚不中；刑罚不中，则民无所措手足。"（《论语·子路》）他的"正名"学说是强调人的社会和职业责任，强调在位者要谋其政，要勇于承担自己的社会责任。君主要承担君主的责任，臣子要承担臣子的责任，士人要承担士人的责任。方朝晖教授说："'正名'的表面意思，用今天的话来说，就是拥有与自己的职位、角色相符的品质，包括个人的主观素质、职业道德、责任感和能力等。易言之，当官要像当官的样子，当老师要像当老师的样子，当学者要像当学者的样子，当政治家要像当政治家的样子，当法官的要像当法官的样子，等等。"① 按照同样的逻辑可以说，做人要像做人的样子。曾子说："君子思不出其位。"（《论语·宪问》）说的也是这个道理。所以，在其位就要谋其政，同样的，"不在其位，不谋其政"（《论语·宪问》），是说不在这个职位上

---

① 方朝晖：《文明的毁灭与新生：儒学与中国现代性研究》，中国人民大学出版社 2011 年版，第 193 页。

就不需要承担这个职位上的责任，这对职业的发展是有帮助的。但是，这并不是说，一个人不需要承担做人的责任。一个忠德之人需要承担自己应尽的社会责任和道德责任。

孟子说："生于忧患而死于安乐。"（《孟子·告子下》）一个人只图自己享受，只图自己索取，没有忧患意识和责任感，这是一种人性的自我毁灭。陆游在《病起抒怀》这首诗中说："位卑未敢忘忧国。"叶适也说："笃行而不合于大义，虽高无益也。立志不存于忧世，虽仁无益也。"（《叶适集·杂著·赠薛子长》）这是强调了人的责任。

明清之际著名思想家顾炎武说："保国者，其君其臣肉食者谋之；保天下者，匹夫之贱而与有责焉耳矣。"（《日知录·正始》卷十三）如果说"保国"是君与臣这些在位者的职业责任，那么保天下则是所有人的责任。

当然，因为人的职业责任与做人的责任往往交织在一起，有时候很难分清楚哪些是职业责任，哪些是做人的责任，尤其是在传统社会中。但是，有一点是共同的，那就是无论是职业责任还是做人的责任，都必须忠于各人自己所在的岗位和自己做人的责任。现代社会的分工越来越细，人们往往是以职业责任为载体来承担自己对社会的责任。职业是现代人安身立命的价值确证，因而现代社会更加强调人的职业道德和职业责任，也更加强调人对职业的忠诚和对他人的诚信。

总之，儒家这种责任意识使得古往今来的英雄豪杰、志士仁人，忠心谋事，踏实做人，有的为了国家和民族的大义杀身成仁，舍生取义。"我们从古以来，就有埋头苦干的人，有拼命硬干的人，有为民请命的人，有舍身求法的人"（《鲁迅全集·且介亭杂文·中国人失掉自信心了吗?》），这些人中就包括儒家这样的志士仁人。如果人类没有责任意识，没有担当精神，人类就无法发展和进步，正是因为人们忠于职守、忠于职责、忠于做人的操守，历史才会进步，社会才会发展。

三、忠德与社会稳定

儒家为传统社会的发展提供一个价值秩序体系，规范了人们的行为，促进了社会有序发展和进步。忠德是儒家"道统"锁链上不可分割的组成部分。它对稳定社会秩序、协调社会关系、净化社会风气具有不可替代的作用和价值。

第一，忠德有利于稳定社会秩序。我国传统社会是礼法社会，有一系列的社会制度规范。忠德对稳定这种社会制度规范具有重要作用。先秦主要是实行分封制，尤其在西周时期，分封制大盛。周武王推翻商朝统治之后，为了巩固其统治，把王室亲属子弟和有功之臣分封到各地。如封周公旦到鲁，封吕尚于齐等。每个分封的诸侯国要忠于中央政府，对周王负责，要向周王室按期纳贡朝觐、出兵帮助周王室征战或赈灾、有义务为周王室戍边等。周王是诸侯国的共主，礼乐征伐自周天子出。这也正如《诗经·小雅·北山》所说的"溥天之下，莫非王土；率土之滨，莫非王臣"。从西周时期，因为周王室被认为是天下诸侯的共主，诸侯国都忠于王室，所以这个时期国家统一，社会秩序相对安定。

但是，到春秋战国时期，由于周王室的衰落，各个诸侯国力量的逐渐强大，他们为了各自的利益不断发动战争。周王室只是名义上的共主，实际权力已经为诸侯国自己掌握。"礼乐征伐自天子出"，变成"礼乐征伐自诸侯出"。忠于周王室的德性已经衰落，各诸侯国各自为政，社会动乱。各国之间多次进行吞并战争，伤亡惨重。著名历史学家雷海宗以齐国为例做了一个大致的估算。齐桓公时期，基本上是每四十五人有一人当兵。[①] 战国时期的战争较为惨烈，死亡数字惊人。雷海宗先生根据《史记·秦本纪》和《史记·秦始皇本纪》统计：从秦献公

---

① 雷海宗：《中国文化与中国的兵》，岳麓书社 2010 年版，第 7 页。

（公元前384—前362年在位）二十一年开始至秦王政十三年（公元前246年—前221年在位）一百多年时间，秦国与其他国家在战争中死亡的人数超过了一百五十万人。其中死亡最多的是秦昭襄王十四年，白起攻打韩魏，一次斩首就达二十四万人。秦昭襄王五十年，白起攻破赵国长平，一次就埋掉降兵四十万人之多。① 而当时的人口，尽管缺乏客观的数据，但是估计应该不是很多，因为卫国作为一个不大不小的国家，繁荣时人口才五万多人。春秋战国时期，人口不会超过二百多万人。② 这种战乱，无疑与周王室的忠德衰败有关。

秦汉以后实行皇帝制度和郡县制，皇帝的权威是至高无上的。统治者强调忠君是最高的政治道德。可以这样说，凡是忠德思想盛行的时代，国家就趋于稳定，凡是忠德思想松散的时代，国家就趋于动乱。我国历史上出现的"文景之治"、"贞观之治"、"开元盛世"、"康乾盛世"都是出现在国家统一的时期。尽管这种繁荣是多种因素促成的，其中一个重要的因素是因为国家统一，社会相对稳定，而这种统一和稳定忠德无疑起到了重要的精神凝聚作用。忠德作为人们发自内心的一种尽己利人的道德情感和道德义务，自然在行动上就体现为对社会道德规范和社会规章制度的遵守，这种忠德意识和忠德行为，对社会稳定自然具有重要作用。例如，唐太宗贞观四年（630年），因为国家政治稳定，社会安定，"外不闭户"。这年全国被判刑的只有二十九人，而当时全国的人口大约在三百万户（《通典·食货七》卷七）。通常情况下，在

---

① 参见雷海宗：《中国文化与中国的兵》，岳麓书社2010年版，第13—14页。

② 童书业先生在《春秋左传研究》一书中认为，西周时期周邦的人口大概在十万人左右，全国人口，"扫计之恐亦不过一二百万而已"。（童书业：《春秋左传研究》，童教英校订，中华书局2006年版，第277页）春秋战国时期，因为战争人口可能会更少。童书业先生认为："春秋时人口仍不甚多，有所谓'十室之邑'、'百室之邑'者、若'千室之邑'已为大邑，即一般国都亦未必过三千家也。"（童书业：《春秋左传研究》，童教英校订，中华书局2006年版，第307页）

传统社会中，君国一体，国君不分，忠君即忠国，忠国必忠君。① 这种忠君和忠国一体化，对国家的发展和社会稳定无疑具有重要意义。

第二，忠德有利于协调社会关系。忠德是忠德主体发自自己内心的一种道德情感，也是道德主体心甘情愿地为他人和社会尽心尽力的行为。如《论语》说："为人谋而不忠乎"（《论语·学而》）；"居处恭，执事敬，与人忠"（《论语·子路》）；"忠告而善道之"（《论语·颜渊》）等等。所以，在人际交往中，一个具备忠德德性的人，很自然地就会产生尽己利他的行为，尽心为人谋事。这对协调人际关系是有益的。人际交往中产生的矛盾是有多重因素引起的，但是最根本的一条是利益的驱动。正是因为利益的驱动，导致一些人为了自身的利益，而不惜损害他人的利益。这样矛盾就自然会产生，人际关系就会紧张。忠德作为一种德性，一种道义，不是建立在忠德主体对利益诉求和理性的算计之上，而是建立在尽己利人道义基础之上的。因此，在面对利益冲突的情况下，忠德主体就会选择自动放弃自己的利益而替他人着想。这种忠德的情感和行为是出于道义，能够超越自我，成就他人。这也正如孔子说的那样，"居处恭，执事敬，与人忠。虽之夷狄，不可弃也。"（《论语·子路》）

《晏子春秋·内篇谏下》曾经记载了这样一件事。公孙接、田开疆、古冶子三人都是齐景公的勇士。他们三人论功食桃。公孙接认为，自己曾经有一次搏杀大公猪、两次搏杀母老虎的战功，自己最有资格吃桃子。田开疆认为，自己手持兵器曾经两次打败了敌人，立了战功，自己最有资格吃桃子。古冶子说，自己曾经追随齐景公过黄河，一个怪物把齐景公和拉车的马一起拖入河中，是他"潜行逆流百步，顺流九里，得鼋而杀之"，这才救出君主，他认为自己有救驾、护驾之功，最有资

---

① 蒋庆：《再论政治儒学》，华东师范大学出版社 2011 年版，第 223 页。

格吃桃子。最后公孙接、田开疆把桃子让给了古冶子，他们认为古冶子的功劳最大，最有资格吃桃子。况且他们认为和功劳最大的人争桃子，不知道谦让，这是贪婪和无勇的表现。他们说："吾勇不子若，功不子逮，取桃不让，是贪也，然而不死，无勇也。"于是自刎而死。古冶子觉得公孙接、田开疆都死了，自己独活是不仁、不义、无勇、不忠，也挈领而死了。这就说明一个忠德的人，是懂得如何尊重他人，在面对利益冲突的时候懂得如何尊重自己，礼让他人。这对协调人际关系无疑是有益的。

忠德的人能够把忠德作为约束自我、克制自己、协调人际一个重要的道德原则。他们在面对利益冲突时是没有私心的。所以《左传》说："无私，忠也。"（《左传·成公九年》）一个人只要具备无私、忠德之心，懂得理性的放弃，就很容易处理好人际关系。所以，《忠经·天地神明章》说："忠者，中也，至公无私。……忠也者，一其心之谓矣。为国之本，何莫由忠。忠能固君臣，安社稷。"

第三，忠德有利于净化社会风气。忠德有利于净化社会风气，是把忠德作为一种价值判断标准，即是判断一个人是否忠诚、是否尽己利他的标准。在传统社会中，人们在判断一个人是不是好人、是不是可以托付大事，往往是以这个人是否忠诚为标准的。一个具备忠诚、忠义、忠厚的人往往能够得到别人的信任和尊重，反之就会遭到别人的疏远或唾弃。

在婚姻家庭关系中，忠于婚姻和夫妻双方的感情是忠德一个重要的内容。古代婚姻中有"七出"："不顺父母去，无子去，淫去，妒去，有恶疾去，多言去，窃盗去。"（《大戴礼记·本命》）其中，"淫"是休妻一个重要的理由。因为在古人看来，淫是"乱族"的重要表现，会紊乱宗法血缘社会秩序，是不忠的重要体现。所以，构成不可赦免的离婚罪。虽然唐、宋、元、明、清律对判定离婚罪有重要的前提条件，但因为"淫乱"而犯下的离婚罪却不需要前提条件，因为忠于婚姻是最基本的道德操守。传统社会这种对婚姻忠诚的重视，对净化社会道德风气具有重要作用。在古代婚姻制度中，只承认丈夫有一个妻子，即一夫一妻制度，如果丈夫再娶其他女子，只能为妾，除非原配妻子死亡或者离异。如果有的男子不忠于这种婚姻制度，有妻子而再娶妻，或者有妻子而欺骗别人，即"有妻更娶"（《唐律疏义·户婚》）或者"婚嫁妄冒"（《宋刑统·户婚律》），那么政府不仅不承认这种婚姻的合法性，而且男子要被判刑一年或一年半（明、清律则规定对男子杖八十）。男子"有妻更娶"或者"婚嫁妄冒"本身就是对婚姻的不忠，也是自己做人不忠，因而要受到惩罚。因此，忠于婚姻是忠的一个重要的方面，这对稳定社会，净化社会道德风气也是有作用的。

在社会上，对那些忠义的人，政府和社会往往给予重用和奖励。例如，西汉的霍光因为忠谨而为汉武帝赏识，他死的时候把霍光定为自己的托孤大臣之一。刘备死的时候，也是因为诸葛亮忠于蜀汉，把他也定为蜀汉的托孤重臣。甚至允许诸葛亮可以取代后主刘禅。这些忠臣，无论是当时还是现在都受到人们的敬仰。最典型的是关羽，他几乎成为忠义的化身。他生前，忠于刘备，忠于蜀汉。曹操想用重金收买他，他不为所动。万历年间他被尊为"协天护国忠义大帝"，① 成为人们顶礼膜拜的忠义偶像。

对于那些不忠的人，传统社会是用重典来惩罚。"十恶不赦"之罪中有"谋反"、"谋大逆"、"谋叛"等罪就是明证。例如，汉武帝晚年发生的"巫蛊事件"就是由于汉武帝怀疑有人不忠引起的。公元前91年，汉武帝身体不适，他听信江充的谗言，认为自己的病是有人设木偶（即所谓的"蛊"）诅咒引起的。这件事尽管是江充一手煽动的，但是他却是以

① 臧厉和：《中国人名大辞典》，上海书店1980年版，第1761页。

不忠的名义来欺骗汉武帝，结果数万人死于非命，就连太子也被杀。由此可见，封建社会对不忠行为严厉惩处的程度。还如，西汉吕后党羽被铲除是以"欲为乱"的不忠名义进行的。三国时期的吴国诸葛恪被害是因为孙俊诬告他不忠，欲发动兵变引起的，这导致诸葛恪在宴会上被杀。

一般来说，凡是忠德的人和行为就会受到人的拥护和表扬，不忠的人和行为就会受到人们的贬斥。所以说，忠德对稳定社会秩序，协调人际关系，净化社会风气等方面具有重要作用。当然，社会的稳定是多种因素的结合，忠德不是唯一的因素，但是确实是不可缺少的精神力量。

总之，传统社会中虽然也出现了"愚忠"、"伪忠"、"私忠"这样的封建糟粕，但是它的优秀的精神资源值得现代人继承和发展。事实上，忠德作为儒家不可分割的组成部分，在过去几千年的历史长河中，有不同的表现形式，对社会和人心的稳定起到了重要作用，其精神价值已经成为民族文化精神的一部分，不应当为现代人所抛弃。

第二节　忠德当代价值

在中国，一些学者对儒家文化的批判更多来自想当然的假设，或者来自一些带有成见学者的介绍，而没能够自己真正深入经典，认真地看看儒家的《四书》究竟讲了些什么，这是令人深感遗憾的。[1] 一些学者对儒家忠德的认识也是如此，认为儒家忠德只是为维护封建皇帝制度服务的，是过时的东西，在当代没有多大的价值。这种看法其实是没有真正理解儒家忠德价值。儒家忠德是和其他文化价值一样，参与了现代化的进程，它也是现代文化的重要组成部分。英国 19 世纪著名的伦理学家塞缪尔·斯迈尔斯说："哪一个民族如果不再崇尚和奉行忠诚、诚

---

[1]　刘余莉：《儒家伦理学：规则与美德的统一》，中国社会科学出版社 2011 年版，第 250 页。

实、正直和公正的美德，它就失去了生存的理由。一旦一个国家的人民如此热衷于对财富的追求，对感官快乐的追求和如此热衷于宗派活动，以至于荣誉、秩序、忠诚、美德和服从都已经成为了过去的东西，那么，在这种堕落的社会风气之中，就只有等到那些诚实的人——如果幸运的话，还会剩下一些这样的人——到处摸索并让每个人都有了深刻的认识之后，这个民族仅存的希望还只在于使失去的品格得以恢复，使每个个体的品格得到升华，只有这样，这个民族才能得到拯救。"① 这就表明了忠德对现代社会、民族和国家的重要性。

一、忠德与爱国精神

爱国精神属于民族精神的核心部分，强调增强人们的国家意识、团结意识，强调激发民族志气，用奋斗目标激励人心，增强民族凝聚力。② 忠德对促进天下为公的爱国精神的形成、对维护和促进国家的团结和统一、对协调个人、集体和国家之间的关系都具有重要作用。

第一，有利于促进"天下为公"的爱国精神的形成。传统儒家忠德被认为是"民之望也"（《左传·襄公二十五年》），同时，忠本身就具有"公"的内涵。《左传·僖公九年》中说："公家之利，知无不为，忠也。"儒家忠德强调"天下为公"的道德责任意识和行为，不论是王公大臣还是庶民百姓都应当忠于国家、忠于社稷、忠于集体，而不是仅仅强调忠于上级、忠于君主。《左传·襄公二十五年》说："君民者，岂以陵民？社稷是主。臣君者，岂为其口实？社稷是养。故君为社稷死则死之；为社稷亡，而亡之。若为己死，而为己亡，非其私暱，谁敢任之。"也就

---

① ［英］塞缪尔·斯迈尔斯：《品格的力量》，刘曙光、宋景堂、李柏光译，北京图书馆出版社 1999 年版，第 29—30 页。

② 吴潜涛：《爱国主义精神及其在公民道德建设体系中的地位》，《学校党建与思想教育》2004 年第 11 期。

是说，无论是君主还是臣民都应当以公为忠，而不是效忠某个人的私忠。《左传》说："将死不忘卫社稷"（《左传·襄公十四年》），还说"临患不忘国"（《左传·昭公元年》）。这些都体现了天下为公的爱国精神。

孔子认为，君主是国家公利的代表，所以君主的命令必须是符合国家的普遍意志和民众的利益，只有在这种情况下君主发出的命令才具有合法性、合理性和权威性，广大臣民才心甘情愿地执行君主的命令。儒家的忠君本质是忠于国家，所以儒家忠君爱国精神是一种理性主义和道德理想主义，是"道统"意义上的公忠爱国，与愚忠和绝对服从君主的一家一姓的私忠是不同的。孔子说："所谓大臣者，以道事君，不可则止。"（《论语·先进》）大臣事君采取的是"以道事君"的原则。这个"道"也就是社会公意，是集体和国家的意志，具有普遍性，代表民众的意志。言下之意，大臣事君也应当是出于以"天下为公"的公忠理念而出仕为官，他们是为公意公道做官，不是君王一家的家奴。所以，孔子反复强调："君子之于天下也，无适也，无莫也，义之与比。"（《论语·里仁》）君子对天下的事，没有必要按照君主的意志这样或那样做，唯有按照道义和正义的标准行动才是公正合理的。

孟子认为君主如果用公共权力为自己谋私，人民就算是杀死这样的君主，也不算是弑君，只不过是杀死一个"独夫"而已。他也认为公共意志和国家精神才是权威的来源，才是忠德的行为标准，所以，君子要以天下为公，"居天下之广居，立天下之正位，行天下之大道"（《孟子·滕文公下》）。这个"行天下之大道"，就要以天下为公。在位的君王也应当如此。君主要做到因得不到天下为公的人才而感到担忧，而不是整天想到去寻找那种对自己拍马屁的人。他说："尧以不得舜为己忧，舜以不得禹、皋陶为己忧。"（《孟子·滕文公上》）孟子还认为，为天下行忠是人的内在的本质，是"天爵"。他说："仁义忠信，乐善不倦，此天爵也。"（《孟子·告子上》）西汉贾谊提出的"国而忘家，公而忘私"、诸葛亮的"鞠躬尽瘁，死而后已"、范仲淹的"先天下之忧而忧，后天下之乐而乐"等等，这些无不体现出传统儒家士人的爱国情怀，他们的爱国精神激励了一代又一代中国人。

明末清初的著名思想家顾炎武又分别提出，"国"与"天下"的区别。他认为"国"是王权体制中的一家一姓，是相对于政权而言。"天下"这是指现代意义上的国家，是代表人民的利益。所以，他说："有亡国，有亡天下，亡国与亡天下奚辨？曰：异姓改号，谓之亡国；仁义充塞，而至于率兽食人，人将相食，谓之亡天下。"（《日知录·正始》）天下是所有人共有的，保天下是每个人的责任，顾炎武说："保天下，匹夫之贱，与有责焉。"（《日知录·正始》）这些忠德观点对促进人们形成爱国主义精神具有重要作用。

儒家这种"天下为公"的爱国主义精神传统源远流长，并随着社会的发展而不断渗透到社会的各个角落，使人们逐渐形成"天下为公"的爱国主义精神。这种"天下为公"的爱国主义精神强调了个体对社会责任，为了国家的繁荣和发展，每个人都要尽自己的努力为国家的建设而奋斗不息。

现代的天下为公的爱国精神，主要在于为社会主义现代化建设贡献自己的才智，全心全意为人民服务。现代的"天下为公"的爱国主义精神，不是形式主义，而是"要自觉地把爱党、爱祖国、爱社会主义与爱集体、爱岗位、爱本职工作结合起来，在工作中努力创造一流成绩，扎扎实实地为人民谋利益。"①

第二，有利于促进人们维护国家团结和统一。我国是一个多民族统一的社会主义国家，任何分裂国家的思想和行为都是错误的。忠德对维

---

① 胡锦涛：《发扬伟大的爱国主义精神　为建设有中国特色社会主义努力奋斗——在五四运动八十周年纪念大会上的讲话》，《求是》1999 年第 10 期。

护国家的团结和统一具有重要的意义和价值。古代的忠君观点自然是有其历史局限性，但是如果我们把忠君改成忠于国家，把忠于一人一家一姓转换成忠于社会主义国家和社会主义制度，那么忠德精神就具有时代意义。

维护国家统一和团结，在忠德发展史上早就出现。《春秋公羊传·隐公元年》说："春王正月，元年者何？君之始年也。春者何？岁之始也。王者孰谓？谓文王也。曷为先言王而后言正月？王正月也。何言乎王正月？大一统也。"尊重天下统一与周天子，维护周代国家的统一，是先民们早就有的忠德观点。《史记》也为构建天下一家、国家统一的忠诚爱国精神产生了巨大影响，为人们促进和维护国家的团结和统一作出了开拓性的贡献。《史记·五帝本纪》是《史记》的首篇，开篇就寄托着作者统一始祖、统一道德、统一制度、统一国家的理想。作者认为黄帝是中华民族的共同祖先。尽管这种说法未必符合历史的真相，但是这种忠于一个统一的原始祖先的历史理想设计的价值远远大于历史真相的实际价值。作者为我国各族人民塑造了一个共同的精神偶像，成为世界各地华人认祖归宗的精神支柱和价值来源。

如果说司马迁是从史学的角度确立了天下一家的忠德观，那么董仲舒是从理论上对天下一家、国家统一的忠德理论进行了深刻的论述。他认为，"一中者，谓之'忠'，持二中者谓之'患'"。他说："五帝三王之治天下，不敢有君民之心，什一而税，教以爱，使以忠，敬长老，亲亲而尊尊，不夺民时，使民不过岁三日，民家给人足，无怨望忿怒之患、强弱之难，无谗贼妒疾之人，民修德而美好，被发衔哺而游，不慕富贵，耻恶不犯，父不哭子，兄不哭弟，毒虫不螫，猛兽不搏，抵虫不触。"（《春秋繁露·王道》）五帝三王时代是国家统一、道德高尚、人民安居乐业的时代，这为国家统一、天下团结提供了理想的蓝图。同时，董仲舒又从五行的角度对天下"名一归于天"的忠德观的合理性进行了解释和论述。他说："故下事上，如地事天也，可谓大忠矣。……忠臣之义，孝子之行，取之土；土者，五行最贵者也，其义不可以加矣。"（《春秋繁露·五行对》）董仲舒认为，下事上、民忠于国是最大的忠诚。忠臣的道义、孝子的忠行，都源于可贵的"土德"。尽管董仲舒对爱国统一的忠德观的论述带着神秘主义色彩，也缺乏科学证据，带有时代局限性，但这对维护国家的团结和统一却具有重要意义。

总之，维护大一统的国家和民族团结的忠德观是中华民族精神一个重要传统。无论在过去、现在或将来，谁要是分裂祖国，谁要制造民族歧视，谁就是不忠之人，谁就是国家和民族的罪人。

在历史上来看，任何一次分裂国家、制造混乱的政治运动，都被视为不忠。例如，唐代的安史之乱，长达八年之久，叛军所到之处烧杀抢掠，无恶不作。从天宝十四年（755 年）安史之乱爆发，到乾元三年（760 年）这五年间，唐代的全国人口由 5288 万人迅速锐减到 1699 万人，可见这场战争给唐代社会带来了巨大的破坏和损失。落入叛军手中的杜甫，用诗歌的形式记下了这一历史动乱情景。他写下了"三吏"（《石壕吏》、《新安吏》、《潼关吏》）"三别"（《新婚别》、《垂老别》、《无家别》），艺术地记录了这段使国家和人民遭受巨大损失的悲惨历史。安史之乱也因此永远被钉在历史耻辱柱上。姑息这次叛乱发生的唐代皇帝具有不可推卸的责任，因而也受到人们的批评。当时就有一位叫郭从瑾的老人，当面就批评了唐玄宗，说他："禄山包藏祸心，固非一日，亦有诣阙告其谋者，陛下往往诛之，使得逞其奸逆，致陛下播越。"（《资治通鉴·至德元年》卷二一八）这说明任何分裂和怂恿分裂国家的行为都是不允许的。

总之，制造分裂、制造内乱、出卖国家等行为都是与儒家忠德不相容的。儒家忠德主张忠于国家和民族团结，主张以民为贵、反对分裂和内乱。因此，儒家的这种忠德思想对促进人们维护国家团结和统一具有重要价值。

第三，有利于协调个人、集体和国家之间的关系。个人、集体和国家关系的协调发展有利于促进国家的稳定和团结，有利于促进社会进步，有利于人们生活水平的提高。

儒家认为："以私害公，非忠也。"（《左传·文公六年》）"公家之利，知无不为也，忠也。"（《左传·僖公九年》）"无私，忠也。"（《左传·成公九年》）这些忠德思想强调的不是个人的利益，而是强调"公"的重要性。当国家和社会出现危机时，这些人就会挺身而出，为国家效力。孔子说："志士仁人，无求生以害仁，有杀身成仁。"（《论语·卫灵公》）这里的仁，自然也是一种忠，代表正义、公正和善意。"杀身成仁"也就是牺牲个人利益，以维护集体和国家利益。孟子说："生亦我所欲也，义亦我所欲也；二者不可得兼，舍生而取义者也。"（《孟子·告子上》）说的就是这个道理。当然，儒家讲的"杀身成仁"不是强调无谓的牺牲，或者视自己的生命如草芥，而是在国家和集体利益面对威胁的紧要关头以国家利益为重。荀子说："义之所在，不倾于权，不顾其利，举国而与之不为改视，重死持义而不桡，是士君子之勇也。"（《荀子·荣辱》）韩愈也说："自古圣人贤士，皆非有求于闻用也。闵其时之不平，人之不义，得其道，不敢独善其身，而必以兼济天下也。"（《韩愈文集·争臣论》）一个忠义的人不是仅仅为了个人而活着，而是要为社会和国家出力。对于出仕为官的儒生来说更是如此。韩愈说："君子居其位，则思死其官；未得位，则思修其辞，以明其道。"（《韩愈文集·争臣论》）当官的要忠于职守，不当官要修德明道，以仁救世。宋代大儒程颐说："君子不轻天下而重其身，不轻其身而重天下。凡为其所当为，不为其不可为者也。"（《河南程氏粹言·圣贤篇》卷二）他认为，君子志在匡世救民，经邦济世，以天下为己任，故不能轻天下而重身。同时，又不枉道从事，作无谓的牺牲，而是"为其所当为，不为其不可为者也"。王夫之也说："将贵其生，生非不可贵也；将舍其生，生非不可舍也。……生以载义，生可贵；义以立生，生可舍。"（《尚书引义·大诰》）王夫之认为，生命是可贵的，但是当生命与国家和集体之大义发生冲突的时候，为了大义，则"生可舍"。

无论是韩愈、程颐还是王夫之，都表明了忠德不是为了个人利益精打细算，而是要为他人、社会和国家付出，也就是要做到"以公灭私"（《尚书·周官》）。

在国家利益、集体利益与个人利益发生冲突时，儒家公忠认为，为了国家、集体利益不应当顾及自己的个人利益。《忠经·百工章》说："苟利社稷，则不顾其身"（《忠经·百工章》），"不私，而天下自公"（《忠经·广至理章》）。同时，在面对外在诱惑的时候，忠德之人不会为了自身的利益而出卖国家和集体利益，能够做到"富贵不能淫，贫贱不能移，威武不能屈"（《孟子·滕文公下》）。

儒家这种忠德思想对协调个人、集体和国家之间的利益关系具有重要的意义和价值。古往今来，凡是在国家和集体利益处于危机的关头，先进的中国人，总会不顾个人的身家性命，为了公义，挺身而出。文天祥的"人生自古谁无死，留取丹心照汗青"、李清照的"生当作人杰，死亦为鬼雄"、顾炎武的"天下兴亡，匹夫有责"等，就是儒家忠德思想的真实写照。

总之，儒家的忠德是以公义为重，强调在危机的时候，集体和国家的利益高于个人的利益。一个人要实现自我价值，往往需要超越个人利益，走向集体和国家利益。

二、忠德与敬业精神

忠德与敬业精神是分不开的，传统忠德对敬业精神的形成产生了巨大的影响。

第一，忠德有利于培养敬业精神。忠诚是一种敬业精神，是一个人道德品质的重要组成部分，也是一个行业最基本的道德原则。忠德要求敬业主体在自己的岗位上一心一意，精益求精，脚踏实地地工作。

政治上，一个人如果缺乏起码的忠德，就可能会出卖国家秘密，玩忽职守，以权谋私，生活腐化堕落，最终会沦为人民的罪人。近年来，我国出现的权力寻租性腐败、金钱腐败、美色腐败，严重地影响了我国公职人员的形象，究其原因是一些公职人员放弃了自我教育，放弃了自己对国家和社会的责任和义务，放弃了为国家敬业的精神。

《论语·公冶长》记载："子张问曰：'令尹子文三仕为令尹，无喜色；三已之，无愠色。旧令尹之政，必以告新令尹。何如？'子曰：'忠矣。'"令尹子文担任令尹，不敢沾沾自喜，多次被罢免，也没有表现出怨恨的声色，孔子称赞这样的人就是"忠"。《论语·颜渊》说："子张问政。子曰：'居之无倦，行之以忠。'"孔子说要忠于自己的职位，不厌倦懈怠，实行政令要忠实地执行，只有这样才能治理好政事，才算是忠。有的干部为了出政绩，盲目决策，大搞脱离实际的"形象工程"，结果导致"一任政绩，几代包袱"。有的甚至还大搞"豆腐渣工程"，劳民伤财，祸国殃民。这些都是没有敬业精神的表现。公务员要忠，要忠于党、国家和人民，要一心一意为人民服务，这是职业忠诚的要求。

在企业中，从业人员也应当要忠，忠于自己的企业，保守商业秘密，恪守职业道德，遵守国家法律法规。美国最大的租赁企业美国 Enterprise 汽车租赁公司首席执行官安迪·泰勒说，在企业里，"忠诚就是一切。如果我们不能通过满足顾客的需求而使他们再度光临，那么我们就无法发展我们的企业。如果我们没有心情愉快、见识广博和同本企业共命运的雇员，那我们也不可能为顾客提供满意优质服务。一句话，忠诚是企业成功的关键"。① 同时，对企业来说，诚实也是最好的政策。②

我国明清时期的徽商之所以能够在商界树立起一座丰碑，靠的不是别的，而是他们的忠德品格。徽商靠忠德来做人做事，靠自己对职业的执着给自己带来名誉和利润。他们往往十五六岁就在外学习经商，常年不归，有的二三十年都不回家。民谚说："前世不修，生在徽州。十五六岁，往外一丢。"这是一种对商业的执着和忠诚，这为他们在中国商业史上树立了一座商业忠德的高山。

曾子说："为人谋而不忠乎？"（《论语·学而》）孔子说："忠信，行笃敬，虽蛮貊之邦行矣。言不忠信，行不笃敬，虽州里行乎哉？"（《论语·卫灵公》）徽商的敬业精神无疑是对儒家这种忠德精神的践履。

程颐说："尽己之谓忠。"只要做到尽心尽力就是忠。无论是在政治上还是在商业上或者其他领域也都是如此。因此，儒家忠德对培养现代敬业主体形成忠诚品质无疑是有价值的。

第二，忠德有利于增强职业责任意识。儒家讲的忠德就是要努力尽自己的义务，尽职尽责做好自己的本职工作。无论是做官、经商、为师、行医，还是从事百工都应当忠于自己的职业。因此，忠就成了敬业精神的核心和灵魂。忠德体现了职业的神圣感和尊严感。尽管在传统社会是以农业经济为主导的社会，现代社会是多种职业共存的市民社会，但是其职业责任感是一脉相承的。王阳明说："古者四民异业而同道，其尽心焉，一也。士以修治，农以具养，工以利器，商以通货，各就其资之所近，力之所及者而业焉，以求尽其心。"（《王阳明全集·节庵方

---

① ［美］雷德里克·莱希赫尔德：《忠诚法则》，陈绍锋、陈玮、蒋攀译，中信出版社2002年版，第29页。

② ［德］马克斯·韦伯：《经济与社会》（上卷），林荣远译，商务印书馆1997年版，第708页。

公墓表》）在传统社会中，虽然有士、农、工、商等职业的分工，但是他们"异业而同道"，这个"同道"就是"以求尽其心"，也就是说忠德之心和以忠为核心的职业责任是相通的。

在政治上，官员也要具备职业责任。孔子在回答季康子的"使民敬，忠以劝，如之何？"这个问题时就说："临之以庄，则敬；孝慈，则忠；举善而教不能，则劝。"（《论语·为政》）孔子是针对统治者的职业精神来说，意思是说作为统治者如果在自己的职位中，庄重地对待自己所管辖的百姓，百姓也会对统治者恭敬顺从，如果统治能够做到孝敬老者，慈爱幼者，百姓就会忠于其统治。统治者能够选用百姓中的善人，并能够教导百姓中不善的人，那么百姓就会更加互相劝勉。

例如，唐太宗认为，君主作为官员的一种职位，就要做到心存百姓。他说："为君之道，必须先存百姓，若损百姓以奉其身，犹割股以啖腹，腹饱而身毙。若安天下，必须先正其身，未有身正而影曲，上治而下乱者。朕每思伤其身者不在外物，皆由嗜欲以成其祸。"（《贞观政要·君道》）如果为了自己的私利而损害百姓的利益，这无异于是割掉自己大腿的肉来填饱自己的肚子，这种自虐、自杀式的方式是偏离了为君之道的。

如果是经商，就要讲究商业的职业责任。忠于顾客是经商之道的基本道德原则。《左传·僖公二十七年》中说："德义，利之本也。"经商不仅仅是赚钱，而是通过赚钱为社会服务。因此，要想做到这点，就要忠于顾客。要提供质量可靠的产品，杜绝一切伪劣产品。价格要公道，而不是进行垄断性经营，或者订立霸王条款，贱买贵卖，谋取暴利。

行医也要讲究职业责任。要认真研究业务。《黄帝内经》要求医生做到："上知天文，下知地理，中知人事。"不误诊、错诊，要保守病人的隐私，对病人一视同仁，不能因为病人贫穷就置之不理，见死不救。明代龚信在《明医箴》中说："今之明医，心存仁义……不计功利，不谋其功，不论贫富，药施一例。"这种精神体现是医生的敬业精神。

现代社会的职业分工比传统社会要精细得多。一个产品从生产、组装到验收出厂，要经过多种程序，现代的工业是数量化、标准化、工业化和程序化的生产，任何一个环节出了问题，产品的质量就难以保证。因此，这就要求每个环节的员工都要具有高度的职业责任感。因此，敬业主体的责任意识与忠德是分不开的。

第三，忠德有利于激励奉献精神。奉献精神是一种美德，也是敬业精神的重要体现。奉献精神是对敬业精神和责任意识的超越。奉献是体现了敬业主体为他人、社会、集体和国家倾其所能所做的最大努力而体现出来的忠德品质。奉献精神是忠德的重要表现形式，是中华民族传统文化重要的品质。奉献是那种"发愤忘食，乐以忘忧，不知老之将至"（《论语·述而》）的快乐行为，是那种"锲而舍之，朽木不折；锲而不舍，金石可镂"（《荀子·劝学》）的坚韧品质。

中国历史上出现的许多英雄豪杰为了某种正义而发自内心地去完成某种使命，他们为国家和社会的进步甚至不惜牺牲自己的生命。这种奉献精神不是金钱所能衡量的。南宋文天祥被蒙古军捕获后，蒙古皇帝曾经许以宰相的高官劝他投降，但他宁死不降。这是传统社会一位政府官员的奉献精神的典范，如果是出于对金钱的考虑，他完全可以投降，因为那个时候南宋政府已经不存在了。还有像司马迁、诸葛亮、史可法、孙中山等无不体现出对国家和社会的奉献精神。

中国共产党人在革命战争年代，无数的革命先烈为新中国的诞生，而铸就了"井冈山精神"、"长征精神"、"延安精神"；改革开放以来我国人民表现出来的"抗震救灾精神"、"抗洪抢险精神"、"抗击非典精神"，"奥运精神"等等，都是一种奉献精神。这些是对传统忠德公忠精神的继承和发扬，具有时代内涵和鲜活的现代气息。我国当前正在建设社会主义市场经济，各行各业都需要弘扬奉献精神，都需要各行各业的从业人员发扬传统儒家忠德精神，为国家和社会贡献自己的青春和才华。

当然，奉献精神并不等于义务劳动，也不等于无偿劳动，更不等于无谓的献身，而是对正义的执着追求，是对名誉、金钱、地位等方面的超越。邓小平说："革命精神是非常宝贵的，没有革命精神就没有革命的行动。但是，革命是在物质利益的基础上产生的，如果只讲牺牲精神，不讲物质利益，那就是唯心论。"① 所以，讲奉献精神也是如此，它是对物质利益的超越和升华，是一种高层次的精神境界。

一个具有奉献精神的人，不是那种给多少钱就做多少事，不给钱就不做事的人，而是在恪守国家法律法规和职业道德规范的基础上的一种忘我的工作精神和实践精神。这种公而忘私、国而忘家的奉献精神正是儒家忠德的精神体现。

现代国民敬业精神的培养不是平地而起的，它必然要从传统文化中汲取最重要的理论资源。作为儒家文化中重要的组成部分，忠德无疑是现代敬业精神的重要理论来源。它和其他传统的德目一样，一起参与社会现代化，在现代社会建设中发挥着重要的作用。所以，弘扬儒家忠德精神对培养敬业主体的奉献精神，具有重要的价值和意义。

当然，对传统忠德资源的汲取，不是全盘吞并，也不是全盘否定，而是要采取"拿来主义"的方式，辩证地分析、继承和发展并赋予新时代的内涵。只有这样才能使忠德在现代社会中发挥更大的作用，才能使奉献精神更具有时代气息。

三、忠德与国民人格

国民人格的形成与忠德息息相关。它对形成国民自强不息、积极进

---

① 邓小平：《邓小平文选》（第二卷），人民出版社 1994 年版，第 146 页。

取、修己安人、忠恕仁爱、崇尚正义等国民人格具有重要的影响。

第一，忠德有利于形成自强不息、积极进取的国民人格。著名学者张岱年认为，《周易》中的两句话"自强不息"、"厚德载物"是民族精神的集中表达。他说："自强不息的哲学基础是重视人格的以人为本的思想。厚德载物的哲学基础是重视整体的以和为贵的理论。"①孔子说："三军可夺帅也，匹夫不可夺志也。"（《论语·子罕》）这也是一种自强不息的精神。

自强不息、积极进取精神是中国国民人格的一种体现，这种精神不是一种盲目的、不顾现实条件的非理性的冲动，而是一种理性精神，是中华民族共有的集体意志。世界上有古埃及、古巴比伦、古印度和中国四大文明古国，但是在文化上绵延至今的只有中国文化。从历史学的角度来说，春秋前的历史可以追溯到每个诸侯国发生的事，秦汉至宋代的历史几乎可以追溯到每一年发生的事，宋代至今几乎可以追溯到每一天发生的事。这是文化延绵的结果，也是众多历史学家"不隐言，不虚美"，采取实录精神的结果。这种历史文化绵延的结果也是忠德参与的结果。没有忠德参与，没有一大批记录历史真相、不畏权势的史官的参与，要想绵延几千年的历史文化传统是不可能的。这是一种自强不息的精神，是中国国民人格的体现。中国国民人格这种自强不息的精神在国家和民族处于危难关头表现得更为明显。如：明代以戚继光为首的中国人在抗击倭寇烧杀抢掠斗争中的胜利；近代中华民族前仆后继抵抗西方列强的侵略；现代历史上中华民族为了打败日本帝国主义进行的艰苦卓绝的斗争；中国改革开放以来，我国各族人民为了实现社会主义现代化而进行的各种努力等等。这些都是中国国民人格自强不息精神的体现。

---

① 张岱年：《张岱年全集》（第7卷），河北人民出版社1996年版，第221页。

忠德塑造了中国国民人格自强不息、积极进取的精神。曾子曾经概括孔子的学说为："夫子之道，忠恕而已矣。"（《论语·里仁》）王弼的解释是："忠者，情之尽者也。"（《王弼集校释·论语释疑》）唐代孔颖达在《礼记正义》中说："忠者，内尽于心也，信者，外不欺于物也。"① 大理学家朱熹解释说："尽己之谓忠。"（《论语集注·学而》）真德秀更加明确地说："忠者，尽己之心也。"（《西山先生真文忠公文集·问忠恕》）这种"情之尽"、"内尽于己"、"尽己"、"尽己之心"等就是体现为行为主体毫无保留地付出，这种付出在历史长河中逐渐发展成了中国国民人格自强不息的进取精神。

自强不息的精神正是这种"情之尽"、"尽己"等忠德的体现。张岱年先生说："自强不息就是坚持自己的主体性，努力上进，决不休止。"② 而忠德正是包括了这种自强不息、积极进取的精神。

第二，有利于培养修己安人、坚韧仁爱的国民人格。孔子说："修己以安人"，"修己以安百姓。"（《论语·宪问》）这是中国国民人格的体现。修己安人是内圣外王的集合，是体现儒家对社会的责任。修己，就是内圣，是自我修养的提高。要做到"躬自厚而薄责于人"（《论语·卫灵公》），要"求诸己"，而不是"求诸人"。只有自己身正、心正，才能"安人"，也才能影响他人。孔子说："苟正其身矣，于从政乎何有？不能正其身，如正人何？"（《论语·子路》）所以，当子路问什么是君子时，孔子回答："修己以敬。"（《论语·宪问》）修己，不是偶然的心血来潮，而是长时间的坚持。孔子认为只有终生修己，才能达到"不逾矩"的境界。他说："吾十有五而志于学，三十而立，四十而不惑，五十而知天命，六十而耳顺，七十而从心所欲，不逾矩。"

---

① 李学勤：《十三经注疏·礼记正义》（标点本），北京大学出版社1999年版，第718页。

② 张岱年：《张岱年全集》（第7卷），河北人民出版社1996年版，第222页。

（《论语·为政》）这种"三十而立"、"四十不惑"、"五十知天命"、"六十而耳顺"、"七十而从心所欲，不逾矩"的实现，不是随着人的自然的生命成长而自然形成的，而是学习的结果。

因此，一个人要终生坚持学习，要做到"笃信好学，守死善道"，只有这样最终达到"不逾矩"的道德自由境界，言行举止透露出"圣贤气象"，才能做到"非礼勿视，非礼勿听，非礼勿言，非礼勿动。"（《论语·颜渊》）

修己只是一个人或一个民族的一个方面，另一个方面则需要"安人"，需要经邦济世，做到治国、平天下，铲除社会不平等、不正义的现象，对危害国家和民族的无耻行为，采取"鸣鼓而攻之"的毫不妥协的态度。这种修己、安人，也就是忠恕之道，体现的是儒家的忠德精神。孔子说："唯仁者能好人，能恶人。"（《论语·里仁》），也就是"己欲立而立人，己欲达而达人"（《论语·雍也》）；"己所不欲，勿施于人。"（《论语·卫灵公》）

因此，作为个体来说，一个人具备了这种修己安人的德性，也就具备了仁爱的德性，对一个民族来说也是如此。所以，忠德的这种精神有利于培养国民的仁爱国民人格。这种国民人格对促进社会和谐发展，净化道德环境，追求个体人格完善，增强民族凝聚力具有积极的意义。

第三，有利于培养崇尚正义、爱好和平的国民人格。中华民族是个崇尚正义、爱好和平的民族，忠德有利于促进这种国民人格的形成。因为忠德的价值精神主要体现在追求正义、爱好和平、同一切邪恶作斗争等方面。《左传》说："外内倡和为忠。"（《左传·昭公十二年》）还说："外强内温，忠也。"（《左传·昭公十二年》）《国语·周语上》也说："非忠不立，非礼不顺，非信不行。"这些文献也都表明了崇尚正义、爱好和平是忠德本身固有的内涵。《左传》还说："临患不忘国，忠也。"(《左传·昭公元年》）荀子也说："出死无私，致忠而公。"
（《荀子·臣道》）这是表明忠德是为"公"或"国家"而忠，表达了
忠德对正义的追求。

这种对"公"和"国家"而忠的精神直接进入了中华民族的血液
之中，在长期的历史实践中慢慢使中华民族成了一个崇尚正义、爱好和
平的民族。这种公忠强调人们为了社会应当尽职尽责，要求人们应当
具有担当精神。忠不是为了个人利益着想，患得患失，而是要为他
人、社会和国家付出。也就是孙中山所说的，"要忠于国，要忠于民，
要为四万万人去效忠。为四万万人效忠，比较为一人效忠自然是高尚
得多"。①

如今，中国经过三十多年的改革开放和市场经济建设，社会的各项
事业都取得了举世瞩目的成就，"中国模式"越来越得到国际社会的认
同，中国的国际地位日益提高。处在经济全球化的今天，中国人民是世
界和平的重要力量。中国人提出"和平共处五项基本原则"来解决国
际争端，主张通过政治的手段、外交手段来化解国际危机，反对使用武
力和干涉他国主权的行径。这种和平的外交战略是中国人民智慧的结
晶，是对传统崇尚和平和正义的儒家忠德思想的继承和发展。

总之，忠德思想对培养国民人格自强不息、积极进取、修己安人、
忠恕仁爱、崇尚正义等国民人格具有重要的作用，是现代国民人格培养
不可忽视的存在。

第三节　忠德当代养成

德国著名哲学家黑格尔说："为了使大公无私、奉公守法及温和敦
厚成为一种习惯，就需要进行直接的伦理教育和思想教育，以便从精神

①　孙中山：《孙中山选集》，人民出版社1981年版，第650页。

上抵消因研究本部门行政业务的所谓科学、掌握必要的业务技能和进行实际工作等等而造成的机械性部分。"① 大公无私、奉公守法的人不是天生的，而是教育的成果，忠德的养成也是如此。宋代司马光在《资治通鉴·周纪一》说："才德全尽谓之圣人，才德兼亡谓之愚人，德胜才谓之君子，才胜德谓之小人。"培养"才德全尽"的忠德之人，只能靠教育。那么，如何培养人的忠德品质？笔者认为，应当从文化教育、个体修养、制度保障等几个方面来努力。

一、文化教育

人是文化教育的产品，文化决定了人之成为人的可能性。康德说过一句名言："人只有靠教育才能成为人，人完全是教育的结果。"忠德之人的养成自然也离不开文化教育。具体说来主要是家庭教育、学校教育和社会教育。

第一，家庭教育。家庭是人生的第一所学校，父母是人生的第一位老师。古代的用人制度一个重要的原则是"求忠必于孝子之门"，《大戴礼记》说："孝子善事君。"（《大戴礼记·曾子主孝》）这从某种程度上肯定了家庭教育的价值。忠德的家庭教育亦是如此。

在传统家庭教育中，忠孝仁义是家庭教育主要的内容，其载体主要是四书五经。颜之推说："古者，圣王有胎教之法：怀子三月，出居别宫，目不邪视，耳不妄听，音声滋味，以礼节之。……当及婴稚，识人颜色，知人喜怒，便加教诲，使为则为，使止则止。比及数岁，可省笞罚。父母威严而有慈，则子女畏慎而生孝矣。"（《颜氏家训·教子》）可见古代的教育从胎教就开始了。南宋学者袁采说："今人之于子，喜

---

① ［德］黑格尔：《法哲学原理》，范扬、张企泰译，商务印书馆1961年版，第314页。

者其爱厚，而恶者其爱薄。初不均平，何以保其他日无争？少或犯长，而长或陵少，初不训责，何以保其他日不悖？贤者或见恶，而不肖者或见爱，初不允当，何以保其他日不为恶？"（《袁氏世范·睦亲·教子当在幼》卷上）小孩从小不教育，长大后就难免犯错误。那么，教小孩什么呢？无疑忠德教育是个重要的内容。袁采说："兄弟子侄有同异户而居者，于众事宜各尽心。"（《袁氏世范·睦亲·众事宜各尽心》卷上）也就是要教育家中的"于众事宜各尽心"，这种"尽心"也就是忠心，是忠德的重要内容。具体地说也就是要"言忠信，行笃敬，乃圣人教人取重于乡曲之术。盖财交加，不损人而益己，患难之际，不防人而利己，所谓'忠'也。"（《袁氏世范·处己·人贵忠信笃敬》卷中）也就是说在家庭教育中，要进行"不损人而益己"、"不防人而利己"的忠德教育。无疑传统忠德教育对现代多元化的家庭教育具有重要借鉴价值。

父母的言传身教是家庭教育的重要方式。孔子说："其身正，不令而行，其身不正，虽令不从。"（《论语·子路》）父母仅仅是口头上的教育，自己如果没有做好，就很难奏效。如果以言教与身教的方式相结合，就能取得很好的教育效果。例如，可以带孩子去捐物捐款现场，让孩子亲自感受捐物捐款助人的乐趣；或者父母帮助朋友的时候让孩子亲眼看见和参与整个事情的过程，在潜移默化中教育孩子。

有的父母借口孩子太小，往往只注重孩子识字、学习英语、数学或艺术等知识和艺术教育，而往往忽视孩子的忠德、情感、意志力等方面的道德教育，这是不合理的，忠德的教育应当从小开始。道德心理学研究表明：对于年幼（4岁）儿童来说，只要行为者受损，他们都会作出难过的情绪推断。对于年龄大些（6岁以上）的儿童来说，不论是助人的行为还是分享行为，大部分行为者都会为自己做了好事而感到高兴，并且有相当一部分儿童开始体验冲突性的情绪，而且情绪归因定向也日益复杂化。① 同时，研究还表明，3 岁的小孩就能够理解打人是不对的。美国著名道德发展心理学家科尔伯格（Lawrence Kohlberg）甚至假定儿童既是道德哲学家，又是社会活动家。当然，儿童是道德哲学家并不是指儿童像专业道德学家一样思考道德原则，这种假设是表达了这样一种思想：即认为儿童可以采取道德哲学家面对道德问题的那种姿态来思考道德问题。在道德事件中，儿童自己会在"应不应该"的维度上作出自己的思考，并进行相应的自主推理和判断。推理和判断的过程在儿童身上体现为一种理性的道德结构。这种结构是自发形成的，当受到外界的影响后就不断发展，产生新的道德结构，从而相应地体现出新的判断和推理方式。② 这种道德发展心理学理论为教育者和父母给小孩提供早期忠德教育提供了理论基础。这也表明了从小进行忠德教育的必要性和可能性。家庭忠德教育作为人接受教育的第一站，显得尤为重要，所以，现代家庭教育除了给孩子知识教育、艺术教育的同时，也应当给孩子合理的忠德教育。

第二，学校教育。学校是忠德教育重要的基地。在古代，培养忠德品质的主要场所是学校或者书院。孟子说："庠者，养也。校者，教也。序者，射也。夏曰校，殷曰序，周曰庠；学则三代共之，皆所以明人伦也。"（《孟子·滕文公上》）《礼记·学记》说："古之教者，家有塾，党有庠，术有序，国有学。"传授的教材主要是《诗》、《书》、《礼》、《易》、《乐》、《春秋》等六经。这些经典具有丰富的忠德思想。西周至明清的忠德教育，无论是中央的太学、国子监，还是地方郡学、州学、县学等，都是以此为教材。隋唐实行科举考试制度，也是把这些经典作为考试用书。这对忠德教育自然是有帮助。到了宋代，还出现了

---

① 杨韶刚：《西方道德心理学的新发展》，上海教育出版社 2007 年版，第 103 页。
② 杨韶刚：《西方道德心理学的新发展》，上海教育出版社 2007 年版，第 210 页。

发达的书院教育，书院对忠德教育也起到了举足轻重的作用。朱熹在制订的《白鹿洞书院学规》（又名《白鹿洞书院揭示》）中指明了忠德教育是教育的重要内容。该书院规定：修身主要是"言忠信，行笃敬。惩忿窒欲，迁善改过"，接人待物要做到"己所不欲，勿施于人。行有不得，反求诸己"，等等。这些就是忠德内容的重要体现。这个包括忠德教育在内的《学规》，于淳祐元年（1241 年）由宋理宗视察太学时候亲手撰写而成为天下共同遵守的学规。对现代忠德的养成，我们可以参考借鉴古代优秀的忠德教育方法、教育原则和教育内容，剔除其糟粕，吸取其精华，并且依据时代的需要和中国实际的需要，运用辩证唯物主义和历史唯物主义方法，进行创造性的转化。例如，可以把古代的"忠君"转化成"忠国"、把忠于皇帝制度转化成忠于社会主义制度、把忠于皇室一家一姓转化为忠于中国共产党等等。

在现阶段，我国的忠德教育在方法上不是教化、奴化教育，而是在尊重忠德教育规律、尊重受教育者的实际情况下，进行的多样化、人性化、个性化的教育。它是在教师的言传身教和理论阐释中，在道德榜样的潜移默化中，在理论与实践相结合的基础上进行的教育，是在知识教育、艺术教育和道德教育相结合的教育环境下进行的全面的教育。教师本人也要提高自己的忠德品质，孟子讲"教者必以正"（《孟子·离娄上》），说的也是这个道理。同时，教师还要发扬敬业精神，钻研业务，开发多种教育方法，以便更好地达到忠德教育的效果，做到"以其昭昭，使人昭昭"，而不是"以其昏昏，使人昭昭"（《孟子·尽心下》）。对同一内容，不同的教师会产生出不同的教学效果，这决定于教师个人的精神气质、业务能力、道德修养等方面的因素。苏联教育家苏霍姆林斯基说："同样的知识内容，在一个教师手里能够起到教育作用，在另一个教师手里却起不到教育作用。知识的教育在很大程度上取决于，知识究竟跟教师个人的精神世界（他的信念、他生活的整个道德方向性和智力方向性、他对自己的教育对象即年轻一代的未来的观点）是否紧密地融合为一体。"① 对忠德的教育也是如此，同一个忠德教育主题，业务能力强的教师取得的效果自然要比平时不钻研忠德教育理论的老师效果要好。忠德教育成功的一个重要因素与教师的素养和业务能力息息相关。

在忠德教育原则上，要坚持社会主义核心价值观教育：即必须坚持马克思主义的指导地位，坚持社会主义共同理想，坚持以爱国主义为核心的民族精神和以改革创新为核心的时代精神，坚持以"八荣八耻"为主要内容的社会主义荣辱观教育。在忠德教育内容上，必须摒弃封建社会的"愚忠"、"私忠"的迂腐教育，那种"君要臣死，臣不得不死；君要臣亡，臣不得不亡"的奴化教育必须从现代忠德教育中剔除出去。

在教育内容上，要使忠德教育和社会主义现代化建设相适应，与时俱进，应具有时代特色和中国特色。要进行忠于祖国、忠于社会主义、忠于劳动、忠于科学、忠于人民的公忠教育。在忠德教育的培养目标上，要培养德、智、体、美、劳等全面发展的具有忠德精神的社会主义建设者和接班人。

第三，社会教育。也可以叫作社会评价教育。马克思说，人的本质是社会关系的产物。忠德教育自然离不开社会关系。成功的忠德教育，必须尊重人性的规律，不能离开社会实践，不能脱离时代。良好的社会环境或道德环境对提高忠德的修养具有重要的作用。古人说："近朱者赤，近墨者黑。"王充说："蓬生麻间，不扶自直；白纱入缁，不染自黑。"（《论衡·程材》）说的也是社会对个体的影响。现代社会是个信息多元社会，因此忠德教育的途径也多种多样，如良好的传统习惯、舆

---

① ［苏］苏霍姆林斯基：《给教师的建议》（下册），杜殿坤编译，教育科学出版社1980年版，第294—295页。

论、影视、报纸、互联网等都是进行忠德教育的手段。

社会是无数人群组成的社会，而且社会代表正义，能够辨别忠奸、善恶、美丑。随着网络时代的来临，整个社会变成了一个地球村。东方社会发生的事，瞬间就会传遍西方。一个人做了坏事，做了不忠不孝的事，自然也会在顷刻之间通过互联网传遍全世界。这对那些不忠之人会造成极大的震撼力和威胁力。使得这些人不敢在众目睽睽之下行不忠之事，因此，合理地运用社会媒体的力量，这对提高人的忠德修养和培养人的忠德品质是有帮助的。

社会教育能够对忠德事迹进行表扬，对邪恶和虚伪进行谴责，具有权威性。因此，社会教育对忠德主体的认知、忠德之人的情感意志和忠德行为的发生起到了很好的引导作用。苏联伦理学家季塔连柯说："从某种意义上说，教育是一种正确利用道德表扬和道德谴责的艺术，是引导社会舆论的积极的本领。"①

本来道德就是通过社会舆论、传统习惯和内心信念来形成的，忠德教育也是如此。所以，社会教育对培养忠德具有重要作用。

当然，无论是家庭教育、学校教育还是社会教育，忠德的培养不是速成的，而是一个长期教育的过程。所谓"十年树木，百年树人"说的也就是这个道理。

二、个体修养

个体忠德修养是终生的。《大学》说："自天子以至庶人，壹是皆以修身为本。"这强调了终生的修养和学习的重要性。个体忠德修养主要体现在两个方面：一方面是对传统忠德的认识，另一方面是实践修养。

---

① 转引自张应杭：《伦理学概论》，浙江大学出版社 2009 年版，第 207 页。

第一，需要加强对传统忠德的认识。高尔基说："书籍是人类进步的阶梯。"我们可以套用这句话说：书籍也是人类忠德进步的阶梯。古代优秀的经典著作记载着丰富的忠德思想。如《论语》、《孟子》、《周易》、《左传》、《忠经》等，这些都是记载忠德修养重要的文献。这些经典对为人之忠、为政之忠、做事之忠、为国尽忠等都有深刻的阐释，这些是对人们忠德历史实践的理论总结，在忠德发展史上，具有永恒的价值。

现代忠德教育的养成不是从天而降的，必然要从传统经典中汲取精神营养。但是，现在很多人对传统经典带有深刻的偏见，这是令人遗憾的。传统经典的解释，我们要摆脱先入为主的阅读态度，要在认真阅读经典中来体会其真正的内涵。只有"消融门户之见而各取所长，则私心祛而公理出，公理出而经义明矣。"（《四库全书总目提高·经部总叙》卷一）朱熹说："读书以观圣贤之意；因圣贤之意，以观自然之理。"（《朱子语类》卷十）还说："大凡为学，最切要处在吾身心，其次便是做事，此是的实紧切处。学者须是把圣人之言来穷究，见得身心要如此，做事要如此。天下自有一个道理在，若大路然。圣人之言，便是一个引路底。"（《朱子语类》卷一百一十四）也就是说，通过读书，阅读者可以站在圣贤的肩上认识自我、认识世界、改造世界、改造自我。忠德的修养自然离不开这些优秀的传统著作。通过阅读经典，与古代圣贤对话，阅读者可以从古代圣贤那里汲取经验，提高自己，培养自己的公德之心，剔除私欲。不读书，不加强自己的理论修养，就很难提高自己的忠德水平。朱熹说："又有一般人都不曾读书，便言我已悟得道理，如此便是恻隐之心，如此便是羞恶之心，如此便是是非之心，浑是一个私意。"（《朱子语类》卷十一）读书是"去蔽"，是剥离"私意"，形成"以天下为己任"之心。对如何读书，朱熹认为先读《论语》《孟子》，再读历史著作。朱熹说："今人只为不曾读书，只是读得粗书。凡读书，先读《语》、《孟》，然后观史，则如明鉴在此，而妍丑不可逃。若未读彻《语》、《孟》、《中庸》、《大学》便去看史，胸中无一个权衡，多为所惑。"（《朱子语类》卷十一）这是一种可取的方法。

在阅读态度上要采取同情理解的方法。著名历史学家陈寅恪先生在冯友兰著的《中国哲学史》中的《审查报告一》中说："对于古人之学说，应具了解之同情，方可下笔。盖古人著书立说，皆有所为而发；故其所处之环境，所受之背景，非完全明了，则其学说不易评论。……所谓真了解者，必神游冥想，与立说之古人，处于同一境界，而对于其持论所以不得不如是之苦心孤诣，表一种之同情，始能批评其学说之是非得失，而无隔阂肤廓之论。"① 陈寅恪先生这种同情理解方法用来阅读学习忠德经典是适合的。陈寅恪先生认为，对经典要有同情的理解，应当采取平等对话的方式来学习。我们要站在古人当时的境遇中来阅读忠德经典，而不是把忠德经典当作任意解剖的"僵尸"，对古代经典进行盲目地批判，而是要同情地理解。只有这样，我们才能理解忠德经典的精髓，才能提高自己的忠德修养。这种方法也正如徐复观先生所言的，"要扣紧《论语》，把握住孔子思想的性格，用现代语言把它讲出来，以显现孔子的本来面相，不让许多浮浅不学之徒，把自己的思想行动，套进《论语》中去，抱着《论语》来糟蹋《论语》"。② 当然，对传统忠德经典奉若神明，认为是绝对正确的，也不是阅读忠德经典的方法。尽信书，不如无书。那种只强调阅读，或者读死书的方法也是不合理的。

我们还需要树立典型，挖掘中国历史上著名的忠德案例来教育人们。党的十七大报告指出，"弘扬中华文化，建设中华民族共有精神家

① 冯友兰：《中国哲学史》，华东师范大学出版社 2000 年版，第 432 页。
② 徐复观：《中国思想史论集续篇》，上海书店出版社 2004 年版，第 283 页。

园。中华文化是中华民族生生不息、团结奋进的不竭动力"。如忠贞爱国的苏武、抗击倭寇的戚继光、虎门销烟的林则徐等，都是忠德教育的典范。

当然，要提高人的忠德修养，只有传统忠德认识是不够的，还要"自用吃力去做"（《朱子语类》卷八），需要在实践上下工夫。

第二，需要加强忠德的实践修养。实践是忠德理论的来源，也是忠德修养的目的。如果只有书本上的忠德知识，说起来头头是道，却没有实际的行动，纸上谈兵，这是不可取的。忠德的修养需要做到身心合一、知行合一、理论与实践的结合。孔子说："诵《诗》三百，授之以政，不达；使于四方，不能专对；虽多，亦奚以为？"（《论语·子路》）这就强调了忠德理论与忠德实践相结合的道理。具体说来，在忠德的实践修养方面主要有两个方面：一是躬行，二是慎独。前者是外在的实践方式，后者是内在的实践方式。

一是躬行的方法。躬行就是忠德主体亲自去体验忠德之道，感受行忠过程中带来的心理感受和快乐，并经过长期的实践而形成忠德品质的一种方法。孔子说："学而时习之，不亦乐乎！"（《论语·学而》）这个"习"就是强调学习的实践性。陆游也说："纸上得来终觉浅，绝知此事要躬行。"这也是看到了实践的重要性。

躬行，就是要做到知行合一。王阳明说："夫学、问、思、辨、行，皆所以为学，未有学而不行者也。如言学孝，则必服劳奉养，躬行孝道，然后谓之学，岂徒悬空口耳讲说，而遂可以谓之学孝乎？"（《王阳明全集·答顾东桥书》）王阳明认为，只有书本知识的学习，不是真学，而要躬行。要讲忠与孝，就要"必服劳奉养，躬行孝道"才算孝。同样的道理，要忠于朋友，为朋友尽心办事，也应当用实际的行动来证明，而不是仅仅停留在口上。要为人民尽忠，就要在自己的工作岗位上，尽职尽责，不能做损公肥私，违法乱纪的事，要做到表里如一，言行一致。

躬行的实践范围十分宽广，几乎包括了人们生活的衣、食、住、行、择业、择偶等生活的所有方面。人们也只有在生活实践中才能感受到忠于人民、忠于国家、忠于工作职责、与人谋而忠等方面带来的荣誉感、成就感、他人对自己的认同感，并由此产生忠德主体内心的幸福感。

二是慎独的方法。慎，就是明白善恶、是非、忠奸、对错等。李颙说："'慎'之云者，朝乾夕惕，时时敬畏，不使一毫牵于情感，滞于名义，以至人事之得矣，境遇之顺逆，造次颠沛，死生患难，咸湛湛澄澄，内外罔闻，而不知为所转，夫是之谓慎。"（《二曲集·靖江语要》卷四）独，就是人的主观本性，也可以说是人的良知。陈确说："独者，本心之谓，良知是也。"（《陈确集·辑祝子遗书序》卷十）慎独是实践修养的方法之一。如果说躬行是一种外在的忠德行为的实践修养方法，那么慎独就是一种内在的忠德行为实践修养方法。慎独是忠德主体运用自己所具备的知识、生活经验、情感意志、理性思维能力等力量来反思自己行为的得与失、对与错、善与恶、有礼与无礼等行为，并对其进行心灵的过滤。对好的、对的、善的、有礼的行为加以保留和提升以便以后做得更好；对不好的、错误的、恶的、无礼的行为加以剔除以便以后不再犯同样的错误，以提高自己的忠德修养和忠德智慧。慎独强调的是忠德主体的自觉性和自律性。

《中庸》说："道也者，不可须臾离也，可离非道也。是故君子戒慎乎其所不睹，恐惧乎其所不闻。莫见乎隐，莫显乎微，故君子慎其独也。"（《礼记·中庸》）朱熹解释说："隐，暗处也。微，细事也。独者，人所不知而己所独知之地也。言幽暗之中，细微之事，迹虽未形而几则已动，人虽不知而己独知之，则是天下之事无有著见明显而过于此者。是以君子既常戒惧而于此尤加谨焉，所以遏人俗于将萌，而不使其滋长于隐微之中，以至离道之远也。"（《四书章句集注·中庸章句》）一个人在行为发生之前，只有自己知道自己的真实想法，一个人自己是不是出于忠心，自己比别人最先知道。慎独是自己内心反思自己的所说所为，是自己在拷问自己。但是，慎独不是自我欺骗，而是忠诚地面对自己的一切。陆九渊说："慎独即不自欺。"（《陆九渊集·语录上》卷三十四）自我欺骗、自我隐瞒、掩耳盗铃不是慎独的宗旨。朱熹说："众所共知之处，亦自七颠八倒了，更如何地慎独！"（《朱子语类》卷十六）因此，慎独是一种忠德修养，是对忠德主体心灵健康的打磨。同时，慎独还是一种道德上的进步，是对自己行为的反思，是心灵杂污的"过滤器"。

明代大儒刘宗周认为："慎独是学问第一义。"（《刘宗周全集·学言上》）还说："慎独之外，别无学也。"（《刘宗周全集·大学古记约义·慎独》）这虽然有点夸张，但是却点明了慎独在忠德修养中的作用和地位。慎独的目的是要达到：一个人在没有人监督的情况下，自己要做得和有人监督下一样好，甚至更好。

现代社会是个开放的社会，生活节奏快，每个人时时处处都在面对各种各样的诱惑，有物质的诱惑如金钱，也有精神的诱惑，如名誉等。如果一个人自己把持不住，平时不加强自己的忠德修养，可能会一念之差铸成大错，甚至沦为罪犯，遗恨终生。韦政通先生说："人类因与他自己'疏离'，而产生种种不当的行为。这种疏离之病，尤以现代人为甚。现代人恐惧独处，是一种很普通的病。传统的慎独工夫，极有助于可治此病。"[1] 因此，加强慎独修养，对培养人的忠德修养十分重要。

总之，忠德的个体修养的方法多种多样，但是在实际生活中，忠德个体修养是多种方法的综合运用，理论修养和实践修养也是相互影响、

---

[1]　韦政通：《中国哲学辞典》，吉林出版集团有限责任公司2009年版，第590页。

相互联系的，并没有一种纯粹的方法可以让人一夜之间变成忠于国家和人民的人。

三、制度保障

完善的制度建设能够为忠德的养成提供可靠的保障。中国古代把制度治理称为广义的"礼"或者是"礼治"。《左传·隐公十一年》说："礼，经国家，定社稷，序民人，利后嗣者也。"荀子也说："礼者，治辨之极也，强国之本也，威行之道也，功名之总也。"（《荀子·议兵》）还说："国无礼则不正，礼之所以正国也。"（《荀子·王霸》）《左传》生动地描述了一幅礼治制度建设下的效果图："礼之可以为国也久矣。与天地并。君令臣共，父慈子孝，兄爱弟敬，夫和妻柔，姑慈妇听，礼也。君令而不违，臣共而不贰，父慈而教，子孝而箴；兄爱而友，弟敬而顺；夫和而义，妻柔而正；姑慈而从，妇听而婉：礼之善物也。"（《左传·昭公二十六年》）在一个完善的制度中，社会各阶层各个社会角色都能做到各司其职、恪尽职守、尽心为人、各尽人伦。这种美好的道德秩序与完善的制度保障是分不开的，忠德的养成也是如此，它的养成与制度保障息息相关。因此，加强制度建设对忠德的养成具有重要的意义。具体说需要做出如下努力。

第一，不断完善公正合理的社会制度，创造普遍公平正义的社会环境。我国实行的是社会主义制度，是人民当家做主的国家。消灭了剥削制度，实现了人与人之间的平等。尤其是改革开放以来，我国社会各项事业，取得了举世瞩目的伟大成就，国民的生活水平不断得到提高，这充分体现了社会主义制度的优越性。

但是，我国的社会主义毕竟还处于初级阶段，各项社会制度还需要不断完善。人民日益增长的物质文化需要同落后的生产力之间的矛盾依然没有解决，社会不稳定、不和谐的因素也依然存在。例如，政府官员放言"你是为党说话还是为人民说话",使党政关系以及人民主权的宪法宪政充满内在紧张。又如,一些干部在实践中"对上级负责"而不实事求是或罔顾百姓,使干部制度或公务员制度的制度规范形同虚设。① 因此,要根除这些不忠现象必然需要完善社会制度。

社会制度在忠德的养成中具有基础地位。我国是社会主义制度国家,一切权力来源于人民,任何人都不能为了自身的利益去消解为人民服务的宗旨,这本身就为忠德的养成提供了社会背景基础。正如美国著名哲学家罗尔斯所说,制度公正优先于个体善。社会制度作为背景性安排,决定了社会成员活动的基本范式及其价值取向。② 杜威说:"一切政治制度和实业组织的最高标准,应当对社会每个成员的完满生长有贡献。"③ 说的也是这个道理。

因此,要加强忠德的养成,就要不断完善社会主义制度,坚持政治体制改革,不断解放和发展生产力,坚持"任何人在制度面前均不能享有例外"。④ 只有这样才能不断完善公正合理的社会制度,才能为忠德的养成创造出普遍公平正义的社会环境。

第二,不断制定和完善各项法律法规和各项政策措施,实现德治与法治的完美结合。我国是一个法治国家,在法治面前人人平等。对那种大公无私,以社会、民族、国家和人民利益为重的忠德行为和忠德现象,国家要在政策上给予支持和保证。

改革开放三十多年来,我国的经济建设取得了巨大成就。但是由于

① 王向民:《从忠诚到利益:革命后社会的公务员激励机制》,《中国浦东干部学院学报》2012 年第 1 期。

② 参见高兆明:《制度伦理研究——一种宪政正义的理解》,商务印书馆 2011 年版,第 407 页。

③ [美]杜威:《哲学的改造》,许崇清译,商务印书馆 1980 年版,第 100 页。

④ 高兆明:《制度伦理学研究——一种宪政正义的理解》,商务印书馆 2011 年版,第 331 页。

我国处在社会转型时期，极端拜金主义和极端功利主义在社会上还很盛行。

社会上，一些人为了金钱，不顾他人、社会和国家利益，进行违法犯罪活动，导致社会上假冒伪劣产品时常出现，如毒奶粉、毒豆芽等，都说明忠德的缺失在当前社会中还比较严重。"近年来相继发生'毒奶粉'、'瘦肉精'、'地沟油'、'彩色馒头'等事件，这些恶性食品安全事件足以表明，诚信的缺失、道德的滑坡已经到了何等严重的地步。"①这种忠德的滑坡，如果不加以遏制那必然会极大地影响国民的生活质量，严重的还会影响到国民的身体健康，危及生命。如果有了完善的公正合理的法律法规和政策措施，对那些忠德缺失的现象进行及时有效的处罚，这对那些心存侥幸的自私自利的不忠之人，无疑会起到警示作用，使他们不敢做短斤缺两、损人利己、坑蒙拐骗的违法犯罪的事。

政府系统中，一些官员见利忘义，徇私舞弊，利用手中的职权进行索贿受贿、权色交易，把人民授予的权利变成了为自己谋利的工具，有的甚至叫嚣"有权不用，过期作废"，这些人不是忠于人民、忠于国家，严重地损害了国家和政府形象。根除这些现象，必然要完善干部选拔、考核、管理制度，只有不断健全和完善干部任用制度和政策法规，才能做到"尊贤使能，俊杰在位"。

因此，我们需要不断制定和完善各项法律法规和各项政策措施，实现德治与法治的完美结合，为忠德的养成提供良好的环境。

第三，要构建高效运转的社会回报和赏罚机制，实现道德与幸福的统一。社会回报和赏罚机制的完善和发展是立体式的、综合的发展，不是单面的、片面的发展。对忠德的养成也是如此。建立和完善高效运转

---

① 温家宝：《讲真话　察实情——同国务院参事和中央文史研究馆员座谈时的讲话》，《光明日报》2011 年 4 月 18 日。

的社会赏罚机制，让忠诚、诚信的人不吃亏，使他们及时得到社会的奖赏，不论是物质的还是精神的；同时要使那些不忠不仁、道德败坏的人遭到社会谴责，使不忠不仁不道德的行为失去存在的环境。要让缺德成为无德之人的重负，让有德成为有德之人的通行证。要让奉献社会的人得到尊重和奖赏，要让那些诚实守信、见义勇为、忠心为人的人得到合理的回报。例如，有的人见义勇为而被歹徒打伤或者杀伤，结果这些人因为付不起巨额的医疗费而错过最佳的治疗时间，让英雄流泪又流血。如果没有很好的社会回报机制，可能下次面临同样问题时，很多人就会见死不救，这会对社会产生恶劣影响。有德者默默奉献，而无德者不履行义务却享受着有德者的奉献，如果一个社会陷入这样的不合理的不公正的道德环境，那么，社会风气败坏、人际关系的恶化、个体忠德品质的堕落就成为可能。忠德的建设和养成离不开社会环境，忠德的养成和发展不是孤立的事件，它与社会制度保障紧密联系在一起。因此，只有建立合理的社会回报机制和赏罚机制，让有德之人得到合理的社会回报和奖赏，对那种真诚奉献的人，要使他们在物质上和精神上得到应有的社会补偿，使忠德之人实现道德和幸福的统一。这对忠德建设和养成无疑具有重要作用。

　　总之，制度建设对忠德的养成和保障是个系统工程，需要全社会共同努力，只有这样才能保证忠德的养成和忠德的弘扬，才能培养出为了弘扬社会主义忠德而努力奋斗的忠德之人，才能造就出为了社会和国家的发展而勤奋的忠德之人，才能塑造出为了追求忠德人格的完善而不断进取的人，也只有这样才能使忠德成为照耀人类不断前进的明灯。

结　语：

忠，德之正也

　　《左传·文公元年》说："忠，德之正也；信，德之固也。"《大戴礼记·卫将军文子》也说："孝，德之始也；弟，德之序也；信，德之厚也；忠，德之正也。""正"的内涵主要有以下几种。一指"真诚"。如"御史大夫张汤智足以拒谏，……非肯正为天下言。"（《史记·汲郑列传》）二指"公正"、"合理"。如"名不正，则言不顺。"（《论语·子路》）"刑杀不正，贼民之深者也。"（《列女传·齐伤槐女》）三指"正直"、"正确"。如"田丰刚而犯上，许攸贪而不正。"（《后汉书·荀彧传》）"究观方士祠官之变，谷永之言，不亦正乎！不亦正乎！"（《汉书·郊祀志》）四指"辨别是非"、"判定正误"。如"民有诤讼，为正曲直，此大功也。"（袁宏《后汉纪·光武帝纪三》）"辩有理胜，有辞胜。理胜者，正黑白以广论，释微妙而通之。辞胜者，破正理以求异，求异则正失矣。"（《人物志·材理》）五指"匡正"。如"国无礼则不正，礼之所以正国也。"（《荀子·王霸》）六指"标准"。如"务胜则争，力征则讼，讼而无正，则莫得其性也。故贤者立中正，设无私，而民说仁。"（《商君书·开塞》）这些"正"的意思都囊括在忠德的德性范围之内。所以，《左传·文公元年》说："忠，德之正也。"《忠经·广为国章》也说："邪则不忠，忠则必正。"

作为一种德性，"忠，德之正也"，这也正表明了忠德作为"众德之基"、"令德"的合理性，因为，作为基础的德性，如果"不正"，那么这就如同修建高楼大厦的地基一样，如果大厦的地基不正，那么万丈高楼就不可能建成。"忠，德之正也"，也正表明了忠作为"众德之基"的价值。其他的道德规范如恭、宽、信、敏、惠、孝、悌、义、礼、智、勇等，都是对"公正"、"正义"的追求。它们是建立在"忠"的基础上的道德规范，是"分有"了"忠"的德性内涵。《忠经·辨忠章》说："忠而能仁，则国德彰；忠而能智，则国政举；忠而能勇，则国难清，故虽有其能，必曰忠而成也。仁而不忠，则私其恩；智而不忠，则文其诈；勇而不忠，则易其乱，是虽有其能，以不忠而败也。此三者，不可不辨也。"从这个角度上来说，忠德德性所体现出来的道德精神是众德的出发点，也是众德的归宿，是原因也是目的，是其他德目的价值内驱力，也是其他德目的评价标准，于是"忠"就成为具有普遍意义的道德，也就是成为"全德"、"令德"。总体说来，这种具有"全德"性质的儒家忠德主要包括两个基本的道德维度：做人之忠和为政之忠。

自从先秦儒家的主要代表孔子、孟子和荀子，把三代以来由一种道德规范的忠整合发展成儒家"众德之基"之后，忠德就成为儒家"道统"精神价值追求，即"公忠"的目标和标准。随着中国封建皇帝制度的建立，封建皇帝使用了各种各样的手段大张旗鼓地鼓吹"君要臣死，臣不得不死；君要臣亡，臣不得不亡"，认为"普天之下莫非王土，率土之滨莫非王臣"，世界万事万物都归于皇帝一人所有，甚至认为，世间的一切都是皇帝一人的私产。君主们"敲剥天下之骨髓，离散天下之子女，以奉我一人之淫乐，视为当然，曰：此我产业之花息也。"（《明夷待访录·原君》）封建皇帝喜欢所有的人都忠于自己，就算皇帝本人不仁、不义、败德，他也喜欢臣民无条件地忠于自己。君主为了加强自己的统治，强调"私忠"，这个时候"私忠"就可能"表现一种狰狞可怕的形态。作为专制主义手下的一只鹰犬，它表现为对臣民和部属的强制要求，表现为一种超越理智的服从律令，表现为酷吏的刑罚和牢狱的锁链！为了实现这种所谓的'忠'，可以杀人如麻，可以告密卖友，原来是作为道德原则的理念，完全变成为污秽和卑劣！"①

儒家忠德强调的是"道统"下的忠即"公忠"。所以，儒家说，"临患不亡国，忠也"（《左传·昭公元年》），"公家之利，知无不为，忠也"（《左传·僖公九年》），"忠，社稷之固也"（《左传·成公二年》），这些也都体现了儒家"公忠"的精神。这里自然就产生了以皇帝为首的"治统"或"法统"下的"私忠"与儒家"道统"下的"公忠"的二元结构。这种二元结构在传统忠德发展史上一直处于统一和矛盾之中。

儒家认为皇帝是德与位的合一，他们对皇帝进行了道德捆绑。认为为君要"尊天事地，敬社稷，保四国，慈爱万民，薄赋敛，轻租税。"（《贞观政要·政体》）要对国家、社会和民众负责。孟子极力强调"民为贵，社稷次之，君为轻"。儒家的君主观是道德理性主义的，认为君主应当在道德上具有无限完满性和丰富性，而不应当是暴力的拥护者、鼓吹者。所以，当君主做到了儒家所界定那些道德要求时，这个时候作为儒家官僚或儒家知识分子会成为君主的朋友或政治盟友。他们会积极参与政府事务，"竭股肱之力，加之以忠贞之节"②（《励忠节钞·忠臣部》），"一心事君"才成为可能。这时"道统之忠"和"政统之忠"是统一的，或者说"公忠"和"私忠"是统一的。从这个角度来说，儒家之忠具有维护封建君主制度的一面。人们认为儒家的忠是一种君主

---

① 李庆：《中国文化中人的观念》，学林出版社 1996 年版，第 504 页。

② 转引自屈直敏：《敦煌写本类书〈励忠节钞〉研究》，民族出版社 2007 年版，第 218 页。

专制制度的帮凶，多数是从这个立场上来说的。

但是，一旦君主失去道德的约束、败德、虐民，成为暴政的推动者，"不尊天，不事地，不敬社稷，不固四海，外失礼于诸侯，内逆民心"（《贞观政要·政体》）。在这种情况下，儒家就高举"忠义"、"正义"、"道义"的大旗，与君主展开对抗。这时两者不是盟友关系而是"德与位"、"理与势"的对抗关系。这个时候"道统之忠"和"政统之忠"、"公忠"和"私忠"是处于矛盾之中。美国著名学者约瑟夫·列文森说："君主与官僚之间的紧张关系并不是旧秩序虚弱的表现，相反是它的力量所在。"① 这时儒家不仅不是君主拥护者，而是君主批评者和抗争者。从这个角度来说，儒家之忠不是君主制度的谄媚者，而是有自己的独立人格和价值立场。这个立场就是"道统"的立场，是以民意为核心的立场，是以民众的生存和发展为目的立场，是以"民意"为基本评价坐标的立场。因此，在传统忠德发展史上，历代都有这种为了正义和公忠而献身的儒家士大夫或士君子。在这个意义上说，忠"它应当是一种真诚的出于道德理念的献身，是一种出于社会责任感的奋斗，是一种追求人格完善的努力"。② 儒家忠德就是在这种"道统"和"政统"的博弈中演变、发展和延绵的。

"五四"新文化运动批判儒家，"打倒孔家店"，强调"道德革命"，反对封建社会的愚忠愚孝、反对君主专制制度下君主强调的"私忠"、反对一家一姓之忠。从这个角度上来说，"五四"新文化运动，剔除了套在广大民众头上的"私忠"的锁链，对人们的思想是一种解放。毫无疑问，"五四"新文化运动对私忠、愚忠的批判，"是积极的乐观的，在当时及以后产生过巨大的历史影响，现在仍然可以清晰地感

---

① ［美］约瑟夫·列文森：《儒教中国及其现代命运》，郑大华、任菁译，广西师范大学出版社 2009 年版，第 202 页。

② 李庆：《中国文化中人的观念》，学林出版社 1996 年版，第 505 页。

受到这一影响的历史延续性"。① "五四"的价值也正是儒家"忠，德之正也"的体现。

但是，以陈独秀为首的"五四"新文化运动的知识精英，所运用的理论武器如民主、自由毕竟是西方的，他们把中国文化和西方文化完全对立起来，"认为要引进和确立新人生就必须全盘地颠覆中国传统的文化，尤其是要彻底地推倒儒家思想传统，这就表明他对文化性质的理解存在着极大的误解"。② 著名学者霍韬晦先生指出："'五四'中人把中国传统与西方文化对立起来，误认为西方的民主、科学是人类文明的最高典范，有普遍性，有必然性，于是以之作为标准来改造自己，以求中国文化自行'涅槃'。"③ 这种无视中国文化的实际和历史传统，用西方文化来解构和建构中国文化的想法本身就是不现实的。

可以这样说，"五四"新文化运动在打倒了封建专制制度和封建君主专制强调的"私忠"和"愚忠"的同时，把儒家优秀的"公忠"也一起丢掉了。尽管现代封建制度和封建君主强调的"私忠"、"愚忠"已成为历史，但是儒家忠德尤其是"公忠"思想不应当成为封建制度的殉葬品。因为传统是活着的现在，传统儒家忠德也是和现代社会其他文化一样，一起参与了现代化的过程，完全从文化沙漠中建立起现代忠德文化几乎是不可能，因为现代忠德不可能与过去忠德一刀两断。现代的"民族之忠"、"国家之忠"、"为人民服务之忠"需要从传统儒家忠德中汲取精华。正如孙中山所说："现在一般人的思想，以为到了民国，便可以不讲忠字，以为从前讲忠字是对君的，所谓忠君，现在民国没有君主，忠字便可以不用。……这种理论，实在是误解。因为在国家之内，君主可以不要，忠字是不能不要的。……我们的忠字可不可以用

---

① 胡军：《中国儒学史》（现代卷），北京大学出版社 2011 年版，第 54 页。

② 胡军：《中国儒学史》（现代卷），北京大学出版社 2011 年版，第 54—55 页。

③ 霍韬晦：《从反传统到回归传统》，中国人民大学出版社 2010 年版，第 104 页。

之国呢？……忠于事又是可不可呢？我们做一件事，总要始终不渝，做得成功，如果不成功，就是把性命去牺牲，亦所不惜，这便是忠。"（《三民主义·民族主义》第六讲）

今天我们建设社会主义现代化，忠不是忠于某个人，而是忠于社会主义、忠于人民、忠于国家、忠于中华民族……现代意义上的忠德本质是一种"公忠"，是为了国家、民族和人民而尽忠的新型的忠，具有新的时代内涵，体现出来的是一种忠诚精神、正义精神、责任精神、进取精神、仁爱精神、和谐精神和奉献精神……这也正是儒家"忠，德之正也"在新时代的发展。因此，当前在建设社会主义和谐社会中，儒家忠德依然是不可缺失的存在。

尽管我们对忠德的研究不够深入，但是我们相信随着社会的发展，儒家忠德的价值会越来越得到人们的肯定和期待……

参考文献

一、马克思主义经典类

1. 《马克思恩格斯选集》，人民出版社 1995 年版。

2. 《毛泽东选集》，人民出版社 1991 年版。

3. 《邓小平文选》，人民出版社 1993 年版。

4. 《江泽民文选》，人民出版社 2006 年版。

二、古籍与注疏类

1. 《十三经注疏》（清嘉庆刊本），阮元校刻，中华书局影印 2009 年版。

2. 《十三经注疏》（标点本），李学勤，北京大学出版社 1999 年版。

3. 《诸子集成》，中华书局 2006 年版。

4. 《战国策注释》，何建章注释，中华书局 1990 年版。

5. 屈原：《屈原集校注》，金开诚等校注，中华书局 1996 年版。

6. 司马迁：《史记》，中华书局 1982 年版。

7. 刘向：《说苑校证》，向宗鲁校证，中华书局 1987 年版。

8. 《盐铁论校注》，王利器校注，中华书局 1992 年版。

9. 韩婴：《韩诗外传》，许维遹校释，中华书局 1980 年版。

10. 班固：《汉书》，颜师古注，中华书局 2005 年版。

11. 范晔：《后汉书》，李贤等注，中华书局 2005 年版。

12. 陈寿：《三国志》，裴松之注，中华书局 2005 年版。

13. 诸葛亮：《诸葛亮集》，段熙仲、闻旭初编校，中华书局 1960 年版。

14. 王弼：《王弼集校释》，楼宇烈校释，中华书局 1980 年版。

15. 马融：《忠经》，郑玄注，中华书局 1985 年版。

16. 吴兢：《贞观政要集校》，谢保成集校，中华书局 2003 年版。

17. 韩愈：《韩愈文集汇校笺注》，刘真伦、岳珍校注，中华书局 2010 年版。

18. 柳宗元：《柳宗元文集》，中华书局 1979 年版。

19. 刘禹锡：《刘禹锡集》，中华书局 1990 年版。

20. 欧阳修：《欧阳修全集》，李安逸点校，中华书局 2001 年版。

21. 苏轼：《苏轼文集》，孔凡礼点校，中华书局 1986 年版。

22. 李觏：《李觏集》，王国轩点校，中华书局 2011 年版。

23. 曾巩：《曾巩集》，陈杏珍、晁继周点校，中华书局 1984 年版。

24. 石介：《徂徕石先生文集》，陈植锷点校，中华书局 1984 年版。

25. 邵雍：《邵雍集》，郭彧整理，中华书局 2010 年版。

26. 司马光：《资治通鉴》，胡三省音注，中华书局 1956 年版。

27. 张载：《张载集》，章锡琛点校，中华书局 1978 年版。

28. 程颢、程颐：《二程集》，王孝鱼点校，中华书局 1981 年版。

29. 岳珂：《鄂国金佗稡编·续编校注》，王曾瑜校注，中华书局

1989 年版。

30. 朱熹：《朱熹集》，郭齐、尹波点校，四川教育出版社 1996 年版。

31. 朱熹：《朱子全书》，朱杰人、严佐之、刘永翔主编，上海古籍出版社、安徽教育出版社 2010 年版。

32. 朱熹：《朱子全书外编》，朱杰人、严佐之、刘永翔主编，华东师范大学出版社 2010 年版。

33. 陆九渊：《陆九渊集》，钟哲点校，中华书局 1980 年版。

34. 胡宏：《胡宏集》，吴仁华点校，中华书局 1987 年版。

35. 陈亮：《陈亮集》，中华书局 1974 年版。

36. 叶适：《习学记言序目》，中华书局 1977 年版。

37. 叶适：《叶适集》，刘公纯、王孝鱼、李哲夫点校，中华书局 2010 年版。

38. 吕本中：《官箴》，北京，中华书局 1985 年版。

39. 陈淳：《北溪字义》，熊国祯、高流水点校，中华书局 1983 年版。

40. 真德秀：《西山政训》，中华书局 1985 年版。

41. 张养浩：《张养浩集》，李鸣、马振奎校点，吉林文史出版社 2008 年版。

42. 脱脱：《宋史》，中华书局 1985 年版。

43. 陈献章：《陈献章集》，孙通海点校，中华书局 1987 年版。

44. 王阳明：《王阳明全集》，吴光、钱明等编校，上海古籍出版社 1992 年版。

45. 李贽：《焚书 续焚书》，中华书局 1975 年版。

46. 刘宗周：《刘宗周全集》，吴光主编，浙江古籍出版社 2007 年版。

47. 黄宗羲：《明儒学案》，沈芝盈点校，中华书局 2008 年版。

48. 黄宗羲、全祖望：《宋元学案》，陈金生、梁运华点校，中华书局 1986 年版。

49. 陈确：《陈确集》，北京，中华书局 1979 年版。

50. 顾炎武：《日知录集释》，黄汝成集释，栾保群、吕宗力点校，上海古籍出版社 2006 年版。

51. 王夫之：《宋论》，舒士彦点校，中华书局 1964 年版。

52. 王夫之：《读通鉴论》，舒士彦点校，中华书局 1975 年版。

53. 王夫之：《读四书大全说》，中华书局 1975 年版。

54. 潘平格：《潘子求仁录辑要》，钟哲点校，中华书局 2009 年版。

55. 颜元：《颜元集》，王星贤、张芥尘、郭征点校，中华书局 1987 年版。

56. 苏舆：《春秋繁露义证》，钟哲点校，中华书局 1992 年版。

57. 章学诚：《文史通义校注》，叶瑛校注，中华书局 1985 年版。

58. 焦循：《孟子正义》，沈文倬点校，中华书局 1987 年版。

59. 龚自珍：《龚自珍全集》，王佩诤校，上海古籍出版社 1975 年版。

60. 陈立：《白虎通义疏证》，吴则虞点校，中华书局 1994 年版。

61. 孙星衍：《尚书今古文注疏》，陈抗、盛冬铃点校，中华书局 1986 年版。

62. 吴毓江：《墨子校注》，孙启治点校，中华书局 1993 年版。

63. 孙诒让：《墨子间诂》，孙启治点校，中华书局 2001 年版。

64. 刘宝楠：《论语正义》，高流水点校，中华书局 1990 年版。

65. 王先谦：《荀子集解》，沈啸寰、王星贤点校，中华书局 1988 年版。

66. 程树德：《论语集注》，程俊英、蒋见元点校，中华书局 1990

年版。

67. 王先慎：《韩非子集解》，钟哲点校中华书局 1998 年版。

68. 何宁：《淮南子集释》，中华书局 1998 年版。

69. 杨伯峻：《孟子译注》，中华书局 1960 年版。

70. 杨伯峻：《论语译注》，中华书局 1980 年版。

71. 杨伯峻：《春秋左传注》，中华书局 2009 年版。

72. 刘尚慈：《春秋公羊传译注》，中华书局 2010 年版。

73. 黎翔凤：《管子校注》，梁运华整理，中华书局 2004 年版。

74. 黄晖：《论衡校释》，中华书局 1990 年版。

75. 蒋礼鸿：《商君书锥指》，中华书局 1986 年版。

76. 王利器：《新语校注》，中华书局 1986 年版。

77. 王利器：《颜氏家训集解》，中华书局 1993 年版。

78. 朱谦之：《老子校释》，北京，中华书局 1984 年版。

79. 徐元诰：《国语集解》，王树民、沈长云点校，中华书局 2002 年版。

80. 陈戍国：《四书五经》（校注本），岳麓书社 2006 年版。

81. 黄怀信、张懋镕、田旭东：《逸周书汇校集注》，上海古籍出版社 2007 年版。

82. 黄怀信：《论语汇校集释》，周海生、孔德立参撰，上海古籍出版社 2008 年版。

83. 李零：《郭店楚简校读记》，中国人民大学出版社 2007 年版。

84. 陈鼓应：《老子注译及评介》，中华书局 2009 年版。

三、著作类

85. 白钢：《中国政治制度史》，社会科学文献出版社 2007 年版。

86. 蔡元培：《中国伦理学史》，商务印书馆 1999 年版。

87. 陈瑛：《中国伦理思想史》，湖南教育出版社 2004 年版。

88. 陈来：《中国近世思想史研究》，商务印书馆 2003 年版。

89. 陈来：《有无之境：王阳明哲学的精神》，生活·读书·新知三联书店 2009 年版。

90. 陈来：《古代宗教与伦理：儒家思想的根源》，生活·读书·新知三联书店 2009 年版。

91. 陈来：《古代思想文化的世界：春秋时代的宗教、伦理与社会思想》，生活·读书·新知三联书店 2009 年版。

92. 陈来：《朱子哲学研究》，生活·读书·新知三联书店 2010 年版。

93. 陈来：《诠释与重建：王船山的哲学精神》，生活·读书·新知三联书店 2010 年版。

94. 陈泽环：《道德结构与伦理学：当代实践哲学的思考》，上海人民出版社 2009 年版。

95. 陈少峰：《中国伦理学史》，北京大学出版社 1996 年版。

96. 陈谷嘉：《宋代理学伦理思想研究》，湖南大学出版社 2006 年版。

97. 陈谷嘉：《元代理学伦理思想研究》，湖南大学出版社 2010 年版。

98. 陈劲松：《儒化中国的维度》，中国戏剧出版社 2006 年版。

99. 陈戍国：《中国礼制史》，湖南教育出版社 2011 年版。

100. 陈苏镇：《中国古代政治文化研究》，北京大学出版社 2009 年版。

101. 晁天义：《先秦道德与道德环境》，中国社会科学出版社 2010 年版。

102. 蔡尚思：《中国传统思想总批判》，上海古籍出版社 2006 年版。

103. 蔡尚思：《中国礼教思想史》，上海古籍出版社 2006 年版。

104. 崔大华：《庄学研究》，人民出版社 1992 年版。

105. 崔大华：《儒学引论》，人民出版社 2001 年版。

106. 邓广铭：《岳飞传》，生活·读书·新知三联书店 2007 年版。

107. 冯友兰：《中国哲学史新编》，人民出版社 1998 年版。

108. 冯友兰：《中国哲学史》，华东师范大学出版社 2000 年版。

109. 冯契：《中国古代哲学的逻辑发展》，东方出版中心 2009 年版。

110. 樊浩：《伦理精神的价值生态》，中国社会科学出版社 2001 年版。

111. 樊浩：《道德形而上学体系的精神哲学基础》，中国社会科学出版社 2006 年版。

112. 方克立、李锦全：《现代新儒家学案》，中国社会科学出版社 1995 年版。

113. 方朝晖：《文明的毁灭与新生：儒学与中国现代性研究》，中国人民大学出版社 2011 年版。

114. 郭沫若：《十批判书》，中国华侨出版社 2008 年版。

115. 郭伟川：《儒家礼治与中国学术：史学与儒、道、释三教论集》，北京图书馆出版社 2002 年版。

116. 郭伟川：《先秦六经与中国主体文化》，北京图书馆出版社 2007 年版。

117. 郭维森：《屈原评传》，南京大学出版社 1998 年版。

118. 葛兆光：《中国思想史》，复旦大学出版社 2005 年版。

119. 耿有权：《儒家教育伦理研究：以西方教育伦理为参照》，中国社会科学出版社 2008 年版。

120. 龚书铎：《清代理学史》，广东教育出版社 2007 年版。

121. 龚鹏程：《儒学新思》，北京大学出版社 2009 年版。

122. 龚延明：《岳飞评传》，南京大学出版社 2001 年版。

123. 干春松：《制度儒学》，上海人民出版社 2006 年版。

124. 甘怀真：《皇权、礼仪与经典诠释：中国古代政治史研究》，华东师范大学出版社 2008 年版。

125. 胡适：《中国哲学史大纲》，上海古籍出版社 1997 年版。

126. 侯外庐：《中国思想通史》（第一卷），人民出版社 1957 年版。

127. 侯外庐：《宋明理学史》（上册），人民出版社 1984 年版。

128. 侯外庐：《宋明理学史》（下册），人民出版社 1987 年版。

129. 胡发贵：《儒家朋友伦理研究》，光明日报出版社 2008 年版。

130. 何俊、范立舟：《南宋思想史》，上海古籍出版社 2008 年版。

131. 何怀宏：《良心论》，北京大学出版社 2009 年版。

132. 何兹全：《中国古代社会》，北京师范大学出版社 2007 年版。

133. 金观涛、刘青峰：《中国现代思想的起源：超稳定结构与中国政治文化的演变》，中文大学出版社 2000 年版。

134. 金观涛、刘青峰：《兴盛与危机：论中国社会超稳定结构》，法律出版社 2011 年版。

135. 金观涛、刘青峰：《开放中的变迁：再论中国社会超稳定结构》，法律出版社 2011 年版。

136. 金春峰：《汉代思想史》，中国社会科学出版社 2006 年版。

137. 焦国成：《中国伦理学通论》（上），山西教育出版社 1997 年版。

138. 姜林祥：《中国儒学史》，广东教育出版社 1998 年版。

139. 姜广辉：《中国经学思想史》（第一卷），中国社会科学出版社 2003 年版。

140. 季乃礼：《三纲六纪与社会整合——由〈白虎通〉看汉代社会人伦关系》，中国人民大学出版社 2004 年版。

141. 康中乾：《魏晋玄学》，人民出版社 2008 年版。

142. 孔子基金会：《中国儒家百科全书》，中国大百科全书出版社 1997 年版。

143. 罗国杰：《伦理学》，人民出版社 1989 年版。

144. 罗国杰：《中国传统道德》，中国人民大学出版社 1995 年版。

145. 罗国杰：《中国伦理思想史》，中国人民大学出版社 2008 年版。

146. 罗安宪：《中国孔学史》，人民出版社 2008 年版。

147. 罗炽、白萍：《中国伦理学》，湖北人民出版社 2002 年版。

148. 李泽厚：《中国近代思想史论》，天津社会科学院出版社 2003 年版。

149. 李泽厚：《中国古代思想史论》，生活·读书·新知三联书店 2008 年版。

150. 李学勤：《中国古代文明研究》，华东师范大学出版社 2009 年版。

151. 李德顺：《价值论》，中国人民大学出版社 2007 年版。

152. 李幼蒸：《儒学解释学：重构中国伦理思想史》，中国人民大学出版社 2009 年版。

153. 李申：《简明儒学史》，中国人民大学出版社 2006 年版。

154. 李琪明：《伦理与生活——善恶的变与辨》，五南图书出版股份有限公司 2003 年版。

155. 李好：《行政忠诚理论与实践》，湖南大学出版社 2008 年版。

156. 刘余莉：《儒家伦理学：规则与美德的统一》，中国社会科学出版社 2011 年版。

157. 雷学华：《忠——忠君思想的历史考察》，广西人民出版社 1996 年版。

158. 刘泽华：《中国政治思想史》，浙江人民出版社 1996 年版。

159. 刘泽华、葛荃：《中国古代政治思想史》，南开大学出版社 2001 年版。

160. 刘泽华：《中国政治思想史论集》，人民出版社 2008 年版。

161. 刘宗贤、蔡德贵：《阳明学与当代新儒学》，中国人民大学出版社 2009 年版。

162. 刘美红：《先秦儒学对"怨"的诊断与治疗》，中山大学出版社 2010 年版。

163. 劳思光：《新编中国哲学史》，广西师范大学出版社 2005 年版。

164. 梁涛：《郭店竹简与思孟学派》，中国人民大学出版社 2008 年版。

165. 鲁芳：《道德的心灵之根——儒家"诚"论研究》，湖南师范大学出版社 2004 年版。

166. 牟宗三：《心体与性体》，上海古籍出版社 1999 年版。

167. 牟宗三：《从陆象山到刘蕺山》，上海古籍出版社 2001 年版。

168. 牟宗三：《政道与治道》，广西师范大学出版社 2006 年版。

169. 牟宗三：《才性与玄理》，广西师范大学出版社 2006 年版。

170. 牟宗三：《历史哲学》，广西师范大学出版社 2007 年版。

171. 蒙培元：《中国哲学主体思维》，人民出版社 1993 年版。

172. 蒙培元：《心灵超越与境界》，人民出版社 1998 年版。

173. 聂石樵：《屈原论稿》，中华书局 2010 年版。

174. 钱穆：《中国文化史导论》，商务印书馆 1994 年版。

175. 钱穆：《国史大纲》，商务印书馆 1996 年版。

176. 钱穆：《中国近三百年学术史》，商务印书馆 1997 年版。

177. 钱穆：《朱子新学案》，九州出版社 2011 年版。

178. 钱广荣：《中国伦理学引论》，安徽人民出版社 2009 年版。

179. 屈直敏：《敦煌写本类书〈励忠节钞〉研究》，民族出版社 2007 年版。

180. 任继愈：《中国哲学史》（第 1—3 册），人民出版社 1996 年版。

181. 任继愈：《中国哲学史》（第 4 册），人民出版社 1997 年版。

182. 沈善洪、王凤贤：《中国伦理思想史》，人民出版社 2005 年版。

183. 沈顺福：《儒家道德哲学研究：德性伦理学视野中的儒学》，山东大学出版社 2005 年版。

184. 萨孟武：《儒家政论衍义——先秦儒家政治思想的体系及其演变》，东大图书有限公司 1981 年版。

185. 汤用彤：《魏晋玄学论稿》，生活·读书·新知三联书店 2009 年版。

186. 汤一介：《郭象与魏晋玄学》，北京大学出版社 2009 年版。

187. 汤一介、李中华：《中国儒学史》，北京大学出版社 2011 年版。

188. 唐君毅：《文化意识与道德理性》，广西师范大学出版社 2005 年版。

189. 唐凯麟、张怀承：《成人与成圣——儒家伦理道德精粹》，湖南大学出版社 1999 年版。

190. 唐凯麟、王泽应：《20 世纪中国伦理思潮》，高等教育出版社 2003 年版。

191. 唐代兴：《生存与幸福：伦理构建的知识论原理》，中国社会科学出版社 2010 年版。

192. 唐贤秋：《道德的基石：先秦儒家诚信思想论》，中国社会科学出版社 2004 年版。

193. 唐明燕：《前秦儒学视域下的中华民族精神研究》，人民出版社 2010 年版。

194. 涂可国：《儒学与人的发展》，齐鲁书社 2011 年版。

195. 韦政通：《伦理思想的突破》，中国人民大学出版社 2005 年版。

196. 韦政通：《中国哲学辞典》，吉林出版集团有限责任公司 2009 年版。

197. 韦政通：《中国思想史》，吉林出版集团有限责任公司 2009 年版。

198. 韦政通：《韦政通文集》，何卓恩、王立新编，中华书局 2011 年版。

199. 万俊人：《寻求普世伦理》，北京大学出版社 2009 年版。

200. 王尔敏：《晚清政治思想史论》，广西师范大学出版社 2007 年版。

201. 王海明：《新伦理学》，商务印书馆 2008 年版。

202. 王子今：《"忠" 观念研究——一种政治道德的文化源流与历史演变》，吉林教育出版社 1999 年版。

203. 王成：《中国古代忠文化研究》，香港天马出版有限公司 2004 年版。

204. 王鸿生：《历史的瀑布与峡谷：中华文明的文化结构和现代转型》，中国人民大学出版社 2007 年版。

205. 王泽应：《20 世纪中国马克思主义伦理思想研究》，人民出版社 2008 年版。

206. 吴来苏、安云凤：《中国传统伦理思想评介》，首都师范大学出版社 2002 年版。

207. 魏义霞：《理性与启蒙：宋元明清道德哲学研究》，商务印书馆 2009 年版。

208. 萧公权：《中国政治思想史》，新星出版社 2010 年版。

209. 徐复观：《两汉思想史》，华东师范大学出版社 2001 年版。

210. 徐复观：《中国人性论史》，华东师范大学出版社 2005 年版。

211. 肖群忠：《孝与中国文化》，人民出版社 2001 年版。

212. 肖群忠：《道德与人性》，河南人民出版社 2003 年版。

213. 肖群忠：《伦理与传统》，人民出版社 2006 年版。

214. 肖群忠：《中国道德智慧十五讲》，北京大学出版社 2008 年版。

215. 许建良：《先秦儒家的道德世界》，中国社会科学出版社 2008 年版。

216. 许亚非：《中国传统道德规范及其现代价值研究》，四川大学出版社 2002 年版。

217. 香港浸会大学宗教与哲学系：《当代儒学与精神性》，广西师范大学出版社 2009 年版。

218. 夏鼐：《中国文明的起源》，中华书局 2009 年版。

219. 夏征农：《大辞海》（哲学卷），上海辞书出版社 2003 年版。

220. 余英时：《士与中国文化》，上海人民出版社 2003 年版。

221. 余英时：《朱熹的历史世界：宋代士大夫政治文化研究》，生活·读书·新知三联书店 2004 年版。

222. 余英时：《余英时文集》，广西师范大学出版社 2004 年版。

223. 余英时：《现代儒学论》，上海人民出版社 2010 年版。

224. 余明侠：《诸葛亮评传》，南京大学出版社 1996 年版。

225. 杨国荣：《伦理与存在——道德哲学研究》，华东师范大学出版社 2009 年版。

226. 杨国荣：《道论》，华东师范大学出版社 2009 年版。

227. 杨国荣：《善的历程——儒家价值体系研究》，华东师范大学出版社 2009 年版。

228. 杨国荣：《孟子的哲学思想》，华东师范大学出版社 2009 年版。

229. 杨国荣：《王学通论——从王阳明到熊十力》，华东师范大学出版社 2009 年版。

230. 杨国荣：《心学之思——王阳明哲学的阐释》，华东师范大学出版社 2009 年版。

231. 杨泽波：《孟子性善论研究》，中国人民大学出版社 2010 年版。

232. 杨建祥：《儒家官德论》，江西人民出版社 2007 年版。

233. 俞世伟、白燕：《规范·德性·德行：动态伦理道德体系的实践性研究》，商务印书馆 2009 年版。

234. 袁行霈：《中国文学史》，高等教育出版社 1999 年版。

235. 张岱年：《中国哲学大纲》，中国社会科学出版社 1982 年版。

236. 张岱年：《中国伦理思想研究》，江苏教育出版社 2009 年版。

237. 张岂之：《中国思想学说史》，广西师范大学出版社 2007 年版。

238. 张锡勤、柴文华：《中国伦理道德变迁史稿》，人民出版社 2008 年版。

239. 张锡勤：《中国传统道德举要》，黑龙江大学出版社 2009 年版。

240. 张锡勤：《儒学在近代中国的命运》，人民出版社 2011 年版。

241. 张继军：《先秦道德生活研究》，人民出版社 2011 年版。

242. 张燕婴：《先秦"仁"学思想研究：儒墨道法家"仁"论说略》，中国社会科学出版社 2010 年版。

243. 张华夏：《现代科学与伦理世界：道德哲学的探索与反思》，中国人民大学出版社 2010 年版。

244. 张德胜：《儒家伦理与社会秩序：社会学的诠释》，上海人民出版社 2010 年版。

245. 张耀南：《中国哲学批评史论》，商务印书馆 2009 年版。

246. 张崑将：《德川日本"忠""孝"概念的形成于发展——以兵学与阳明学为中心》，华东师范大学出版社 2008 年版。

247. 张丽珠：《中国哲学史三十讲》，北京师范大学出版社 2010 年版。

248. 张大可：《司马迁评传》，南京大学出版社 1994 年版。

249. 张舜清：《儒家"生"之伦理思想研究》，中国社会科学出版社 2010 年版。

250. 周予同：《周予同经学史论》，朱维铮编校，上海人民出版社 2010 年版。

251. 周桂钿：《中国传统政治哲学》，河北人民出版社 2007 年版。

252. 朱伯崑：《易学哲学史》，昆仑出版社 2009 年版。

253. 朱维铮：《走出中世纪》，复旦大学出版社 2009 年版。

254. 朱汉民：《忠孝道德与臣民精神——中国传统臣民文化论析》，河南人民出版社 1994 年版。

255. 朱贻庭：《中国传统伦理思想史》，华东师范大学出版社 2009 年版。

256. 赵汀阳：《论可能的生活》，中国人民大学出版社 2010 年版。

257. 郑国光：《圣王之道：先秦诸子的经世智慧》，中华书局 2010 年版。

258. 赵园：《明清之际士大夫研究》，北京大学出版社 1999 年版。

四、译著类

259. ［德］罗哲海：《轴心时期的儒家伦理》，陈咏明、翟德瑜译，大象出版社 2009 年版。

260. ［德］鲍吾刚：《中国人的幸福观》，严蓓雯、韩雪临、吴德祖译，江苏人民出版社 2009 年版。

261. ［德］阿尔伯特·史怀哲：《中国思想史》，常暄译，社会科学文献出版社 2009 年版。

262. ［古希腊］亚里士多德：《尼各马可伦理学》，廖申白译注，北商务印书馆 2003 年版。

263. ［加拿大］贝淡宁：《中国新儒家》，吴万伟译，徐志跃校，上海三联书店 2010 年版。

264. ［美］狄百瑞：《儒家的困境》，黄水婴译，北京大学出版社 2009 年版。

265. ［美］安·兰德：《自私的德性》，焦晓菊译，华夏出版社 2007 年版。

266. ［美］田浩：《朱熹的思维世界》，江苏人民出版社 2009 年版。

267. ［美］约翰·罗尔斯：《正义论》，何怀宏、何包钢、廖申白译，中国社会科学出版社 1988 年版。

268. ［美］约瑟夫·列文森：《儒教中国及其现代命运》，郑大华、任菁译，广西师范大学出版社 2009 年版。

269. ［日本］岛田虔次：《中国思想史研究》，邓红译，上海古籍出版社 2009 年版。

270. ［日本］岛田虔次：《中国近代思维的挫折》，甘万萍译，江苏人民出版社 2008 年版。

271. ［日本］酒井忠夫：《中国善书研究》，刘岳兵、何英莺译，江苏人民出版社 2010 年版。

272. ［日本］吉川忠夫：《六朝精神史研究》，王启发译，江苏人民出版社 2010 年版。

273. ［日本］土田健次郎：《道学之形成》，朱刚译，上海古籍出版社 2010 年版。

274. ［智利］达里奥·萨拉斯：《道德观》，王再励译，知识出版社 2006 年版。

五、论文类

1. 卜师霞：《孔子忠恕思想的内涵》，《孔子研究》2007 年第 5 期。

2. 陈其泰：《司马迁与孔子：两位文化巨人的学术关联》，《孔子研究》1991 年第 4 期。

3. 戴黍：《试析儒家忠恕思想中的"己"》，《道德与文明》2007 年第 3 期。

4. 范鹏、白奚：《"礼"、"忠"、"孝"的现代诠释》，《孔子研究》1997 年第 4 期。

5. 龚延明：《岳飞是"精忠"还是"愚忠"辨析》，《学术月刊》2002 年第 4 期。

6. 郭学信：《范仲淹人格与儒家忠道意识》，《学海》2002 年第 5 期。

7. 葛晨虹：《弘扬民族精神与传承文化传统》，《伦理学研究》2003 年第 4 期。

8. 郝虹：《东汉儒家忠君观念的强化》，《孔子研究》2000 年第 3 期。

9. 黄君良：《〈忠信之道〉与战国时期的忠信思潮》，《管子学刊》2003 年第 3 期。

10. 洪修平：《论儒学的人文精神及其现代意义》，《中国社会科学》2000 年第 6 期。

11. 洪兴文：《权力主体忠诚于权力客体：和谐社会的权力伦理基础》，《道德与文明》2008 年第 1 期。

12. 浩菲：《关于孔子忠恕思想的界说问题》，《孔子研究》2003 年第 4 期。

13. 景怀斌：《"忠恕"与"通情"——两种人际认知方式的过程与特征》，《孔子研究》2005 年第 5 期。

14. 李奇：《论孝与忠的社会基础》，《孔子研究》1990 年第 4 期。

15. 李克非：《论司马迁的史学道德》，《道德与文明》1986 年第 5 期。

16. 李甦平：《中日早期儒学"忠"范畴比较》，《孔子研究》1991 年第 4 期。

17. 李好：《论忠诚之为政治伦理美德》，《道德与文明》2008 年第 3 期。

18. 李鹏：《士人传统与立命安身——鲍照与刘宋忠孝观念的离合》，《孔子研究》2010 年第 3 期。

19. 钱逊：《对"夫子之道，忠恕而已矣"的理解》，《中国哲学史》2005 年第 1 期。

20. 沈荣森：《先秦儒家忠君思想浅探——兼论"三纲"之源》，

《孔子研究》1990 年第 1 期。

21. 田耕滋：《从思维方式看屈原生命悲剧的人性深度》，《孔子研究》2008 年第 5 期。

22. 王国良：《从忠君到天下为公——儒家君臣关系论的演变》，《孔子研究》2000 年第 5 期。

23. 王泽强：《从郭店竹简看屈原对儒家思想的承袭》，《学海》2002 年第 5 期。

24. 王长坤、张波：《从"曲忠维"到"移孝作忠"——先秦儒家孝忠观念考》，《管子学刊》2010 年第 1 期。

25. 王成、裴植：《〈管子〉忠思想研究》，《管子学刊》2007 年第 3 期。

26. 万俊人：《人为什么要有道德？（上）》，《现代哲学》2003 年第 1 期。

27. 万俊人：《人为什么要有道德？（下）》，《现代哲学》2003 年第 2 期。

28. 万俊人：《儒家传统教育理念的现代合理性及其限度》，《孔子研究》1997 年第 1 期。

29. 武振伟：《从楚与中原各国关系看屈原的爱国问题》，《管子学刊》2005 年第 3 期。

30. 吴真：《道教修道生活的忠与孝——以初唐"致拜君亲"论争为中心》，《现代哲学》2009 年第 4 期。

31. 熊坤新：《爱国诗〈国殇〉——屈原》，《道德与文明》1987 年第 5 期。

32. 肖群忠：《论"忠"及其现代意义》，《西北师大学报》（社会科学版）1990 年第 6 期。

33. 肖群忠：《孝与中国国民性》，《哲学研究》2000 年第 7 期。

34. 肖群忠：《儒者的安身立命之道》，《哲学研究》2010 年第 2 期。

35. 谢遂联：《智慧与忠义之间——论诸葛亮的"人谋"悲剧》，《西南交通大学学报》（社会科学版）2006 年第 4 期。

36. 邢培顺：《孔子"忠恕"思想发微》，《管子学刊》2009 年第 3 期。

37. 阎长贵：《必须坚决摒弃封建道德——从忠孝谈起》，《哲学研究》1963 年第 6 期。

38. 姚润月：《忠的观念与近代中国民族主义》，《学海》2010 年第 4 期。

39. 张善城：《评忠君道德》，《哲学研究》1980 年第 9 期。

40. 张强：《司马迁与西汉学术思想》，《学海》2004 年第 6 期。

41. 张晓松：《"移孝作忠"——〈孝经〉思想的继承、发展及影响》，《孔子研究》2006 年第 6 期。

42. 章涛：《试谈忠恕之道的认识方法意义》，《道德与文明》1985 年第 1 期。

43. 周俊武：《论曾国藩的忠孝观》，《伦理学研究》2004 年第 3 期。

44. 左高山：《论"忠"与"信"的政治伦理意蕴与当代转换》，《伦理学研究》2004 年第 5 期。

六、外文类

1. Emmett Barcalow, *Moral Philosophy*：*Theory and Issues*, USA, Wadsworth, 2003.

2. Lawrence M. Hinman, *Ethics*：*A Pluralistic Approach to Moral*

Theory, USA, Wadsworth, 2003.

3. Terry Eagleton, *Trouble with Strangers*: *A Study of Ethics*, UK, Blackwell, 2009.

4. William H. Shaw, *Contemporary Ethics*: *Taking Account of Utilitarianism*, UK, Blackwell, 1999.

后　记

本书是在我博士论文基础上修改而成。

2009年9月，我考进中国人民大学攻读博士学位时，"志存天地，不屑雷霆"，而现在越发感受到了"知者不言，言者不知"的道理了。读的书越多，就越感到自己的无知；理解得越深，就越为曾经的幼稚而感到惭愧。博士论文就是在这种战战兢兢的状态下写成的。

博士论文的完成，首先要感谢导师肖群忠教授！论文从选题、结构、修改、定稿，都凝结着导师的心血，只是我天生愚钝，才学疏浅，未达导师之意处犹多，深感汗颜。导师学问渊综广博、治学严谨、德行致厚，让我受惠良多，对导师的教诲之情、扶掖之恩，心存感激，不敢忘怀。

在中国人民大学学习三年，得到了焦国成教授、葛晨虹教授、龚群教授、张立文教授、宋志明教授、杨庆中教授、彭永捷教授、罗安宪教授、梁涛教授、张志伟教授、曹刚老师、李茂森老师、郭清香老师、杨伟清老师、张霄老师、刘玮老师等诸位老师的指导和关心，让我受益匪浅，在此表示衷心感谢！山东大学王成教授赠送的《中国古代忠文化研究》一书对我启发很大，感谢王教授的帮助！

还要感谢家人、同学、朋友对我的帮助！读博三年他们为我提供了物质保障和精神鼓励，解决了我学习和生活上的后顾之忧。

诸位的恩德与厚爱，定当铭镂于心，只是我学理不精，智行浅薄，除了在学业上继续坚持"断之以勇猛精进，持之以渐渍薰陶"的为学宗旨之外，无以言谢！

欧阳辉纯

2017 年 3 月于贵州师范大学

责任编辑：柴晨清

图书在版编目(CIP)数据

传统儒家忠德思想研究/欧阳辉纯 著. —北京：人民出版社,2017.7
ISBN 978－7－01－017711－3

Ⅰ.①传⋯ Ⅱ.①欧⋯ Ⅲ.①品德教育-中国 Ⅳ.①D648

中国版本图书馆 CIP 数据核字(2017)第 110855 号

传统儒家忠德思想研究

CHUANTONG RUJIA ZHONGDE SIXIANG YANJIU

欧阳辉纯 著

人 民 出 版 社 出版发行
(100706 北京市东城区隆福寺街 99 号)

环球东方(北京)印务有限公司印刷 新华书店经销

2017 年 7 月第 1 版 2017 年 7 月北京第 1 次印刷
开本：710 毫米×1000 毫米 1/16 印张：19.75
字数：262 千字

ISBN 978－7－01－017711－3 定价：59.00 元

邮购地址 100706 北京市东城区隆福寺街 99 号
人民东方图书销售中心 电话 (010)65250042 65289539